呼包鄂榆区域一体化发展研究

THE RESEARCH OF REGIONAL INTEGRATION DEVELOPMENT IN HOHHOT-BAOTOU-ORDOS-YULIN

张秋亮 著

中央民族大学出版社
China Minzu University Press

图书在版编目（CIP）数据

呼包鄂榆区域一体化发展研究 / 张秋亮著. —北京：中央民族大学出版社，2017. 4

ISBN 978-7-5660-1284-5

Ⅰ. ①呼… Ⅱ. ①张… Ⅲ. ①区域经济一体化—区域经济发展—研究—内蒙古、榆林 Ⅳ. ①F127. 26 ②F127. 413

中国版本图书馆 CIP 数据核字（2016）第 290516 号

呼包鄂榆区域一体化发展研究

作　　者　张秋亮
责任编辑　杨爱新
封面设计　汤建军
出 版 者　中央民族大学出版社
　　　　　北京市海淀区中关村南大街 27 号　　邮编：100081
　　　　　电话：68472815(发行部)　　传真:68932751(发行部)
　　　　　　　　68932218(总编室)　　　　68932447(办公室)
发 行 者　全国各地新华书店
印 刷 厂　北京盛华达印刷有限公司
开　　本　787×1092（毫米）　1/16　印张：15. 5
字　　数　214 千字
版　　次　2017 年 4 月第 1 版　2017 年 4 月第 1 次印刷
书　　号　ISBN 978-7-5660-1284-5
定　　价　48. 00 元

目　　录

图 目 录

表目录

第一章 绪　论

呼包鄂榆是指内蒙古自治区中部的呼和浩特市、包头市、鄂尔多斯市和陕西省北部的榆林市，四个地级市地域相连，形成一个组合区域，简称“呼包鄂榆”。呼包鄂榆在我国北方的位置如图 1-1 所示。

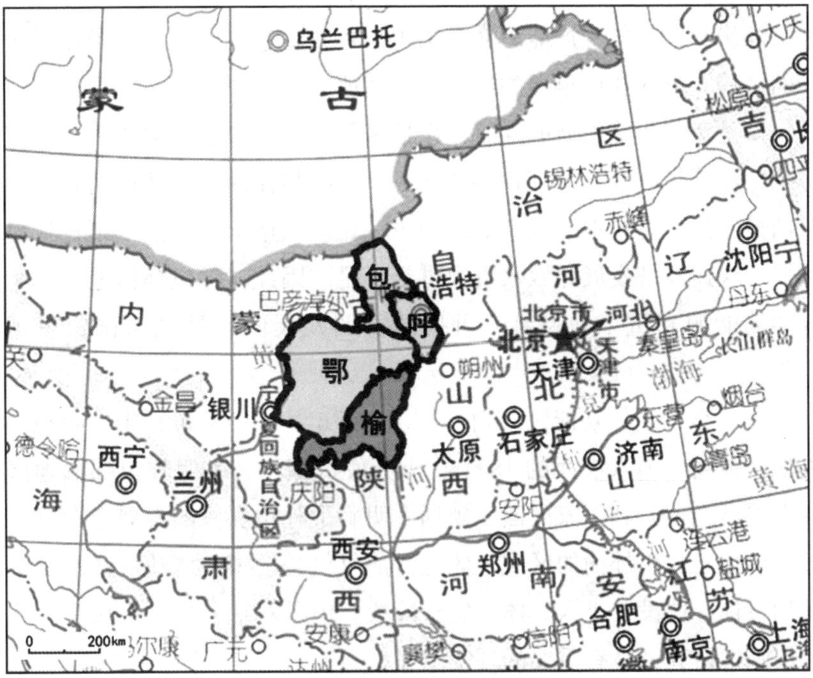

图 1-1　呼包鄂榆在我国北方的位置

第一节 问题的提出、研究背景和研究意义

一、呼包鄂榆一体化问题的提出

呼包鄂榆地区地处我国西北地区，在我国北方分别承担着首府城市职能、重工业城市职能和煤炭资源产地职能。计划经济年代，呼包鄂榆经济发展水平处于全国比较落后的地位，经济总量低，在全国的影响力小。改革开放后一直到2002年，虽然呼包鄂榆地区的经济有较快发展，但是经济总量和人均水平仍然是全国的落后地区。2002年以后，随着能源需求的快速增长，呼包鄂榆地区吸引了大量的投资，经济发展水平快速提高，经济总量和人均水平也上升到全国中等水平。煤炭和天然气生产能力在我国占据重要地位，改变了我国能源生产的格局，形成我国重要的能源生产基地。

但是经济快速发展的同时，也带来了环境污染、运输压力、产能过剩、经营粗放等一系列直接的问题；同时相伴而生的间接问题也日益凸显，如产业集中导致产业结构单一化、城市暴富导致城市化盲目扩展、快速经济发展导致水资源供给不足。因此，呼包鄂榆地区作为我国的能源和重工业基地，可持续协调发展问题被列入国家发展议程。

在《全国主体功能区规划》（2011年6月9日发布）中，呼包鄂榆地区被列入国家层面的18个重点开发区域中，表明呼包鄂榆地区的发展已经上升到国家层面。规划中明确了呼包鄂榆的发展方向是区域一体化。呼包鄂榆的区域一体化目前仅仅是全国主体功能区的一个规划目标，还没有进入具体的实施阶段。但是对呼包鄂榆区域一体化的前瞻性研究，具有重要的现实意义。

《全国主体功能区规划》提出了呼包鄂榆区域一体化的总体框架。规划从发展定位、空间组团、产业聚焦、板块互动、产业转移和生态建设六个方面提出了呼包鄂榆发展的总体框架，为呼包鄂榆区域一体

化的发展构造了总体思路。

本书以“呼包鄂榆区域一体化发展”作为研究对象，并以全国主体功能区规划确定的呼包鄂榆区域一体化发展总体框架，作为呼包鄂榆区域一体化研究的主要内容。

二、研究背景

在全球区域发展中，经济全球化和区域一体化已经成为世界经济发展的主流。通过区域合作，整合不同地区之间的优势，提高区域竞争力成为区域一体化发展的主要动因。呼包鄂榆地区是资源富集地区，已经形成一定的产业优势和经济优势，成为我国西北地区一个经济发展高地，因此被列入我国国家发展战略，成为国家重点开发区域和城市群发展区域。但是随着我国经济增长方式的转变，呼包鄂榆地区也进入转变增长方式、调整产业结构的调整期；实施区域一体化战略，能够发挥区域互补优势、提高区域竞争力和实现区域的可持续发展。

（一）经济全球化和区域一体化已经成为世界经济发展的主流

经济全球化和区域一体化已经成为世界经济发展的主流。在经济全球化过程中，国家、地区之间的商品、劳务、资本相互流动，流动的速度和频率逐渐加快，规模、体量迅速扩大，形成相互联系、相互依赖的全球化经济整体。区域一体化是指多个国家之间形成了多种组织形式和结构的共同体组织，以适应快速发展的经济全球化进程。区域一体化既是经济全球化发展的必经之路，也是经济全球化的基础。

我国的经济正在逐步深入地融入经济全球化和区域一体化之中。为了提高国际市场竞争力，需要整合国内不同地区之间的优势资源、优化产业布局，推动国内区域间的经济一体化，以技术创新、管理创新为基础，形成具有国际竞争力的优势产业集群，以更好地参与到经济全球化的竞争当中。从国内经济发展的角度看，国内不同行政区域间在经济发展方面存在差异性、趋同性和互补性。但是由于各地方利益主体的诉求不同，经济发展存在重复建设、产能过剩、产业结构趋同和环境恶化等问题，导致资源配置失衡、区域间的资源优势互补作用难以发挥，这就需要通过实行区域一体化优化资源配置、合理化产业布局，实现区域间的一体化协同发展。

（二）呼包鄂榆是我国重点开发区域，具备区域一体化发展的战略框架

呼包鄂榆地区在资源禀赋、产业结构上具有互补性，同时又在地理区位、交通、文化等方面是有高度关联性，实行区域一体化的基础条件已经具备。按照全国主体功能区规划，呼包鄂榆的定位是建成全国重要的能源、煤化工基地、农畜产品加工基地、稀土新材料产业基地、冶金和装备制造业基地。按照空间组团、产业聚焦、板块互动、产业转移和生态建设的总体框架，促进呼包鄂榆地区优势产业的转型升级，实现区域内产业优势互补和错位发展，推动呼包鄂榆经济、社会、文化、生态的协同发展和区域一体化发展。呼包鄂榆区域一体化已经形成了一个整体战略和基本框架，为区域一体化发展提供了良好的发展机遇。

（三）建设我国能源生产基地的需要

呼包鄂榆地区矿产资源丰富，是我国主要的矿产资源富集区域。主要矿产资源包括煤炭、天然气、稀土、石油、铁矿等矿种，其中煤炭和天然气探明储量都约占全国储量的1/4。2012年原煤产量9.79亿吨，占全国的26.25%；天然气产量380.9亿立方米，占全国的35.55%。作为能源生产基地，需要整合资源开发和统筹资源化工产业，通过区域一体化达到减少资源浪费、整合产业优势，提高资源的有效生产与利用的目的。

（四）保持呼包鄂榆地区经济发展水平的需要

2012年，呼包鄂榆地区总人口1103.70万人，地区生产总值为11994.56亿元，人口占两省（自治区）总人口之和的17.68%；地区生产总值占两省（自治区）之和的37.38%，以小于18%的人口，创造了近38%的经济总量，承担了区域发展的重要角色。

呼包鄂榆已经成为我国西北地区一个集中连片的经济高地。2012年，四个地级市的地区生产总值与周围的主要地级市相比，仅低于西安市，而高于银川市、兰州市、西宁市、乌鲁木齐市、拉萨市，甚至

高于煤炭大省山西省省会太原市（表1-1）。保持呼包鄂榆的经济发展，发挥呼包鄂榆的增长极作用，可以带动我国西部地区的经济发展，对于改变我国西部地区落后的经济格局具有战略意义。

表1-1 呼包鄂榆与周围省会城市地区生产总值的比较（2012年）

行政区	面积（万平方公里）	人口（万人）	生产总值（亿元）
呼和浩特市	1.72	294.88	2458.74
包头市	2.77	273.16	3209.14
鄂尔多斯市	8.68	200.42	3656.80
榆林市	4.36	335.24	2669.88
西安市	1.01	855.29	4366.10
银川市	0.95	204.63	1150.90
兰州市	1.31	321.52	1563.80
西宁市	0.76	224.74	851.1
乌鲁木齐市	1.4	335	2004.10
拉萨市	2.95	55.94	260.1
太原市	0.70	425.63	2311.40

注：表中数据来自内蒙古统计年鉴（2013）、陕西省统计年鉴（2013）和中国统计年鉴（2013）。

（五）呼包鄂榆产业结构调整和经济增长方式转变的需要

当前中国经济进入了转方式、调结构、稳增长和进一步加强生态环境保护的新阶段，呼包鄂榆地区以煤炭和油气为主导的产业基础和优势已逐渐消失，面临着产业结构调整、转型升级和增长方式转变带来的新挑战。在新形势下，呼包鄂榆需要调整发展思路，通过区域一体化发展，发挥区域内科技、人才、工业基础和资源优势，对主导产业进行产业升级和产业延伸，提高产业的技术含量，降低对资源的依赖，实施多元化产业发展，实现区域产业结构调整和发展方式的转变。

三、研究意义

目前区域一体化的相关研究，主要是建立在依托地区区位优势、资源禀赋和产业结构，按照产业结构互补性进行资源整合、通过区域分工和产业布局调整来构建区域经济一体化的理论分析框架基础上。在以往的研究中，对呼包鄂榆区域一体化的研究成果尚不多见。本书针对以资源型产业为主导的区域，在产业结构升级转型、经济增长方式转变以及环境承载力约束的条件下，通过对区域空间整合、经济结构调整、产业布局优化、交通设施完善、公共服务均等、生态环境保护等方面一体化的研究，探讨呼包鄂榆区域一体化的发展。对区域经济一体化理论在研究的切入点和分析领域上进行了延伸和拓展，这对于丰富区域经济一体化理论范围和视野具有一定的理论意义。

本书根据呼包鄂榆地区以资源型产业为主导产业、以投资为经济增长主要动力等具体特征，构建呼包鄂榆区域一体化推动机制，对于呼包鄂榆地区实现区域一体化稳定协调发展，制定相关政策措施有一定的参考价值。对全国其他同类型资源富集地区的区域一体化过程具有相应的借鉴价值。

第二节 研究思路和方法

一、研究思路

第一，总结国内外区域一体化的研究进展，在以往研究的基础上，探讨呼包鄂榆区域一体化的研究内容。第二，归纳区域一体化的相关理论基础，明确研究的理论指导。第三，研究呼包鄂榆区域一体化发展的条件，包括资源与环境、人口与经济、交通与城市等。第四，在分析呼包鄂榆区域发展水平的空间差异、区域联系强度的空间格局基础上，探讨呼包鄂榆空间一体化的发展。第五，研究呼包鄂榆产业一体化发展，侧重于研究产业结构的调整和产业布局的优化。第六，研究呼包鄂榆区域一体化的支撑系统，包括基础设施、公共服务和生态环境的一体化。第七，通过情景模拟，分析呼包鄂榆地区的发展前景，提出呼包鄂榆区域一体化发展的推动机制。

二、研究方法

1. 理论分析和实证分析相结合

理论分析是按照基础理论，对研究问题进行的理性逻辑分析。实证分析是对研究对象的具体研究，主要是对研究问题性质、因果关系进行解释的研究方法。在本书中，理论研究主要是对区域一体化相关理论的总结和应用。实证研究主要是对呼包鄂榆区域一体化的条件、空间一体化、产业一体化和支撑系统一体化等内容的研究。

2. 静态分析和动态分析相结合

静态分析是对某个时间断面的现象进行深入的分析，发现问题，明确研究对象。而动态分析主要针对研究现象进行时间序列分析，以把握其变化规律和演变趋势，从中找出发展规律，从而对区域发展趋势做出判断。

3. 定性分析和定量分析相结合

在分析呼包鄂榆区域发展水平的空间和时间变化时，用定量分析研究发展规律和数量变化，确定量化关系，使研究具有准确性和可以推演的规律性。在研究区域一体化的内容和措施时，需要进行定性的分析，以判断区域发展的逻辑关系。

定量分析的方法分散使用在各部分内容中。在判断呼包鄂榆区域发展差距时，使用主成分分析法，量化区域之间的差距及其变化；在表达呼包鄂榆的空间发展格局及其变化过程时，用 GIS 软件定量表达；用空间自相关分析方法对呼包鄂榆进行空间自相关分析。在情景模拟分析中，用系统动力学方法对发展趋势进行定量的模拟分析。

第三节　研究框架和技术路线

一、研究框架

按照研究思路，依据逻辑关系，本书共安排九章内容。各章内容按以下结构展开：第一章为绪论，说明本书的选题背景、研究意义、研究方法、研究框架和技术路线。第二章是国内外相关研究进展，对国外区域一体化部分研究文献进行了归类分析，对国内区域一体化研究文献进行了系统归纳，并对相关研究进展进行了评述与展望。第三章是区域一体化研究的理论基础，从区域分工理论、区域联系理论、区域竞合理论和区域一体化理论的视角出发，探讨区域一体化的理论基础。第四章是呼包鄂榆区域一体化的发展条件，对呼包鄂榆的资源与环境、人口、经济、交通与城镇等条件进行了分析和评价。第五章是呼包鄂榆区域一体化发展的空间整合，对呼包鄂榆区域发展的空间差异、区域空间联系进行了定量分析，在此基础上探讨了呼包鄂榆区域空间一体化发展。第六章是呼包鄂榆产业一体化的发展，在产业现状分析基础上，探讨了产业结构和产业空间一体化发展的要点。第七章是呼包鄂榆区域一体化的支撑系统研究，主要包括基础设施一体化、公共服务一体化和生态环境一体化。第八章是呼包鄂榆发展预测和区域一体化推动机制，首先用仿真模型模拟了不同政策下呼包鄂榆的发展前景，然后提出呼包鄂榆区域一体化的推动机制。第九章是结论和展望，总结了本书的主要结论和后续的研究方向。

二、技术路线

研究的技术路线分为四个层次，第一个层次是问题的提出，第二个层次是理论基础，第三个层次是实证研究，第四个层次是研究结论与展望，四个层次依次展开。研究的技术路线如图 1-2 所示。

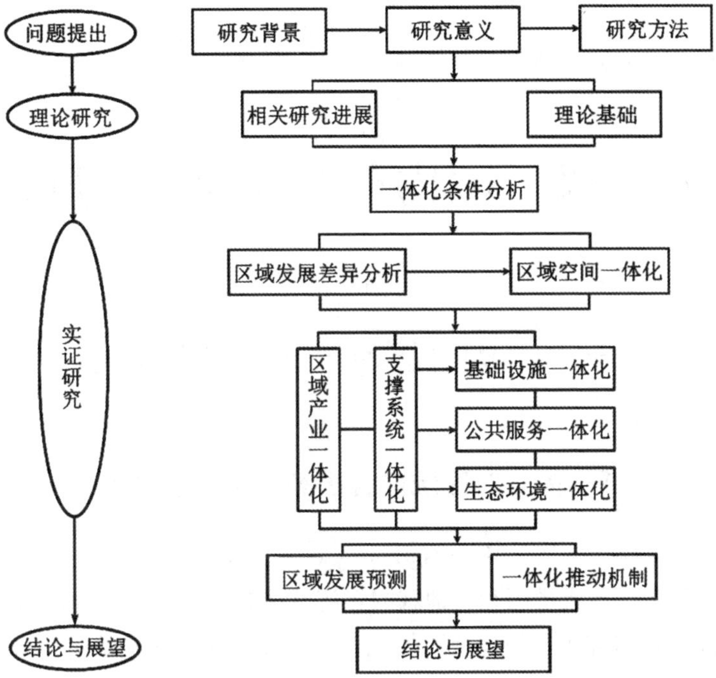

图 1-2 研究的技术路线图

第二章 国内外相关研究进展

第一节 国外区域一体化研究进展

一、区域一体化对区域内各国经济增长的影响

20 世纪 90 年代，Magnus Henrekson 等人的研究表明，在欧洲一体化过程中，各成员国和各地区的经济有显著的增长。[1] S. Manzocchi、G. Ottaviano 研究了区域经济一体化对内部及外部的增长效应，研究结论是，如果区域经济一体化推动了全球经济的增长，那么外部也能够实现增长，但获益相对于内部较少[2]。

Kristof Dascher 和 Alexander Haupt 认为，区域经济一体化的政策结果取决于国内的灵活程度、决策机制与产权制度、国家财政补贴及国际规则[3]。Mariassunta Giannetti 提出，即使经济高速增长的国家之间实现整合，由于更多的国家之间交往而导致的知识的外溢性会加剧国内区域间的分化。而那些专业化程度比较高的区域并不会从信息交换过程中得到利益[4]。

Mario Arturo 和 Ruiz Estrada 从全球角度同时考虑了政策、经济、社会和技术变化，构建了模型来分析区域一体化。模型的建立和运行分为四个基本阶段：第一步是设计投入产出数据集；第二步是测定包括区域政策一体化发展指数、经济一体化指数、社会一体化指数和技术一体化指数；第三步是测定区域一体化总指数；最后是测定区域一体化的阶段指数。该模型可以针对不同区域的各级政府、各区域以及单独的区域建立相应的分析框架[5]。

二、区域一体化对国际贸易和技术研发的影响

L. Alan Wintersa 研究区域一体化与进出口之间的关系，利用制造业产品贸易的实际数据和简单的理论模型分析了一体化组织内部成员国与非组织成员国之间的贸易差异，结果表明：区域经济一体化明显地降低了非成员国的出口商品价格。在贸易、投资、货币金融一体化过程中，贸易和融资在较小的范围内有所增长[6]。Pradumna B. Rana 认为，一体化使得商业循环的区域间同步性明显增强[7]。Eduardo A. Haddada 采用国家 CGE 模型分析贸易自由化情景下一体化过程对巴西经济的影响，从上到下将每个国家的模块进行层层分解，将一体化模型嵌入到 CGE 模型中。研究结果表明，国内贸易政策很可能会导致区域间的发展不均衡[8]。

Alvaro Cuervo-Cazurra 和 C. Annique Unb 认为，区域经济一体化对企业研发投入有两方面的影响：一方面通过区域经济一体化加剧了企业在产品市场上的竞争，会诱导企业加大内部研发投入来提升其核心竞争力；另一方面使企业更容易进入要素市场实行技术外包，导致企业购买更多的外部研发产品。相比之下，要素市场对企业内部和外部研发的影响十分有限[9]。

Antonio Minnitih 和 Carmelo Pierpaolo Parello 利用内生产业布局和规模不变增长模型分析了区域贸易一体化、经济增长和地区不平等之间的相互关系。结果表明：在一体化进程中，当技术研发的扩散局部化时，贸易一体化仅仅在短期内对经济增长有影响，并且这种影响取决于跨期的研发知识扩散效应是正的还是负的，而这种效应的不同导致了区域经济一体化过程中的区域间收入的分化[10]。

Young-Han Kim 以韩国为例构建了在技术水平不均衡区域的国家之间一体化的三种自由贸易协定模式。分析表明，对中等技术水平国家一体化的最优模式是建立多边和双边自由贸易协定；次优模式是建立全亚洲范围内的多边自由贸易协定；再次是与技术最先进的国家建立自由贸易协定，并且在后期扩展与欠发达国家的自由贸易。要想建立一个成功的自由贸易协定，要求在全国范围内实行结构改革，并且

建立一套社会安全网络[11]。

三、区域经济一体化对产业布局和投资的影响

区域经济一体化的过程实际上是依托不同国家和不同区域之间的地理区位特征不断地进行产业布局和结构空间优化的过程。Laura Resmini认为，在区域经济一体化过程的过渡时期，根据不同国家和区域特点的不同，某种一体化产业布局模式会实现，而其他的模式会消失。不同产业因其在国内不同的地理区位，在一体化进程中产生的影响也不同，并且对经济增长的影响程度也不同[12]。Rodney D. Ludemaa和Ian Wootonb根据经济地理的理论模型研究，认为规模经济和交易成本会导致区域经济一体化的空间结构形成以制造业为中心、农业为外围的一体化空间格局，并且会造成区域间收入的差距。这样就会造成不同区域间的政府税收的竞争和限制劳动力的区域间自由流动来影响制造业在区域间的布局。在一体化进程中，不论是降低交易成本还是加强区域间劳动力的流动，都会降低区域间税收竞争的激烈程度，进而得到较高的均衡税率。在一体化过程中，强有力的一体化政策会明显提高不同区域的税收[13]。

对于区域经济一体化的产业布局，Fredrik Gallo利用新经济地理模型，并考虑政策的交易成本研究一体化的问题。研究表明：大多数的区域经济一体化最终形成的是一种中心工业化、外围则是去工业化的一体化格局。考虑到不确定性，一体化布局中高交易成本的工业化布局更容易实现。一体化无疑会给工业化中心的居民带来更多的好处，而这种利益正受到一体化过程中高额的引入成本的挑战[14]。

在区域经济一体化实现产业布局和结构调整的过程中，必然会引起投资的结构和规模在不同区域之间的流动和分配，而投资的流动又取决于不同地区、国家之间生产要素的产出效率和投资效率的差异。Young-Han Kim研究了外商直接投资在不同区域产业布局调整中的作用，同时分析了区域经济一体化过程中不同地区之间的技术水平和市场规模等方面的差异。结果表明：要素成本的不同导致不同区域间外商投资的流向也不同，对于技术水平高的区域，即使其要素成本较

高，外商投资也会流向这类区域。在东亚经济一体化的过程中，由于韩国具有较为明显的技术优势，所以外商投资更多地流向韩国，如果中国能够提供更加专业化的服务，外商则会更倾向于投资中国[15]。

Shuming BAO 等研究了地理区位对中国区域经济发展的影响，利用外商直接投资和农村剩余劳动力转移两个指标来衡量经济增长方式的不同，而资本的预期回报率和工资率的不同直接影响外商直接投资和劳动力转移的不同。研究表明，东部沿海地区省份在地理区位上有更多的优势，所以吸引了更多的外资和劳动力的进入，即地理区位因素显著地解释了中国区域间经济发展的不平衡[16]。

Xinpeng Xua 和 J. P. Voonb 在研究中国区域经济一体化时，将不同行业的价格变化分解到每一个省，然后加入到全国的分析模型中，分析区域经济一体化的行业效应和省级效应，从长期和短期看，在各省之间存在显著的联动效应。研究过程中控制了在中国普遍存在的价格干涉，这种价格干涉会导致各省的波动效应，而这会造成是因为区域经济一体化的作用的错觉，因而在分析的过程中对这种在不同省市和行业之间的价格控制因素进行了剔除。结果表明，中国不同省级之间已经存在相当程度的一体化，并且这种一体化程度随时间逐渐加强[17]。

Giuseppe Arbia 等在对欧洲地区经济发展影响的空间效应进行实证分析的过程中，同时考虑了制度和地理的区位因素，采用非传统的空间权重矩阵方法分析了空间外溢性的作用。研究结果表明：不同国家各自的制度因素显著地对地区经济增速有影响，同时地理区位与制度的交互影响也较为显著；相比之下，纯粹的地理因素的影响要弱得多[18]。

四、区域经济一体化对农业、基础设施以及跨国公司的影响

Avrum J. Shriar 在研究危地马拉首都和两个城市间一体化进程时，对交通设施改造项目对当地农民的生产经营行为和市场业主经营行为的影响进行了实证分析。分析结果表明：一体化进程并没有改变其他

地区农民土地的分配和使用，也没有带来新的农产品种植，并没有提高农民从中间商那里购买商品的价格，但是增加了城市间相同类型农产品之间的交易，也加剧了市场的竞争；他指出，区域经济一体化过程中要重视一体化给农业和生态带来的影响[19]。

Wim Naudé 认为，一体化过程中存在不同区域之间所谓的“邻近的鸿沟”，需要从交通基础设施、贸易便利化、地方分权和移民四个方面来实现区域一体化。并且，地区之间在这四个方面存在实现一体化的动机不一致、代理行为的信任程度不高等问题。然而，对于所有的区域来讲，交通基础设施建设的目标基本上是一致的，所以交通基础设施建设是区域经济一体化首先要采取的措施[20]。

Maggie X. Chen 认为，在国际经济一体化过程中，跨国公司扮演着十分重要的角色，跨国公司成了区域经济一体化过程中各国主要的吸引对象。经济一体化区域内的市场进入的便利程度会对区域外的跨国公司进入有较强的吸引力，并且这种效果在一体化区域内的国家之间存在较大的不均衡，那些与较大的市场进行一体化的国家有了更多的外商投资。在一个一体化区域内，拥有劳动力优势的国家吸引更多的跨国公司，尤其是劳动密集型产业的公司，而那些资本充足的国家则经历了外商投资的下降。同时，区域经济一体化也推动了出口平台的建立，那些能够优先进入出口市场的国家在一体化进程中更容易成为跨国公司向第三国出口的平台[21]。

第二节　国内区域一体化研究进展

20 世纪 80 年代，我国学者开始研究区域经济一体化。据 CNKI 搜索数据，2000 年以前题目中包含“经济一体化”的文章仅 743 篇；2001—2010 年则达到 3489 篇。对“区域经济一体化”的研究，正在成为研究热点。早期的研究主要集中在经济学领域，之后扩展到地理学、政治学、历史学、法学等领域。研究内容从国与国之间“经济一体化”逐渐扩展至国内的区域一体化研究。

一、对区域一体化概念、理论和模式的研究

我国学者研究区域一体化，早期主要是研究区域经济一体化。区域一体化的概念也是指区域经济一体化。研究世界经济的学者强调，经济一体化是国家与国家之间通过契约形式逐步消除经济障碍的过程。如易梦虹[22]、周建平[23]、甘士杰[24]、罗肇鸿[25]、何宪开[26]、张永安[27]、戴念龄[28]、田青[29]、陈廷根[30]等都持这种观点。

孟庆民提出一体化的定义："不同的空间经济主体之间为了生产、消费、贸易等利益的获取，产生的市场一体化的过程，包括从产品市场、生产要素（劳动力、资本、技术、信息等）市场到经济政策统一的逐步演化。区域经济一体化是状态与过程、手段与目的统一。"[31]

研究区域经济和人文地理的学者认为，经济一体化不仅包括国家与国家之间的经济一体化，而且包括一个国家内部地区与地区之间的经济一体化。这部分学者包括胡军[32]、朱金海[33]、倪新防[34]、姬广坡[35]、牛桂敏[36]等。

区域一体化的概念是区域经济一体化概念的延伸。庞效民认为，早期区域一体化的概念是以欧共体实例为基础而建立的，主要是区域经济一体化概念。冷战结束后，区域集团化的趋势日趋明显，区域一体化关系的起点、途径和范围都发生了变化，区域一体化的概念也突破了经济一体化的范畴，但是庞效民没有给出区域一体化的定义[37]。陈向明认为，区域一体化应当分为以政府为主导的制度性一体化和以公司为主导的功能性一体化[38]。王珏等认为，在全球化背景下区域一体化的内涵发生了变化，合作的广度从经济扩展到政治、社会；合作的深度从生产要素的一体化扩展到环境保护、基础设施和科研教育，并包括文化的交流；区域合作机制也呈现多元化特点，包括成长三角、次区域一体化和主权国家内部的一体化。因此，区域一体化的概念应当在经济一体化基础上，突出区域合作在资源环境保护、综合治理领域的意义，但是文章也没有界定区域一体化的概念[39]。

在研究国内区域一体化时，多数学者借鉴了国际区域一体化理论和实践，如欧盟、北美自由贸易区、东盟等等。也有部分学者借鉴国

外一国之内的一体化过程，如纽约城市群一体化、东京城市群一体化等等。认为区域一体化的组织形式是地方政府之间签订合作协议，为区域合作提供政策保障和组织保障，并参照国际一体化理论，分析国内区域一体化的经济效果。但是也有学者认为，不能以国际一体化理论指导国内的区域一体化。庞效民认为，直接参照国际经济一体化理论和实践研究国内区域经济一体化的做法并不可取，其明显缺陷是把基于国家关系的规律和经验直接推广到中国内部不同区域之间的关系上[37]。王德忠认为，国际经济一体化理论并不适用于国家内部区域经济一体化，国家内部经济一体化理论基础薄弱，需要加强理论研究[40]。王珏认为，国家内部区域一体化理论研究尚未形成系统理论，国际一体化理论对国内区域一体化的指导意义有限[39]。

对于我国国内的经济一体化模式，我国学者主要有三种观点，即以市场机制为主导的经济一体化、以政府为主导的经济一体化和以市场为主、政府为辅的经济一体化。

以市场为主的区域一体化的观点认为，经济一体化的主体是企业，企业经营遵循市场规则，所以应当以企业的一体化逐步形成区域一体化。刘志彪认为，通过建立统一、公平的区域共同市场，推动区域一体化[41]。吴迪认为，市场一体化是经济一体化的主要动因，因此经济一体化需要建立以市场为主角的机制[42]。胡晓东也认为，在区域一体化过程中，应以市场机制为主角、政府为配角推动一体化发展[43]。陈计旺认为，区域经济一体化本质是建立区域共同市场[44]。

以政府为主的经济一体化模式认为，我国正处于经济转型期，市场机制还不完善，需要以政府合作为主，推动区域一体化进程。李金龙等认为，政府管理体制是实现区域一体化的“瓶颈”，只有创新地方政府管理体制，才能推动经济一体化的发展[45]。安筱鹏等认为，地方保护是经济一体化重要的阻碍因素，规范地方政府行为是推动经济一体化的重要途径[46]。沈荣华提出，地方政府必须增强沟通与协作，推进区域经济一体化进程[47]。王明安认为，行政区经济制约了区域经济一体化的发展，必须改革政府管理体制[48]。

以市场为主、政府为辅的区域一体化模式认为，我国经济一体化应当以市场一体化为主，但是我国经济受地方政府政策影响明显，因此需要以市场为主、政府为辅的一体化模式。胡晓东等认为“市场主角—政府配角”的模式是两者在区域一体化进程中的最佳组合，其中政府应主要创建公平的市场环境，培育市场体系[49]。汪后继认为，政府部门应放弃对资源要素流动的管制，让市场成为经济发展的主体[50]。

陈建军评价了区域政府合作的三种模式，认为政府主导的一体化模式一是对市场机制造成损害，二是内部协调仍存在问题，对市场主导的区域一体化模式，他认为我国市场机制还不完善，实施存在困难；而政府推动、市场导向、企业主导的区域经济合作模式是现阶段的一种理想模式[51]。

二、对区域一体化途径和机制的研究

对于我国国内区域一体化实现的途径，我国学者认为，需要地方政府之间通过合作，建立常设机构，并制定一致的区域政策来实现。孙久文认为，实现途径着眼点是政府合作的模式，通过整合发展目标、协调发展规划、强化政府协作、加强产业分工，形成合理产业空间；通过产业结构调整，实现发展方式的转型[52]。李瑞林提出的途径是：基础是市场一体化，核心是降低交易成本，有效的主体组织是保证，补偿机制是区域经济一体化的保障[53]。刘晶晶认为，长三角经济一体化路径是：深化政府间合作，协调区际利益，调整产业分工，建设长三角交通网络[54]。毛汉英提出武汉城市圈经济一体化的途径是：以比较优势实行区域分工；以优势产业为龙头，延伸十大优势产业链；建设一批具有特色的产业集群；形成一体化产业布局格局[55]。

唐勇分析了我国区域一体化的路径问题。他认为，我国渐进式改革使地方政府从制度的“中间突破”力量，转变为制度的“中间抵制”力量，构建经济一体化制度就是突破地方政府的中间抵制。在一体化途径上，应当推动市场一体化并依靠市场力量来推动区域产业分工，从而实现区域经济一体化[56]。

王晓娟认为，实现产业一体化的微观主体是企业，企业通过价值链与产权链实现跨区域投资活动[57]。林耿、许学强提出大珠三角经济一体化的实现途径是：培育产业体系，进行地域分工；营造良好的产业环境；构筑创新能力的企业集群；构建大珠三角的交通体系[58]。王洪庆等提出以制度性一体化保障功能性一体化的实现，制度性一体化包括建立协调机构、执行机构，功能性一体化包括产业一体化、基础设施一体化、市场一体化[59]。

对于区域一体化动力机制的研究，孟庆民认为，动力机制主要来自经济发展的内部需求，如经济竞争性和互补性、经济规模和交易成本的降低；组织机制是指建立有效的一体化组织机制[31]。赵媛把动力机制分为“推、支、拉、压”四个方面，即推动力（组织机制）、支撑力（科学技术和生产力发展）、内在拉力（经济一体化产生的各种经济效应）、外部压力（增强国力、抵御外来压力、寻求新发展的压力）[60]。王瑛认为驱动机制包括：经济的集聚效应和扩散效应，产业转移的多赢合作，区域分工协作带来的专业化生产，自由市场形成的贸易一体化[61]。

对于区域合作机制的研究，陈剩勇等提出政府合作机制得到有效运行的三个条件：良好的制度环境、合理的组织安排、建立多层次组织机构。在中央设立区域协调管理委员会，在地方设立政府间协调机构[62]。张利华等对比了区域一体化的四种协调机制，即温哥华区域理事会、长三角政府协调会、长株潭上级政府派出机构和乌昌联合党委，指出权威性协调机制是区域一体化的机制保障，协调机构的权威性影响协调能力强度和可持续性，相关立法是区域一体化的制度基础，平衡区域利益是区域一体化发展的关键[63]。王雯霏提出政府合作机制包括：搭建有力的合作机构平台；建立双赢的利益协调机制；优化经济结构和城市定位；发挥非政府组织的作用；通过法制协调保证区域政府合作[64]。

朱向红提出长三角一体化的协调机制：依靠城市功能促进差异性发展；上海发展高端生产、服务业；错位发展，实现“雁阵齐飞”；加快城市一体化进程；构建大交通体系，缩小合作距离[65]。朱家良认为长三角一体化的机制是：由市场机制引导产业结构和布局的一体化；按城市功能及其差异促进产业布局和分工；建立适应市场经济的制度和相应的组织形式，形成多层次协调机制，规范政府行为消除行政分割[66]。沈晗耀认为，区域经济一体化必须承认各个地方的经济利益和发展权力，鼓励地方政府发展经济的积极性，同时也要警惕市场竞争带来的“市场失灵”，进行必要的宏观调控和计划调节[67]。

三、对区域一体化中政府合作和利益平衡的研究

张道刚认为，长三角经济一体化未能形成大势，与长三角缺乏权威管理组织体系，统一的、能被各级政府所共同接受的产业布局规划、制度和政策密切相关[68]。李江等用博弈模型分析地方政府竞争，提出建立地方政府间磋商机制和利益共享机制，提高信息沟通程度；完善地方政府合作机制，以政府竞合推动协调发展[69]。

周予鼎指出，区域经济一体化是市场行为，政府应主要发挥政策引导作用，而不应过多地直接干预经济生活，并认为政府实行产业分工和城市定位，会违背效益最大化的经济学基本观点，而且会扼杀各城市参与区域经济一体化的积极性[70]。

马斌认为，长三角的区域政府合作开始出现制度层面的整合：地方领导人定期召开会议制度；一系列单项协议的达成。政府合作的困境是：制度化的程度低；组织形式相对松散，没有议事和决策机制和功能性组织机构；缺乏统一的合作规划；中央政府未能提供政策或制度保障[71]。

唐勇提出长三角区域政府合作的“网络层级合作模式”构想，并提出建立立法与协商、执法与监督、管理信息对称、吸纳与退出等机制[72]。

曹宏苓分析了区域经济一体化中政府合作的两种模式：计划型模式和市场型模式，认为计划型模式是失败的，长三角应当选择市场型模式实施区域经济一体化，并参照欧盟一体化的经验，提出长三角一体化的七个制度设计[73]。

刘志彪提出基于市场作用选择政策手段，参照欧盟经验，提出六项措施：①从具体项目开始合作；②把企业作为推进一体化的主体；

③选择合适的产业组织形式；④以产业集群作为区域一体化载体；⑤政府要从产业政策转向竞争政策；⑥鼓励企业兼并与收购[74]。

王志锋认为，应构建多层次的协调机制（威权式组织和谈判式组织）；创建共同市场，消除非市场壁垒，建立利益分配机制，培育多元主体参与机制[75]。谢晓尧提出一体化的法制基础是回归法制常态，依法行政；破除规章壁垒，消除阻碍市场自身成长障碍；建立制度一体化的法制基础[76]。

区域一体化之所以难以推进，其根本原因是一体化过程中区域利益的保证和均衡。安筱鹏认为，只有实现中央与地方、地方与区域经济之间的利益均衡，才能使地方政府成为推动区域经济一体化的主体[77]。

安虎森根据自由资本模型，研究了经济一体化的效应和主要途径。他认为随着多边自由化过程的发展，从市场规模最小的区域开始，会依次失去工业活动，依次沦落为边缘化区域。在一体化区域内部，市场规模越大，福利水平越高。要实现区域经济一体化，首先要解决的是利益补偿问题[78]。

魏后凯等认为，区域补偿机制是指建立区域补偿制度：一是建立生态补偿机制；二是建立资源开发补偿机制；三是建立粮食主产区利益补偿机制[79]。

张宏权提出利益分配机制包括谈判机制、转移支付机制、微观与宏观结合机制、基础设施建设扶持机制[80]。汪伟全认为利益分享强调的是效率，利益补偿强调的是公平，区域利益分享的三种路径包括契约型分配方式、股权型分配方式、分工型分配方式；利益补偿的路径是中央的财政转移或者一体化受益方对损失方的横向转移支付[81]。

王建平主张建立利益分配的协商机制、分享和补偿机制、争端调解机制，其中利益分享是指区域分工带来的分工合作收益，区域补偿是指在区域合作中对利益损失方进行补偿[82]。陈波提出区域一体化的利益共享和利益补偿机制：利益共享应该以让渡原则为前提，即成员地区拆除市场壁垒形成利益让渡，应当由一体化受益方向损失方转移利益；利益补偿机制包括三个层次，第一是中央政府的利益补偿机制，第二是区域合作组织的利益补偿机制，第三是发达地区对欠发达地区的利益补偿机制[83]。

四、对区域一体化进程和评价的研究

在对一体化程度的测度研究中，研究方法也有较大差别，研究结论也不相同。邹卫星从最基本的制度层面入手，比较一体化进程，认为长三角的一体化进程走在最前列，珠三角一体化进程的突破性进展多集中在近几年，京津冀一体化起步较晚，一体化进程落后于长三角和珠三角，并且认为三个区域均处于一体化的探索阶段，还没有实现一体化[84]。陈建军把长三角区域一体化分为三个阶段，即上海经济区时期、浦东开发时期、经济全球化时期[85]。

周立群利用层次分析法和标准差法，对长三角、珠三角和京津冀在 1989—2007 年的一体化程度进行了测度和比较，结论是一体化程度京津冀最高，长三角次之，珠三角最低，但是三者之间的一体化程度的差距越来越小[86]。娄文龙使用层次分析法分析，引入政策一体化指标和市场一体化指标，比较了三个地区的一体化水平，他得出的结论与周立群不同，他认为珠三角一体化水平最高，其次是京津冀，长三角一体化水平最低[87]。孙久文等利用京津冀主要城市经济联系度、产业分工度、市场一体化程度等指标，分析了京津冀区域一体化程度，认为京津冀的城市联系度不断加强、京津冀分工程度加强并不断上升；从总体相对价格方差看，京津冀一体化程度升高[88]。

杨凤华认为，长三角商品市场一体化格局已经初步形成。他利用储蓄—投资的相关性方法研究金融一体化水平，认为长三角金融一体化水平未得到相应的提升，甚至出现了一定程度的下降[89]。陈红霞等采用相对价格法研究京津冀 1985—2007 年市场一体化程度变化，发现京津冀市场一体化水平呈现“平稳—起伏—平稳”的变动趋势，总体水平趋于提高，20 世纪末以来京津冀市场一体化发展较快，且状态平稳[90]。吕典玮等利用相对平均价格方差进行分析，结论是京津冀市场具备一体化优势，但近年发展不大，产业互补潜力尚未充分发挥，根据空间结构的演变阶段理论，认为京津冀空间一体化程度为初级阶段[91]。

侯赟慧等用社会网络评价长三角经济一体化，结论是：目前长三角城市群经济关系网络整体处于中等水平，区域经济一体化程度并不太高，经济联系不对称性比较严重。城市群关系网络中有四个凝聚子群，但有向经济一体化发展的趋势，关系网络整体密度逐渐增大，城市间的经济联系越来越紧密，四个凝聚子群内部和凝聚子群之间的经济联系密度在逐渐增大。经济关系结构相似水平高于 80% 的城市从 1998 年的 12 个降为 2007 年的两个，城市之间逐步实现了产业的差异化和互补化[92]。

千慧雄认为，经济完全一体化的各成员产出份额在理论上应服从 Zipf 分布，分析表明：1978—1979 年长三角的一体化快步推进；1990—1999 年长三角一体化程度倒退，徘徊不前；2000—2008 年长三角一体化程度缓慢上升[93]。

五、对我国国内具体区域的一体化研究

陆大道认为，京津冀协同发展需要对京津冀进行战略定位。强调北京应以高端服务业为主体；天津应加强综合性制造业、航运中心功能和中高端等服务业、其他生产型服务业；河北的定位是对工业进行调整和技术更新，发展海洋工程和先进轨道交通装备、新型材料工业，发展现代农业、畜牧业以及加工业，发展生产性服务业和旅游业，加强生态服务功能建设[94]。杨开忠认为，京津冀的合作应当把提升区域竞争力放在首位，实施基于产业群的区域合作。政府间合作应当以政府间的协调机制为主[95]。宁越敏在分析长三角产业结构特点的基础上，提出长三角一体化要强化长三角内部的分工与协作[96]。

祝尔娟认为，京津冀三地产业发展不同步，是产业整合的基础和动力；产业发展存在梯度落差，为产业升级与合作提供动力；产业的互补性有利于各自将产业做大做强，产业的差异性有利于合作共赢，产业的梯度性有利于资源流动、产业整合[97]。戴学珍、蒙吉军认为，京津之间会逐步实现空间一体化，建议建设网络化、现代化基础设施体系，沿京津走廊发展组团式的各级增长极[98]。

周国红、楼锡锦利用企业问卷调查方法，研究长三角区域经济一体化的态势，并提出推进制度的协调与利益平衡、加强产业的分工与协作、推动科技要素的流动等战略思考[99]。陈雯、王珏对长三角空间一体化进行了测度，结果表明：长三角开发密度增强，核心集聚与区域扩散并存；交通可达性显著提高；地区专业化水平提升，分工与协作加强；制造业由原核心向外围转移，生产性服务业出现核心城市集聚态势[100]。

王兴化等认为长三角和珠三角区域面积较小，产业集中，聚集效应强；而京津冀面积大，主要城市带动作用不强，主要城市之间缺乏产业分工与合作，导致资源分散，聚集效应弱，产业分工成本高，城市之间没有形成产业链，阻碍了京津冀一体化发展[101]。

唐树伶等认为京津唐可以借鉴的长三角和珠三角经验是：错位发展、实现共赢；完善市场体系、畅通要素流动；共筑合作机制、推动合作进程。到目前为止，京津唐地区实质性的合作起步晚，并且缺乏协调统一的合作机制[102]。

陈耀分析对比了三个区域，以国有经济比重衡量市场化，认为京津冀最低，长三角其次，珠三角最高；以外资比例衡量国际化水平，珠三角最高，长三角次之，京津冀最低；认为长三角空间组织和一体化效率最高，而京津冀和珠三角经济首位度不高，双核心之间竞争激烈[103]。

陈维等研究发现，在内部发展上，珠三角、长三角城市之间差异较小，京津冀城市间差异大；主导产业上长三角产业门类齐全，轻重工业均较发达；京津冀偏重重工业；珠三角的产业偏向轻工业；从利用外资上，长三角最高、珠三角次之，京津冀最低；从创新能力上，研发投入长三角最高、京津冀第二，珠三角最低[104]。

颜烨等比较全面地对比了京津冀、长三角和珠三角，从基本要素、经济发展水平、社会发展水平、文化心理底蕴、区内协同程度五个方面，又从区内结构方面、要素来源和服务方向维度、主导推进力量、产权占有方式四个方面进行了对比，认为一体化协同程度最好的是长三角，其次是珠三角，而京津冀三省市场分割十分明显[105]。

对我国其他区域一体化的研究，包括对多个实施一体化或者准备实施一体化地区的研究。刘涛认为，长株潭一体化的“瓶颈”是行政区经济[106]。谢守红、宁越敏提出都市区发展是长株潭一体化的必由之路[107]。杨敬宇、聂华林研究了兰州-西宁区域经济一体化试验区建设[108]。陈德宁等探讨了CEPA框架下大珠三角区域经济格局演变的动力模式[109]。刘力等研究了泛珠三角区域经济一体化与行政区经济的空间效应[110]。栾维新、王海英研究了我国沿海地区的海陆经济一体化[111]。郎宇等研究了港口与腹地经济一体化的几个理论问题[112]。王任祥等研究了区域经济一体化背景下港口联盟建设模式[113]。

国内关于呼包鄂榆的研究文献数量有限。其中三篇都是基于ESDA对呼包鄂榆的分析[114][115][116]，一篇是陈博文利用时空接近模型分析呼包鄂榆区域经济的[117]，还有一篇是陈嘉丽分析呼包鄂榆可持续发展的文章[118]。

研究呼包鄂区域的文献数量很多，其内容大致分为三部分：第一部分是国家对于呼包鄂的研究成果；第二部分是关于呼包鄂的文章和学位论文，第三部分是内蒙古政府对呼包鄂协调会的报道、领导讲话和呼包鄂规划公示；还有一部分是媒体报道。

学者们对呼包鄂的研究从经济区研究逐步过渡到增长极研究，再到城市群研究，现在更多的是一体化研究。海山认为蒙中经济区矿产资源丰富，具有社会经济条件和地缘优势，提出蒙中经济区具有加快发展的条件[119]。

以增长极角度研究呼包鄂的学者有何金玲[120]、李斌[121]、邹俊伟[122]、杨军[123]、何辛锐[124]等，提出把呼包鄂的区域优势转化为经济优势，以增长极的模式带动内蒙古经济的发展。以城市群角度研究呼包鄂的学者也有许多。其中，郇文艳在学位论文中借助GIS，通过灯光指数，分析呼包鄂城市群空间结构演变的时空特征[125]。

对呼包鄂一体化的研究中，王云风提出呼包鄂需要联合与协作，推动经济的跨越式发展[126]；段连敖提出呼包鄂一体化的机制建议[127]。张沛等分析呼包鄂区域一体化发展的现状、发展障碍，探讨区域一体化的发展动力[128]。任亚平提出推动呼包鄂区域一体化进程的六个措施：基础设施对接、产业对接、公共服务对接、加强组织和领导、加强规划和研究、加强探索和实验[129]。

在推动呼包鄂一体化发展的措施上，内蒙古政府使用了行政措施和规划措施。行政措施是，从 2004 年起，连续 6 年召开“呼包鄂”经济工作专题会议，协调呼包鄂的一体化发展[130]。规划措施是先后编制了《内蒙古自治区呼包鄂区域经济“十一五”发展规划》、《呼包鄂城市群规划（2010—2020）》和《内蒙古以呼包鄂榆为核心沿黄河沿交通干线经济带重点产业发展规划（2010—2020）》，其出发点都是希望呼包鄂以一体化协调发展的形式，保持区域整体发展。

六、区域发展水平评价指标体系的研究

由于研究目的和研究方法的差异，区域发展水平的评价指标体系往往存在很大差别。研究者在评价区域发展水平时，往往选取比较全面的指标，以反映区域的综合差异，同时也加强对侧重点指标的选取，以达到研究目的。

方创琳在构建区域发展规划指标体系时，侧重点为经济、社会和环境的综合评价，建立了 3 个二级指标，分别是经济发展指标、社会发展指标、资源与环境发展指标；10 个三级指标，分别是经济总量指标、经济结构指标、经济增长指标、经济效益指标、人口发展指标、基础设施指标、生活质量指标、科技教育指标、资源利用指标、环境发展指标[131]。

毛汉英在建立山东可持续发展评价指标体系时，考虑了社会、经济、自然要素相互作用的关系，提出了三个层次的指标体系。第一层次包括四个方面，分别是经济增长、社会进步、资源环境支持、可持续发展能力；第二层次包括 15 个二级指标；第三层次共有 86 个指标，其指标特点是突出资源环境支持和可持续发展能力[132]。

关伟在研究辽宁沿海经济带经济与环境协调发展度时，建立的指标体系主要反映经济发展水平和环境承载能力，包括领域层两个指标、准则层 7 个指标和指标层 23 个指标。准则层的 7 个指标分别是经济实力、经济结构、经济潜力、经济生活水平、环境污染、环境治

理、生态指标[133]。

哈斯巴根等建立了区域整体发展水平的评价指标体系，试图揭示城市、农业、生态三个空间系统的整体发展差异。其中二级指标分为城市地区、农业地区和生态地区，三级指标包括城市的城市经济、城市社会、城市资源和环境、农业经济、农业社会、生态地区等六项指标，指标体系主要为了区分城市和农村地区的差异[134]。

孟德友等在研究长三角城市经济发展水平时，从5个方面，即经济规模、经济效益、结构水平、人民生活和开放水平对城市综合实力进行描述[135]。

朱孔来等在研究山东省东西部地区差距时，认为区域社会经济综合实力主要包括资源、经济、社会发展、城市化水平和基础设施5个方面，并以此建立了20个二级指标和47个三级指标，综合评价区域发展差异[136]。

第三节　区域一体化相关研究进展评述

国外区域经济一体化的研究，内容主要集中在经济一体化对于区域经济的影响上，如一体化对经济增长的影响、对商业周期的影响、对经济活动区位的影响等；研究方法采用经济学规范的定量分析方法，具有研究的科学性和可推理性，得出的结论具有普遍意义，对我国国内区域经济一体化的实践有一定的参考和指导意义。

我国国内对区域一体化的研究有数量庞大的研究成果，对相关问题进行了比较全面的研究，也取得了一些明显的研究共识。如我国地方政府的经济职能和分税制制度是造成我国行政区经济分割的主要原因；区域一体化需要国家的制度改革，明确地方政府的财权和事权，减少地方政府对经济的干预；在现阶段区域一体化需要我国地方政府之间进行合作，逐步推动区域一体化的发展；等等。这些共识对于我国实施区域一体化的地区有很重要的指导意义。但是我国区域一体化的研究也存在明显的不足。其不足之处主要是：第一，研究的方法以定性分析为主，定量分析方法少。如行政分割导致生产要素流动受阻，对阻碍程度缺少研究；行政分割提高了商品流通的交易成本，但是对交易成本提高的程度没有定量的研究。缺少定量研究，使国内区域经济一体化研究停留在定性研究水平上。第二，研究内容实证分析多，理论分析少。国内区域一体化的研究，多数以具体区域的一体化实证研究为主，而理论分析的论文数量少。多数论文在分析国内区域一体化时，都以国际经济一体化理论为依据，对于国内区域一体化的理论探讨成果较少。

对于区域一体化概念，在目前的文献中，仍然没有明确的界定。尽管有学者专门撰文研究区域一体化的概念，认为区域一体化的范围、内容和合作主体都已经突破经济一体化的范畴，但由于区域一体化内容和形式复杂，给区域一体化确定一个明确的概念，是一件十分困难的事情，研究学者都没有给出区域一体化的概念。本书认为区域一体化是行政区之间通过政府合作、互相约束实施的消除行政分割、减少流动阻碍、实现区域一体、相互融合的区域发展策略，以达到逐步实现区域全面一体化的目的。在区域一体化中，经济一体化是中心，空间一体化是载体，基础设施、公共服务和生态环境一体化是支撑系统。

由于侧重点不同，在评价区域发展水平时，研究者建立的指标体系有差别，也有共同点。共同点是综合考虑区域的经济、社会、资源与环境，评价指标主要包括经济指标、城市化指标、基础设施指标、公共服务指标、生态环境指标，对于资源型城市还需要考虑资源储量和产量的影响。借鉴国内学者的研究成果和呼包鄂榆资源型地区的特点，本书建立的指标体系主要从资源指标、经济指标、城市化指标、基础设施指标、生态环境指标、公共服务指标六个方面综合评价区域的发展水平。

呼包鄂榆地区的研究成果数量不多，主要集中在区域的某些方面，如县域经济的差异、综合城市化的差异等内容。对于呼包鄂榆的区域一体化研究，目前还处于空白阶段，本研究选题正是针对这一研究空白进行的。

第三章　区域一体化研究的理论基础

第一节　地域分工理论

地域分工，又称劳动地域分工，指在不同的地域之间按照各自地域的某种优势，专门化生产不同产品，在地域之间形成生产分工，提高生产效率。

一、要素禀赋论

1919年，瑞典经济学家赫克歇尔提出了要素禀赋论的基本论点，俄林在其基础上，创立了要素禀赋论，合称为赫克歇尔-俄林模型（简称H—O模型）[137]。该理论认为：每一区域适宜生产使用区域内丰裕、生产要素价廉的产品，不生产使用区域内相对缺少生产要素的产品。区际贸易的流向是输出要素密集产品，输入要素稀缺产品，从而形成国际分工和贸易。

要素禀赋理论补充和完善了斯密和李嘉图的地域分工理论。亚当·斯密在1776年提出绝对优势理论[138]，他认为分工可以提高劳动生产率，增加国民财富；分工的原则是成本的绝对优势；国际分工的基础是有利的自然禀赋或后天的有利条件；在国际分工基础上开展国际贸易，对各国都会产生良好效果。但是，绝对成本理论的缺陷是没有解释不具有生产绝对优势的国家或区域，能否参与国际分工与贸易并从中获利。大卫·李嘉图在其代表作《政治经济学及赋税原理》

(1817 年) 中提出了比较优势理论[139]。他的基本论点是：一国在两种商品生产上较另一国均处于绝对劣势，但只要处于劣势的国家在两种商品生产上劣势的程度不同，处于优势的国家在两种商品生产上优势的程度不同，则处于劣势的国家在劣势较轻的商品生产方面具有比较优势，处于优势的国家则在优势较大的商品生产方面具有比较优势。两个国家分工、专业化生产和出口其具有比较优势的商品，进口其处于比较劣势的商品，则两国都能从贸易中得到利益，这就是比较优势原理。两国按比较优势参与国际贸易，通过“两利取重，两害取轻”，都可以提升福利水平。但它不能解释比较优势的形成原理，而要素禀赋理论揭示了比较优势原理。

如果把技术看作生产要素，要素禀赋论也可以解释技术差距论。技术差距理论产生于 1961 年，代表人物为美国学者 M. V. 波斯纳。他在《国际贸易与技术变化》一文中，提出了国际贸易的技术差距模型[140]。波斯纳认为，技术也是一种生产要素，但是在各个国家的发展水准不一样。一种新产品研制成功后，技术领先国家具有技术上的比较优势，从而出口技术密集型产品。当这项新产品在区域市场上饱和之后，就开始向他国出口此项技术。模仿国开始模仿生产并减少对其进口，创新国因此逐渐丧失该产品的出口市场，因技术差距而导致的国际或区际贸易量也逐渐缩小，直至最终全部消失。

二、劳动地域分工理论

马克思的劳动地域分工理论研究以社会分工为基础产生的地域分工。马克思提出了三次社会分工理论及其产生的地域分工，第一次社会分工是农业从畜牧业中分出，形成农业定居点和牧业的地域分工；第二次分工是手工业从农业中分出；第三次是商业从手工业中分出，形成城市与农村的地域分工。马克思在分析手工业内部分工和机器化工业的分工之后，提出分工导致工业的集中，形成地区和城市之间的专门化分工[141]。劳动的地域分工导致了工业与农业、城市与农村的分离和结合[142]。马克思的劳动地域分工理论解释了随着生产力的发展，产业分工出第一、第二和第三产业的分工原理，并且解释了社会分工导致的地域分工，即城市和乡村的分工。

第二节　区域联系理论

一、空间相互作用理论

美国地理学家乌尔曼 1956 年提出了空间相互作用理论，指出空间相互作用有三个基本点：互补性、移动性和中介机会[143]。互补性是指区域之间必须存在某些方面的供求关系，是分工产生的相互需求。移动性是指区域之间进行传输的可能性，影响移动性的因素包括：空间距离和传输时间，被传输客体的可传输性，区域之间传输的障碍，区域之间交通联系的便捷程度。中介机会是指两个区域之间的相互作用可能受到来自其他区域的干扰。由于干扰机会的存在，有互补性的两个区域之间也不一定能发生相互作用。乌尔曼借鉴了物理学、统计力学、经济学的理论及模型，在具体实践中大量运用定量分析方法和模式，使空间相互作用理论具有定量的研究方法。

海格特（1972）把物理学中热传递的三种方式对流、传导、辐射运用到空间相互作用的形式上。他认为，空间相互作用的对流形式是区域之间的人员和物质的移动，如城市之间的人口、货物、邮件、包裹的输送和移动等；传导形式是指城市间进行的各种交易，如城市之间的财政交易、银行间的转账交易等，这类交易通过簿记程序来完成，以会计学系统为特征。辐射形式是指信息的流动和新思想、新技术的扩散等，主要从中心城市向外围城市扩散[144]。

二、技术空间扩散理论

瑞典地理学家 T. Hägerstrand 在《作为创新过程的空间扩散》一书中提出技术空间扩散理论[145]。他认为，技术空间扩散是由信息流动和采用阻力所决定的，扩散强度随距离增加而衰减，出现空间上的“近邻效应”。在扩散开始阶段，扩散强度随距离衰减特征显著，在扩散后期随距离衰减的特征逐渐减弱。Darwent 认为，在均质空间，技术创新由中心向腹地扩散，以同心圆的形式展开，技术扩散的形式是波浪式空间扩散，遵从距离衰减规律[146]。同时，Richardson 认为在非均质空间中，技术扩散按照区域等级大小呈跳跃式扩散，等级效应十分明显，技术扩散方向和速度的决定因素是技术接受能力[147]。

第三节 区域竞合理论

一、区域竞争理论

美国学者迈克尔·皮特（Michael E. Porter）在 1990 创立了竞争优势理论[147]。皮特认为，一个国家某产业的竞争优势由生产要素、国内需求、支撑产业和相关产业、企业的战略、结构和竞争者四个方面所决定，因此他的竞争优势理论又被称为钻石理论。他认为一个国家的竞争优势关键在于创新，并且竞争优势和人为创造的资源（人力资源、知识资源、资本资源和基础设施）、高级生产要素（熟练劳动力、科技资源等）密切相关，因而其在国际分工中的地位是动态的。

二、区域合作理论

合作竞争理论是一种新型企业管理理论，产生于 20 世纪 80 年代，它探求了企业间通过合作竞争的方法解决单纯竞争带来的问题。乔尔·布利克（Joel Bleeke）与戴维·厄恩斯特（David Ernst）在 1993 年出版的合著《协作型竞争》中提出完全损人利己的竞争时代已经结束，企业之间应当以合作竞争取代完全竞争[149]。

耶鲁大学拜瑞·内勒巴夫教授和哈佛大学亚当·布兰登勃格教授在 1996 年《合作竞争》一书中，提出合作竞争理论。他们认为企业的经营活动是一种特殊的博弈，通过合作竞争可以实现双赢的非零和博弈，合作竞争的核心逻辑是共赢性[150]。

意大利的布拉杜和迪格里尼教授系统地分析了组织间共同创造价

值的“竞合优势”。传统的竞争理论强调分配利益时的“零和游戏”性质，一方得到利益意味着另一方受到损失，彼此没有合作的可能。在竞合状态下，不同地方之间的利益及目标不完全一致，他们之间的合作能够产生价值，价值的总量与合作的性质是相关的，合作与分工越好，创造的价值就越大[151]。

第四节 区域一体化理论

一、区域经济一体化理论

区域经济一体化理论主要研究经济一体化对于成员国的经济效应以及对非成员国的经济影响。经济一体化理论的奠基者是维纳的关税同盟理论，之后又出现自由贸易区理论、共同市场理论、经济同盟理论等，形成了比较完善的区域经济一体化的理论。

关税同盟是指成员国之间取消关税，而对非成员国实行统一的关税。美国经济学家雅各布·维纳 1950 年在《关税同盟理论》一书中提出关税同盟理论。他研究了关税同盟产生的经济效应及其对成员国福利的影响，使关税同盟理论成为区域经济一体化的核心理论。维纳认为，关税同盟形成后会产生贸易替代生产而获得收益的“贸易创造效应”和贸易转向带来损失的“贸易转移效应”。对于成员国，如果贸易创造效应大于贸易转移效应，该关税同盟对该国就有利，反之则不利。这就是衡量关税同盟静态经济效应的维纳标准[152]。

自由贸易区是指在区内实现了产品市场一体化，成员国之间取消关税，它允许各成员体保持自己原来对非成员体的贸易关税。自由贸易区理论是米德提出的。他认为，自由贸易区会产生“贸易偏差”现象，即成员国从自由贸易区外进口低价货物，在自由贸易区向其他成员国销售。为了消除这种“贸易偏差”，自由贸易区往往要求区内实行“原产地原则”[153]。英国学者罗布森（Robson）认为，自由贸易区无法避免“间接贸易偏转”的存在，即低成本成员国将本国生产的产品向自由贸易区内其他成员国输出，同时从区外进口同类产品，用于本国国内市场[154]。

共同市场是指国家之间不仅实现了产品市场的一体化，而且实现了生产要素的一体化。1986年，美国经济学家彼得·林德特分析了劳动力自由流动的影响，由此得出结论：劳动力的流动，会使劳动力报酬低的国家劳动力流向报酬高的国家，使劳动力报酬差距缩小。美国经济学家西托夫斯基（T. Seitovsky）和德纽（J. F. Deniau）等人研究了劳动力和资本两种生产要素的市场一体化理论。他们认为，生产要素在共同市场内自由流动的结果是生产要素的价格在一体化区域内各成员间趋于或者完全达成一致，从而导致不同行业收入分配的变化。此外，生产要素的自由流动还会产生规模经济效益。生产要素的自由流动可以形成统一大市场，带来规模经济效益[155]。

经济同盟是指国家之间不仅实现了产品市场一体化和生产要素市场一体化，而且实现了政策一体化。巴拉萨（Balassa）在其著作《经济一体化理论》中研究了政策一体化对资源配置效率的影响。他认为，政策一体化可以有效减少成员国政策差异对资源配置效率带来的负面影响，政策一体化的程度越高，对负面作用的规避性越强[156]。

日本教授小岛清在《对外贸易论》中提出在一体化组织内实行协议性国际分工的经济一体化理论。他认为，共同市场必须在同等发展阶段的国家之间建立；在发达工业国家之间，可以进行协议性分工的商品范围比较广，利益也比较大。在实力相等的国家之间可按水平分工，实现协议性的国际分工；但在实力不等的国家之间只能按垂直分工进行，按比较成本进行价格竞争，其结果只能导致差距越来越大，矛盾会更加尖锐化[157]。

二、区域一体化理论

区域一体化的概念来源于区域经济一体化，但是其含义已经超出了区域经济一体化。区域一体化的范围不仅包括经济一体化，还包括社会一体化、政治一体化和文化一体化。从内容上，不仅包括生产要素和市场一体化，还逐渐扩展到基础设施、环境保护、科研教育的一体化；从主题上，既有国家间区域一体化，也有地区间区域一体化和一国内部不同地区之间的一体化。因此，区域一体化的概念与区域经济一体化的概念内涵和外延都有明显的不同，比区域经济一体化包含更大的范围。

区域一体化可以概括为，两个或多个地区，为了区域的共同发展，实施的区域多领域合作、共同发展、相互融合、区域一体的战略，不仅在经济上实施一体化，而且在基础设施、环境保护、公共服务等多方面实施一体化战略，以促进区域的共同发展，提高区域的整体竞争力。

国家内部的区域一体化理论，目前还没有完整的理论基础。从我国国内区域一体化的实践来看，区域一体化首先从基础设施、公共服务和生态环境一体化入手，形成区域一体化支撑体系，在此基础上，推动产业一体化、空间一体化。在组织形式上，通过建立区域一体化的领导小组，或者建立区域间政府协商机制，推动一体化的实施。在推动机制上，既强调政府对于区域发展的推动机制，也考虑市场对于区域经济一体化的推动功能。虽然在这些方面有大量的研究文献，但是对于区域一体化的理论仍然缺乏系统的理论总结。我国区域一体化的实践需要区域一体化理论的指导。

第五节　简要评述

研究区域之间关系的理论，已经形成较为全面的理论体系，从区域分工理论、区域联系理论，区域竞争与合作理论，到区域经济一体化理论。这些理论可以指导区域一体化研究中的相关问题。如地域分工理论，揭示了区域竞争优势从依靠区域资源优势、生产要素优势，转变为依靠技术、创新优势的竞争，技术和创新成为区域发展的主导因素，这与当今世界区域竞争的实际相吻合。区域之间相互作用理论揭示了区域之间的互补性、移动性和干扰对于区域之间相互作用强度的影响。区域之间相互竞争的发展格局，也逐渐让位于区域之间竞争合作的发展关系。虽然区域经济一体化已经形成比较系统的理论体系，对区域一体化有一定的指导意义，但是区域一体化的范畴远远大于区域经济一体化的范畴，因此区域一体化理论急需完善和系统总结，尤其是对于我国国内的区域一体化，更需要理论的指导。

第四章　呼包鄂榆区域一体化发展条件

本章主要分析呼包鄂榆区域一体化的发展条件，包括区位、资源、环境、人口、经济、交通和城市等。分析的方法是对发展条件的现状进行系统的总结，在此基础上，对发展条件进行辩证分析，指出发展条件的优势和不足，以及对于呼包鄂榆区域一体化发展的影响。

第一节　呼包鄂榆区域一体化的区位、资源和环境

一、呼包鄂榆的区位条件分析

呼包鄂榆位于我国北方中部。东部接近我国北方经济中心京津冀地区；南部靠近以西部发展中心之一的西安为中心的关中地区；西部紧邻与呼包鄂榆同属于呼包银榆经济区的银川沿黄地区；北部与拥有丰富的煤炭和金属矿产资源的蒙古国接壤。呼包鄂榆区位条件如图4-1所示。

从区域相互关系看，呼包鄂榆的区位具有优势，也存在不足。区位优势主要是：

（1）呼包鄂榆紧邻京津冀地区，属于京津冀经济圈的腹地范围，与京津冀经济联系紧密。呼包鄂榆的煤炭主要输送到京津冀地区，一

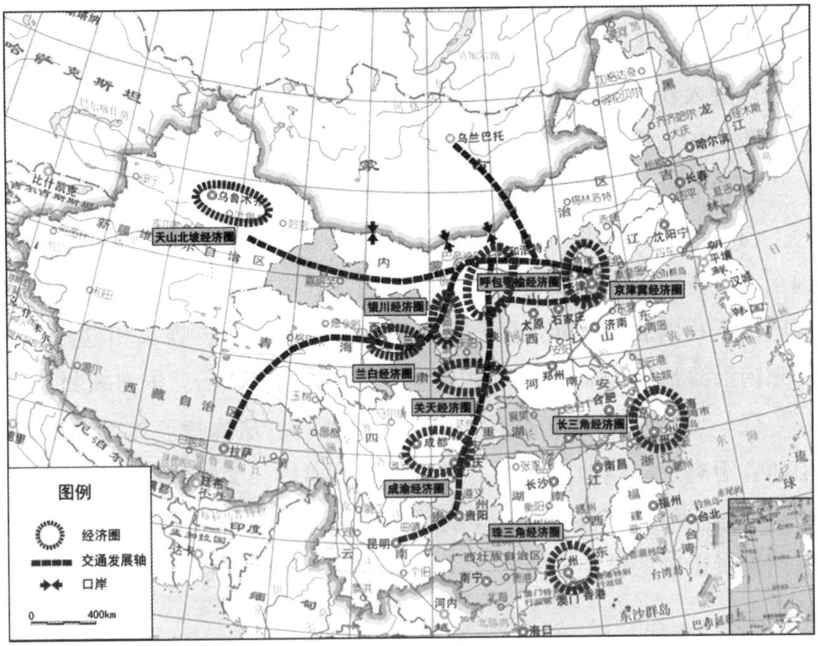

图 4-1　呼包鄂榆与其他经济圈相互关系示意图

部分被京津冀地区消耗，一部分通过秦皇岛、天津港、黄骅港输送到南方地区。呼包鄂榆的天然气通过北线从包头市—呼和浩特市输送到京津冀地区，南线从榆林—神木—府谷输送到京津冀地区，是京津冀地区天然气的来源地之一。呼包鄂榆地区主要电厂生产的电力通过华北电网，主要供京津冀地区使用，是京津冀地区的煤炭、天然气和电力供应地。呼包鄂榆主要的商品来源是京津冀地区，属于京津冀地区的腹地范围。

（2）呼包鄂榆是我国北方东西部联系的通道地区。京藏高速、京新高速、荣乌高速、青银高速等从呼包鄂榆地区经过；京—包—兰铁路、太原—中卫（银川）铁路也都通过呼包鄂榆地区。高速公路和铁路都经过呼包鄂榆地区，连接我国北方东西部地区，呼包鄂榆成为我国北方东西部地区联系的通道。

（3）呼包鄂榆是我国对蒙古国的重要窗口。我国与蒙古国之间经济具有互补性，中国向蒙古国出口工业产品，从蒙古国进口矿产资源。呼包鄂榆地区是我国与蒙古国交流的重要窗口和人员交流的核心地区。从二连浩特以西地区口岸进入我国的资源，都需要经过呼包鄂榆地区进入我国东部地区的消费市场，呼包鄂榆也是蒙古国进口资源进入我国的通道地区。

呼包鄂榆的区位劣势主要是：

（1）呼包鄂榆位于我国北方内陆，远离东南沿海经济发达区。我国东南沿海地区经济发达，但是能源短缺，能源需求旺盛。呼包鄂榆地区位于我国北方内陆地区，与东南沿海距离遥远，煤炭和电力运送到东南沿海地区均需长途运输，导致成本增加，市场竞争力减弱。

（2）呼包鄂榆区位劣于煤炭产区山西省。从煤炭产区的角度看，山西省距离京津冀地区更近，煤炭运输距离短，交通便利程度也高于呼包鄂榆。而且呼包鄂榆的煤炭运输铁路都经过山西省，煤炭运力受山西煤炭运输的影响。因此从区位上，呼包鄂榆煤炭优势面临山西省的竞争。

（3）呼包鄂榆煤炭面临进口煤炭竞争。由于煤炭外运距离长、费用高，呼包鄂榆的煤炭面临沿海进口煤炭的竞争。来自澳大利亚、越南、印尼、朝鲜的进口煤炭，到岸价格低于山西、内蒙古和陕西省的煤炭价格。呼包鄂榆的煤炭优势面临进口煤炭的强力竞争。

二、呼包鄂榆的矿产资源

呼包鄂榆具有丰富的矿产资源，主要类型有煤炭、天然气、石油、稀土和铁矿石。

煤炭探明储量这一地区为 3227.54 亿吨，占全国总储量的 24.64%。主要分布在鄂尔多斯准格尔煤田、东胜煤田、桌子山煤田、乌兰格尔煤田、神府、榆神和榆横几大矿区及定靖预测区。

天然气探明储量为 8457 亿立方米，占全国总储量的 22.81%。天然气主要分布在鄂尔多斯和榆林。在鄂尔多斯盆地累计找到 8 个气田，其中探明储量在千亿立方米以上的大气田有 4 个，分别是榆林气田、苏格里气田、靖边气田、乌审旗气田。呼包鄂榆及周边大城市包括北京、西安、银川、包头、呼和浩特等使用的天然气主要来自鄂尔多斯盆地。

石油储量为 6133 万吨，主要分布在榆林市定边、靖边、子洲、横山四县。在鄂尔多斯西部也发现油气田，正在进一步勘探中。

铁矿石储量为 24002.2 万吨，占全国储量的 0.37%；稀土工业储量为 5378 万吨，占全国的 83%，占世界的 30%；铌储量为 660 万吨，居全国之首。这些资源主要分布在包头市白云鄂博区。

此外，鄂尔多斯和榆林还有储量丰富的盐类资源。呼包鄂榆主要矿产资源的数量及分布如图 4-2 和表 4-1 所示。

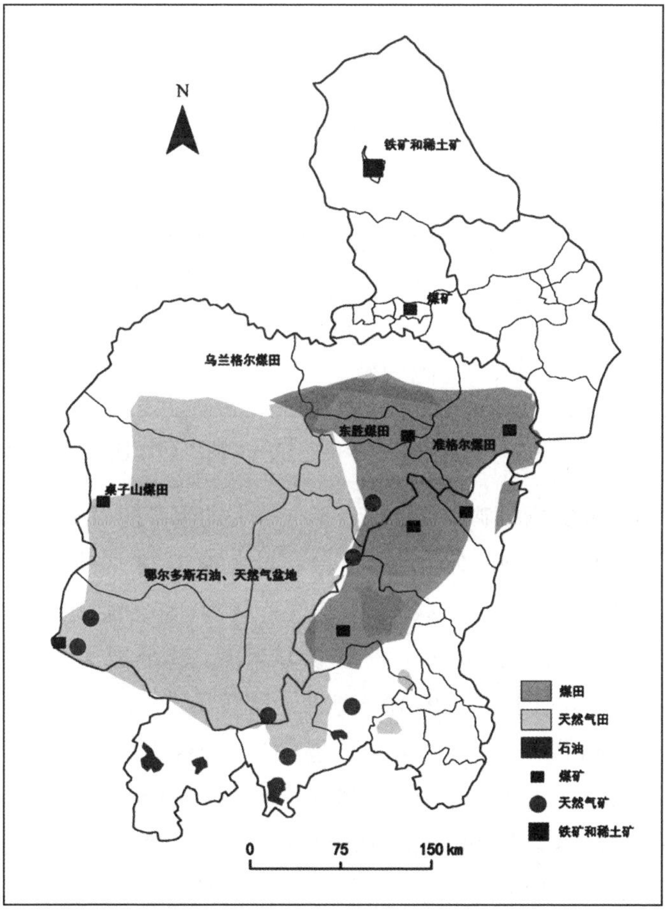

图 4-2　呼包鄂榆矿产资源分布图

表 4-1　呼包鄂榆地区主要矿产资源数量及地区分布

资源种类	呼和浩特	包头	鄂尔多斯	榆林	合计	全国	占全国比例（%）
煤炭（亿吨）	3.2	61.6	1702	1460.74	3227.54	13096.8	24.64
天然气（亿立方米）			5635	2822	8457	37074.2	22.81
石油（万吨）				6133	6133	295000	2.08
铁矿（万吨）	3259.2	20743			24002.2	6460000	0.37
盐（万吨）			1836.7	1784.4	3621.1		
石膏（万吨）			356453.1		356453.1	7043000	
稀土（万吨）		5378			5378		

注：表中数据来自呼和浩特、包头市、鄂尔多斯市和榆林市政府网站。

呼包鄂榆的能源矿产资源已经形成巨大的生产能力。2012 年，煤炭产量达到 9.58 亿吨（其中鄂 6.40 亿吨，榆 3.18 亿吨），占全国煤炭年产量的 26.25%；2012 年，天然气产量为 380.9 亿立方米（其中鄂 259.1 亿立方米，榆 121.8 亿立方米），占全国天然气产量的 35.55%，成为我国重要的能源产地。

呼包鄂榆的矿产资源优势主要是：①呼包鄂榆地区矿产资源储量大，品种多，成为我国煤炭、天然气、稀土等矿产资源基地，对全国的经济发展有重要作用。②具有能源资源优势和稀土资源储量优势。能源资源是经济发展的动力资源，在经济发展中处于先行地位。稀土资源是新材料的主要原料，具有重要的战略价值。③主要矿产资源已经形成巨大的生产能力，成为我国矿产资源的生产中心，也成为呼包鄂榆地区的主导产业。④矿产资源成为呼包鄂榆发展多种工业的物质基础，如煤电产业、钢铁产业、化工、稀土等，矿产资源加工为后向产业的发展提供了多种可能性。

但是呼包鄂榆的资源也存在不足，主要包括：①形成了以资源开发和加工为主的工业体系，经济为资源依赖型产业，抑制了其他产业发展，不利于产业多元化发展。②我国能源结构正在发生转变，从煤炭资源逐步转向天然气和其他清洁能源，煤炭需求逐步下降，使呼包鄂榆的煤炭资源优势逐步减弱。③呼包鄂榆进行的煤炭开采企业重组，导致煤炭开采价格高涨，产品竞争力减弱，面对国外低价进口煤炭的竞争，煤炭产业受到严重冲击。④我国环境保护力度正在逐步加大，对于碳排放、污水排放的限制日趋严格，呼包鄂榆地区以能源为主导的产业，如电力和煤化工都属于高污染企业，受到环境保护的约束，产业发展受到限制。呼包鄂榆以资源产业为主的局面限制了区域的发展，产业转型和多元化发展势在必行。

三、呼包鄂榆的水资源

呼包鄂榆地处我国内陆半干旱地区，降水量少，水资源补给量小，水资源数量少。区内河流多为季节性河流，水量集中在汛期，流速快、泥沙量大，很难利用。可利用水资源主要是黄河水和地下水资源。可利用黄河水量是国家黄河水利委员会统一调配的数量，总额限定。各个城市用水主要靠开采地下水。

呼包鄂榆水资源总量 78.75 亿立方米，其中地表水 32.37 亿立方米，地下水 43.66 亿立方米，黄河水配额 16.6 亿立方米，可利用水资源 57.01 亿立方米。呼包鄂榆各市的水资源状况如表 4-2 所示。

呼包鄂榆区域水资源严重不足。按 2012 年总人口 1103.7 万人计算，人均可利用水资源为 516.32 立方米，仅为全国人均水平 2300 立方米的 22.45%，远远低于全国平均水平。

表 4-2　呼包鄂榆水资源基本情况　　单位：亿立方米

	呼和浩特	包头	鄂尔多斯	榆林
水资源	11.88	7.80	15.65	37.42
地表水	4.79	2.14	2.54	22.90
地下水	9.73	6.31	13.11	14.51
重复量	2.64	0.65		
黄河水	5.10	5.5	6.00	
可用水资源	11.21	11.56	21.49	12.75
地表水	5.20	7.64	7.83	7.29
地下水	6.01	3.92	13.66	5.46

数据来源：

① 呼和浩特水资源数据来自《内蒙古自治区水资源及其开发利用情况调查评价报告》。

② 包头市水资源数据来自《2011 年度包头市水资源公报》。

③ 鄂尔多斯水资源数据来自：高海东《鄂尔多斯水资源可持续开发利用研究》，《勘察科学技术》，2004（2）[158]。

④ 榆林市水资源数据来自《榆林市水资源规划（2007）》。

呼包鄂榆水资源问题主要表现为水资源供需矛盾突出。工农业之间、城乡之间争水问题逐步显现。由于地下水超采严重，呼和浩特、包头地下水水位持续下降，漏斗区面积逐年扩大。

水资源的利用中存在用水效率不高的问题。区域用水中，农业用水占较大比例，达到 70.37%，而且农业用水采用漫灌方式，耗水量大，用水方式落后。工业用水占 20.68%，由于用水限制，许多工业企业采用循环用水的方式。

随着区域投资的加大，新开工企业中煤化工企业占多数，需要大量水资源，使区域内用水压力进一步加大。根据相关预测，到 2020 年，区域用水的缺口将达到 11.61 亿立方米。水资源缺乏，成为区域发展的限制因素（见表 4-3）。

表 4–3 呼包鄂榆水资源利用状况和用水预测 单位：亿立方米

	呼和浩特	包头	鄂尔多斯	榆林
可用水资源	11. 21	11. 56	15. 49	12. 75
地表水	5. 20	7. 64	2. 38	7. 29
地下水	6. 01	3. 92	13. 11	5. 46
用水量（2011）	9. 47	10. 88	16. 58	7. 32
农业用水	6. 59	6. 99	12. 65	4. 91
工业用水	1. 74	3. 12	2. 64	1. 65
城市公共用水	0. 29		0. 22	0. 09
城市生活用水	0. 81	0. 76		0. 24
农村生活		0. 09	0. 48	0. 39
生态用水	0. 03		0. 59	0. 04
用水预测（2020）	11. 10	13. 70	29. 20	17. 26
农业用水	5. 36	6. 57	24. 00	6. 59
工业用水	3. 43	5. 07		7. 93
居民生活	1. 4	1. 59		0. 85
城镇公共	0. 61	0. 64	5. 20	0. 41
生态环境	0. 31			1. 48
缺水量	1. 64	2. 14	7. 71	0. 12

数据来源：

① 呼和浩特水资源数据来自《呼和浩特市工业园区水资源配置方案》。

② 包头市水资源数据来自《2011 年度包头市水资源公报》和韩俊丽《包头市水资源可持续利用研究》，《阴山学刊》，1999（2）[159]。

③ 鄂尔多斯水资源数据来自《2011 年度鄂尔多斯市水资源公报》和高海东《鄂尔多斯水资源可持续开发利用研究》，《勘察科学技术》，2004（2）。

④ 榆林市水资源数据来自《榆林市水资源规划（2007）》。

水资源总量的约束，限制了呼包鄂榆的区域发展。但是如果在水的利用方式上进行改进，水资源仍有很大潜力。首先，转变农业用水方式，发展节水农业，实行喷灌、滴管，提高农业用水效率，节约的水资源可用于工业和城市。其次，在工业用水上，提倡水的循环利用，减少废水排放，提高工业用水的重复利用率。再次，在城市用水中，将处理后的中水用于市政用水，可以节约大量水资源。最后，通过对黄河流经区域的水权转换，增加黄河用水配额。因此，呼包鄂榆地区的水资源还有挖掘潜力。

呼包鄂榆的水资源优势在于黄河从区域中部流过，为区域用水提供了可能。尽管受到黄河用水配额的限制，但是通过区域水权转换和农业节水技术的普及，仍然可以为工业发展提供用水，保证呼包鄂榆地区的工业发展。

四、呼包鄂榆的生态环境

呼包鄂榆地区的自然环境为半干旱生态区，由于降水少，植被覆盖率低，生态环境脆弱。生态环境的类型从北到南依次为：①阴山北部半干旱草原区；②大青山、乌拉山和蛮汉山半干旱山地垂直自然地带区；③大青山山前冲洪积平原区；④鄂尔多斯东部丘陵沟壑区；⑤库布其沙漠和毛乌素沙漠区；⑥鄂尔多斯中西部半干旱高原草原区；⑦榆林市北部毛乌素沙漠南缘风沙草滩区；⑧榆林市中部黄土高原区；⑨榆林市西南部梁状低山丘陵区。呼包鄂榆自然环境分区如图 4-3 所示；各类型区面积见表 4-4。

呼包鄂榆经济区生态环境的特点和问题是：

（1）生态环境脆弱。呼包鄂榆境内沙漠占 32.81%，草原占 32.82%，黄土高原占 16.54%，三者合计占 82.17%。沙漠是人类难以利用的环境，而在沙漠周围如果土地利用不当，会导致沙漠扩张，引起沙漠化。草原环境和黄土高原是可以利用的环境，但两者环境相当脆弱，利用不当，会导致草原退化、沙化和黄土高原水土流失加剧。生态环境的脆弱，要求呼包鄂榆在区域发展中特别注重对自然生态环境的保护。

（2）本区域属于沙尘暴风沙源地区和黄土高原水土流失区，都属于国家生态建设工程区。库布齐沙漠和毛乌素沙漠既是沙漠集中区，也是沙尘暴沙尘源区；草原区春季植被稀疏，也是沙尘源区，是形成

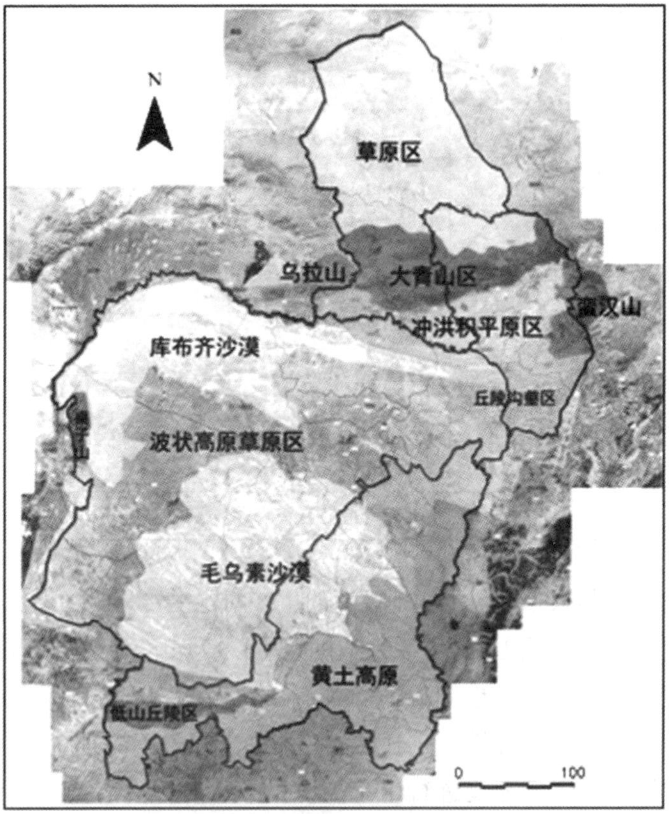

图 4-3 呼包鄂榆自然环境分区示意图

我国北方东部地区沙尘天气的沙源地。因此，呼包鄂榆区域被列为京津唐风沙源治理工程区域，是区域内三大生态建设工程之一。黄土高原区的水土流失问题长期存在，水土流失的治理一直是黄土高原区生态治理的核心任务，也是国家生态工程之一。

表 4-4 呼包鄂榆主要生态环境类型区面积及百分比

生态环境类型	面积（km^2）	百分比（%）
草原	23908	13.62
大青山	8988	5.12

续表

生态环境类型	面积（km^2）	百分比（%）
蛮汉山	5559	3.17
冲洪积平原	10638	6.06
波状干草原	33711	19.20
库布齐沙漠	24947	14.21
毛乌素沙漠	32657	18.60
黄土高原	29044	16.54
定边平原	3064	1.75
定边山地	2301	1.31
西卓子山	764	0.44
总计	175579	100

（3）近年来，呼包鄂榆地区新的生态问题主要是矿区生态破坏问题，这个问题主要是井式开采造成的采空区、塌陷区；露天开采造成的地表剥离、渣土和尾矿堆积等等带来的地貌破坏、植被破坏、地下水污染和扬尘污染问题。由于矿区在开采过程中不能进行生态恢复，只能在煤炭采完后才能进行生态恢复，导致矿山生态问题延续时间长，而且矿区生态恢复存在时间长、投资大、恢复难度高等问题。

（4）呼包鄂榆的环境问题是与经济和城市快速发展伴生而来的。主要环境问题包括：随着工业产业结构中重工业比重提高，工业废气、污水、废渣和固体废弃物排放数量明显上升，环境污染程度加重；随着城市规模的扩大，污水、生活垃圾、城市建筑垃圾排放量加大，城市污染程度也在增强。环境问题也成为区域发展必须面对的问题。

由于自然环境的脆弱性，叠加上经济社会发展造成的环境压力，呼包鄂榆生态建设和环境保护形势十分严峻。在我国经济社会发展的“新常态”下，保护生态环境的要求日趋严格，呼包鄂榆的经济社会发展也受到保护生态环境的限制。

从另一方面看，呼包鄂榆地区地广人稀，环境容量相对较大，只要将污染物排放控制在合理范围内，环境质量就能够得到稳定改善。

第二节　呼包鄂榆区域一体化的土地、劳动力和人力资源

一、呼包鄂榆的土地资源

呼包鄂榆地处我国西部，总人口少，人口密度小，土地资源丰富。2012 年，呼包鄂榆的人口密度为 63 人/km^2，人均土地面积为 1.59 公顷，高于我国人均土地面积，更远远高于沿海开放地区，有明显的土地优势（表 4–5）。

表 4–5　呼包鄂榆土地面积、人口密度和人均土地（2012）

地级市（单位）	土地（万平方公里）	人口（万人）	人口密度（人/平方公里）	人均土地（公顷/人）
呼和浩特	1.72	294.88	157	0.47
包头市	2.77	273.16	99	1.01
鄂尔多斯市	8.68	200.42	19	5.34
榆林市	4.36	335.24	77	1.30
呼包鄂榆	17.53	1103.7	63	1.59
沿海开放地区			696	0.14
全国	959.69	135404	141	0.71

注：数据来源于内蒙古统计年鉴（2013）、陕西省统计年鉴（2013）和全国统计年鉴（2013）。

呼包鄂榆内部土地资源也有差别。呼和浩特人均土地面积最小，只有 0.47 公顷/人，小于全国人均土地面积；包头市只有 1.01 公顷/人，榆林市人均土地面积排第二，为 1.30 公顷/人，鄂尔多斯市人均土地面积最大，为 5.34 公顷/人。呼和浩特市土地资源相对稀缺，包头市、鄂尔多斯市和榆林市的土地资源相对丰富。

呼包鄂榆地区虽然土地面积大，土地资源丰富，但是呼包鄂榆土

地中可利用土地的数量是有限的。区域中部有库不齐沙漠和毛乌素沙漠，土地难以利用；区域南部是黄土高原，地形崎岖，利用难度高；还有大青山、蛮汉山等山区土地，不易开发利用。区域人均土地资源虽然数量大，但是可利用土地的数量并不高。因此应当合理利用土地，提高土地的利用效率。

二、呼包鄂榆的劳动力资源和人力资源

呼包鄂榆总人口的基本情况是：2001 年 878.8 万人，到 2012 年总人口为 1103.7 万人，12 年间人口增长 225.35 万人，12 年总人口增长率 25.64‰，平均每年的增长率为 2.097‰，人口增长显著。从表 4-6 中可以看出，呼包鄂榆迁入人口的规模大于自然增长的人口规模。经计算，2001—2012 年呼包鄂榆的自然增长人口约为 59.70 万人，迁入人口 165.65 万人，迁入人口规模约为自然增长人口规模的 2.77 倍。以非农业人口衡量的城市化水平，呼包鄂榆仅有 34.53%，说明人口中绝大多数为农村居民人口，人口转化潜力巨大，具有相对丰富的劳动力资源。

表 4-6 呼包鄂榆人口情况表

地区	类型	单位	2001	2004	2008	2012
呼和浩特	总人口	万人	211.83	254.43	267.21	294.88
	非农人口	万人	95.92	97.86	105.54	114.35
	非农人口比例	%	45.28	38.46	39.50	38.78
	自然增长率	‰	7.47	3.43	4.98	4.85
包头	总人口	万人	206.16	240.78	253.22	273.16
	非农人口	万人	127.31	132.51	135.58	138.31
	非农人口比例	%	61.75	55.03	53.54	50.63
	自然增长率	‰	8.39	3.80	4.23	4.39

续表

地区	类型	单位	2001	2004	2008	2012
鄂尔多斯	总人口	万人	132.83	146.66	159.13	200.42
	非农人口	万人	40.28	44.9	46.89	47.99
	非农人口比例	%	30.32	30.62	29.47	23.94
	自然增长率	‰	5.87	4.66	4.90	6.74
榆林	总人口	万人	327.98	336.79	333.98	335.24
	非农人口	万人	47.07	53	64.68	80.56
	非农人口比例	%	14.35	15.74	19.37	24.00
	自然增长率	‰	4.90	5.12	5.07	5.30
合计	总人口	万人	878.8	978.66	1013.54	1103.7
	非农人口	万人	310.58	328.27	352.69	381.21
	非农人口比例	%	35.34	33.54	34.80	34.53
	自然增长率	‰	6.48	4.30	4.81	5.22

注：表中数据来自内蒙古统计年鉴和陕西省统计年鉴。

以大学（指大专及以上）人口占总人口的比例来衡量劳动力的素质，呼包鄂榆地区的大学学历人口占总人口的比例达到17.25%，高于全国平均水平8.73%，劳动力素质相对较高。其中，呼和浩特市和包头市的人力资源优势明显，鄂尔多斯和榆林市的人力资源优势相对较弱。2010年第六次人口普查数据显示，呼和浩特、包头、鄂尔多斯三个城市大学（大专以上）程度人口的百分比分别达到20.86%、14.11%、11.66%，明显超出全国平均水平，只有榆林市的百分比为7.65%，低于全国平均水平（见表4-7）。

表4-7 呼包鄂榆地区人力资源（2010年人口普查数据）

地区	总人口（万人）	大学（指大专以上）程度（万人）	百分比（%）
呼和浩特	286.66	59.79	20.86

续表

地区	总人口（万人）	大学（指大专以上）程度（万人）	百分比（%）
包头	26.50	37.26	14.06
鄂尔多斯	194.07	22.62	11.66
榆林	335.14	25.63	7.65
呼包鄂榆	842.37	145.3	17.25
全国	137053.69	11963.68	8.73

注：根据2010年11月1日全国第六次人口普查资料数据。

第三节　呼包鄂榆区域一体化的经济条件

区域一体化的发展，需要合作区域有一定的经济基础和产业体系，这样在一体化过程中，通过产业重组、相互补充、优势互补，达到相互促进、整体发展的目的。呼包鄂榆地区经过十几年的发展，已经形成良好的经济基础，而且已经形成各自明显的产业优势，为区域一体化奠定了很好的经济基础和产业基础。

一、呼包鄂榆的经济基础

呼包鄂榆的经济总量从2001年的760.84亿元增长到2012年的11994.56亿元，12年平均增长速度为27.76%，一直保持高速增长状态。其中，呼、包、鄂、榆12年间的平均增长速度分别为24.98%、25.30%、31.26%、30.80%，鄂尔多斯和榆林的平均增长速度超过呼和浩特和包头市。经济的快速增长，为呼包鄂榆奠定了相对稳定的经济基础。

四个城市的经济总量在12年间发生了明显的变化，2001年GDP的顺序是包头、呼和浩特、鄂尔多斯、榆林，2012年GDP的顺序是鄂尔多斯、包头、榆林、呼和浩特，两个能源城市的经济总量都超过了首府城市。呼包鄂榆经济总量及其变化情况见表4-8。

表 4-8　呼包鄂榆地区经济总量及其变化

地区	项目	单位	2001	2004	2008	2012
呼和浩特市	GDP	亿元	211.12	512.08	1316.37	2458.74
	三产结构		12:45:43	9:43:48	6:38:56	5:33:62
	人均 GDP	元	9902	20321	49606	83906
包头市	GDP	亿元	248.57	570.42	1760	3209.14
	三产结构		8:60:33	5:57:38	3:57:40	3:53:45
	人均 GDP	元	12082	23817	70004	118320
鄂尔多斯市	GDP	亿元	171.84	341.11	1603	3656.80
	三产结构		14:60:26	11:57:33	4:58:38	2:61:37
	人均 GDP	元	13014	23500	102128	182680
榆林市	GDP	亿元	129.31	278.53	1172.76	2669.88
	三产结构		10:48:42	9:61:29	6:68:26	5:72:23
	人均 GDP	元	3942	8310	35177	79587
合计	GDP	亿元	760.84	1702.14	5852.13	11994.56
	三产结构		11:53:36	8:54:38	4.3:55.3:40.4	3.6:55.3:41.1
	人均 GDP	元	8658	17393	56669	104938

注：表中数据根据内蒙古统计年鉴和陕西省统计年鉴计算整理。

2012 年呼包鄂榆的经济总量已经超过我国 15 个城市群中的部分城市群。从表 4-9 中可以看出，呼包鄂榆与全国 15 个城市群比较，GDP 超过关中城市群、北部湾城市群和环鄱阳湖城市群。

在这一比较中，呼包鄂榆仅 4 个地级市，其余城市群都是 5~22 个地级市，城市数量少于其他城市群。如果单独按地级市数量对比，呼包鄂榆的 GDP 排名还要靠前。按人均 GDP 比较，2012 年呼包鄂榆为 104938 元，与全国 15 个城市群比较，超过珠江三角洲，成为我国人均 GDP 值最高的城市群地区。

表 4-9　2012 年 15 大城市群 GDP 及人均 GDP 排名①

GDP 排名	城市群	2012 年 GDP（亿元）	2012 年常住人口（万）	面积（万平方公里）	人均 GDP（元）	人均 GDP 排名
1	长三角 22 市	104874.08	14358.15	20.16	73041.5	3
2	珠三角 11 市	67254.61	6666.1	5.59	100890.49	1
3	京津冀 10 市	51897.44	8667.65	18.34	59874.87	5
4	海峡西岸 20 市	33617.5	8992.31	27	37384.72	11
5	山东半岛 8 市	32346.89	4491.8	7.4	72013.2	4
6	辽中南 10 市	24446.1	3313.1	10.28	73786.18	2
7	成渝 10 市	24337.13	6714.97	16	36243.1	14
8	哈大长 9 市	21525.8	4478.09	26.14	48069.15	6
9	长株潭 8 市	17660.72	4195.53	9.66	42094.13	8
10	中原 9 市	17448.8	4171.54	5.87	41828.2	9
11	武汉 9 市	13871.37	3050.87	5.78	45466.93	7
12	江淮 10 市	13229.27	3608.78	6.5	36658.57	13
13	关中 5 市 1 区	8963.95	2349.82	5.5	38147.39	10
14	北部湾 6 市	5967.64	1977.17	7.26	30182.74	15
15	环鄱阳湖 6 市	5916.77	1588.51	4.38	37247.29	12
	呼包鄂榆 4 市	11994.56	1103.7	16.53	104938	

注：表格引自朱锦文网易博客，有改动。

二、呼包鄂榆的产业结构

呼包鄂榆地区 2001—2012 年都是以第二产业为主的产业结构，为“二三一”型产业结构，第二产业比例保持在 53%～55%，是一个以工业为主的地区。

（一）三次产业结构上已经形成区域分工

四个城市的三次产业结构各不相同，呼和浩特市以第三产业为

① http://zjw381222.blog.163.com/blog/static/1658690222013867140600/

主，包头市、鄂尔多斯市和榆林市以第二产业为主。从主导产业上看，呼和浩特以服务业为主，形成以公共服务和现代服务业为主的产业结构，是区域的服务中心；包头市是重工业城市，以冶金、稀土、装备制造业为主；鄂尔多斯和榆林以能源开采与加工业为主。四个地级市已经形成初步的产业分工。

呼包鄂榆的区域分工形成相互补充的特点、以呼和浩特为服务中心，包头市为重工业中心，鄂尔多斯和榆林为资源中心的合理搭配，为产业一体化发展奠定了理想的产业组合基础。

（二）呼包鄂榆已经形成区域优势工业产业

呼包鄂榆区域已经形成具有全国地位的优势工业产业。根据 2011 年规模以上工业分行业工业产值，呼包鄂榆地区的优势产业为前 8 位的产业是煤炭开采和洗选业（35.99%）、石油和天然气开采业（8.64%）、黑色金属冶炼及压延业（8.59%）、电力热力的生产和供应业（7.99%）、石油炼焦及核燃料业（6.22%）、化学原料及化学制品业（5.45%）、有色金属冶炼及压延业（4.55%）、交通运输设备制造业（2.91%），形成了呼包鄂榆的优势工业产业，成为带动区域经济发展的主导产业（表 4-10）。

表 4-10　呼包鄂榆地区的主导产业（2011 年）

地区	主导产业
呼和浩特	电力热力业、食品制造业、化学原料及化学制品业、医药制造业、农副食品加工业、煤炭开采和洗选业
包头	黑色金属冶炼业、有色金属冶炼业、交通设备制造业、电力热力业、专业设备制造业、黑色金属采选业
鄂尔多斯	煤炭开采业，石油天然气开采业、化学原料及化学制品业、石油炼焦及核燃料业、电力热力业、纺织业
榆林	煤炭开采业、石油和天然气开采业、石油炼焦及核燃料业、电力热力业、化学原料及化学制品业、有色金属冶炼业

呼包鄂榆四个地区的主导工业也有明显的差异，形成区域制造业的分工。2011 年工业产值排在前 6 名的工业，呼和浩特市以电力、食品制造业、化工、医药业、农副产品加工、煤炭开采业为主，乳业、化工、医药为产业特色；包头市以黑色金属冶炼、有色金属冶炼、交通设备、电力、专业设备、金属矿开采为主，冶金、设备制造业为产业特色；鄂尔多斯市以煤炭开采、天然气开采、化学原料和制品、石油炼焦、电力、纺织为主，煤炭、煤化工和纺织为产业特色；榆林市是煤炭开采业、石油和天然气开采业、石油炼焦及核燃料业、电力热力业、化学原料及化学制品业、有色金属冶炼业等，煤炭、天然气、石油开采及化工为产业特色。

但是四个市的主导工业之间基本上是各自独立的体系。从工业原料和工业产品的相互联系上看，呼包鄂榆之间工业联系松散。从工业原料上看，呼和浩特和包头市的电力、钢铁等产业需要鄂尔多斯的煤炭作为原料，其余产业之间没有联系。榆林市的产业结构与鄂尔多斯相同，工业原料主要来自当地。图 4-4 显示了 2011 年呼包鄂榆的主导产业及其联系。

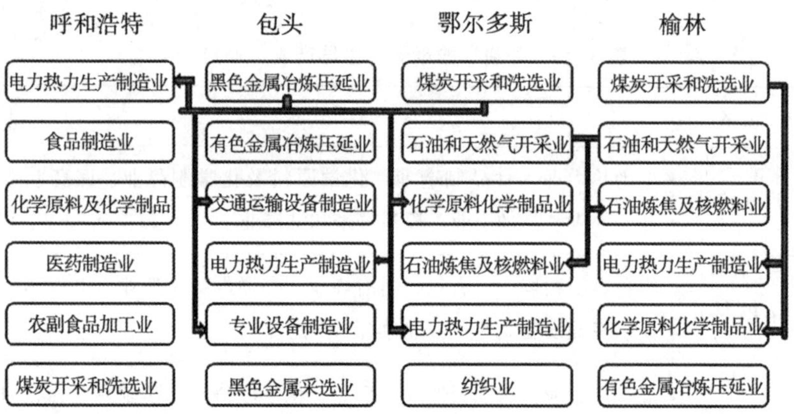

图 4-4　2011 年呼包鄂榆工业产业结构及相互关系图

从产品销售方向看，呼包鄂榆地区主导工业的产品，除了一部分在本地销售外，大部分产品是销售到区域之外的，如煤炭、电力、钢铁、交通设备和专用设备、食品、医药、纺织业等产品，工业产品之间没有上游和下游之间的关系，缺少跨区域的产业链。

（三）呼包鄂榆主导工业主要为资源型产业

从表中可以看出，呼包鄂榆地区主导产业为资源型产业。呼和浩特市工业产值第一位的是电力热力业，占工业总产值的 20%，主要依靠鄂尔多斯的煤炭；在包头市的主导产业中，占前两位的产业黑色和有色金属冶炼业占工业产值的 44%，加上第四位的电力热力业，比重达到 51.57%，超过工业总产值的一半，这些产业也是资源型产业；鄂尔多斯市占前两位的产业是煤炭开采洗选业和石油天然气开采业，产值占工业总产值的 74%；榆林市占前三位的产业为煤炭开采业、石油天然气开采业、石油煤化工产业，产值占工业总产值的 78.67%。工业对资源的依赖程度榆林市最高，其次是鄂尔多斯市、包头市，呼和浩特对资源的依赖程度最低。总体来看，呼包鄂榆的工业是以资源型产业为主的工业体系，资源依赖程度高。

三、呼包鄂榆的工业分布

呼包鄂榆区域内工业园区布局的特点为大均衡、小集聚。大均衡是指平均每个县（旗、区）至少有一个工业园区，小集聚是指在城市周围或者资源主产区周围，工业园区多达 3~7 个。据统计，截至 2012 年年底，呼包鄂榆区域内成片工业园区共 56 个，工业园区分布如图 4-5 所示。

工业园区集聚的地区，主要在城市周围和资源主产区周围，如呼和浩特市城市近郊区，就有 6 个成片的工业园区，包头市城市近郊区工业园区也多达 5 个，东胜区和康巴什城市郊区有工业园区 5 个，榆林市城市郊区有两个。资源主产区准格尔旗和神木县的工业园区也在 2~3 个以上。

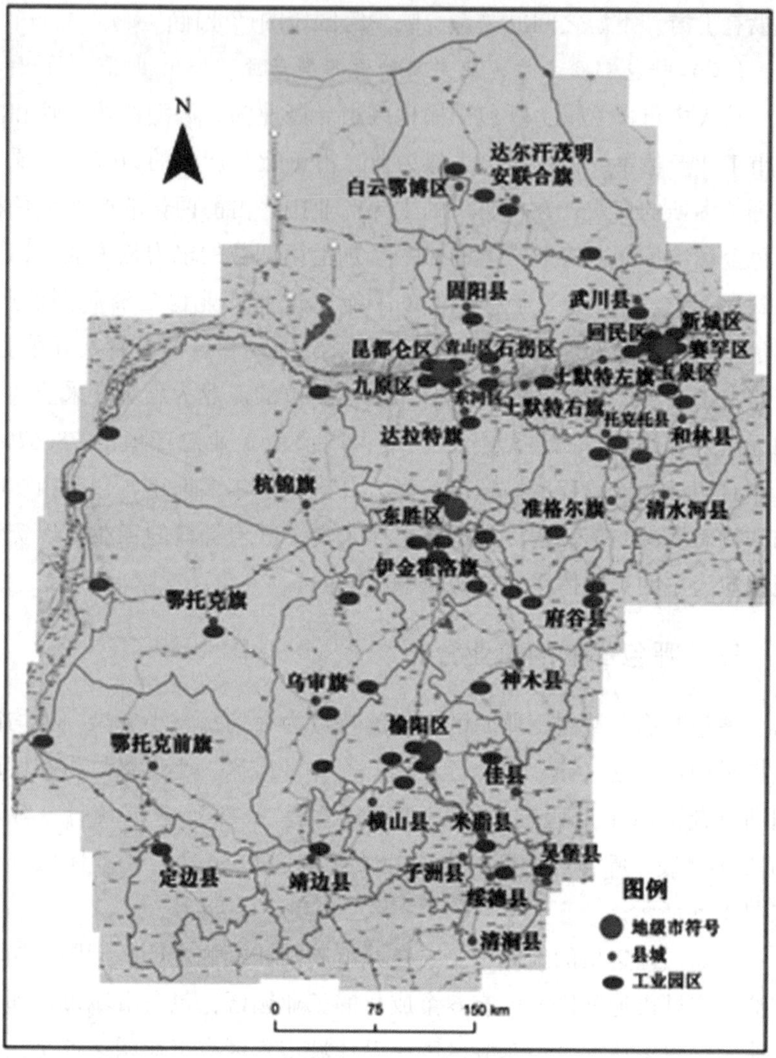

图 4-5　呼包鄂榆工业园区分布图

其他县（旗）的工业园区相对比较分散。其中一些县工业园区数量多，但并不集中。如鄂托克旗 3 个工业园区，分布在棋盘井、蒙西工业区和乌兰镇；乌审旗有 4 个，分布在南、中、北，也比较分散。大多数县（旗）只有一个工业园区，形成工业园区分散分布的特点。

第四节　呼包鄂榆区域一体化发展的交通条件

一、呼包鄂榆的交通设施现状

从 2001 年到 2012 年，呼包鄂榆地区交通建设进入了“大跃进”时代，多个机场、多条高速公路、一级公路和铁路建成开通，使呼包鄂榆的交通设施得到极大改进，初步形成综合交通运输体系。到 2012 年区域内已经建成的主要交通设施和交通线路情况如图 4-6 和表 4-11 所示。

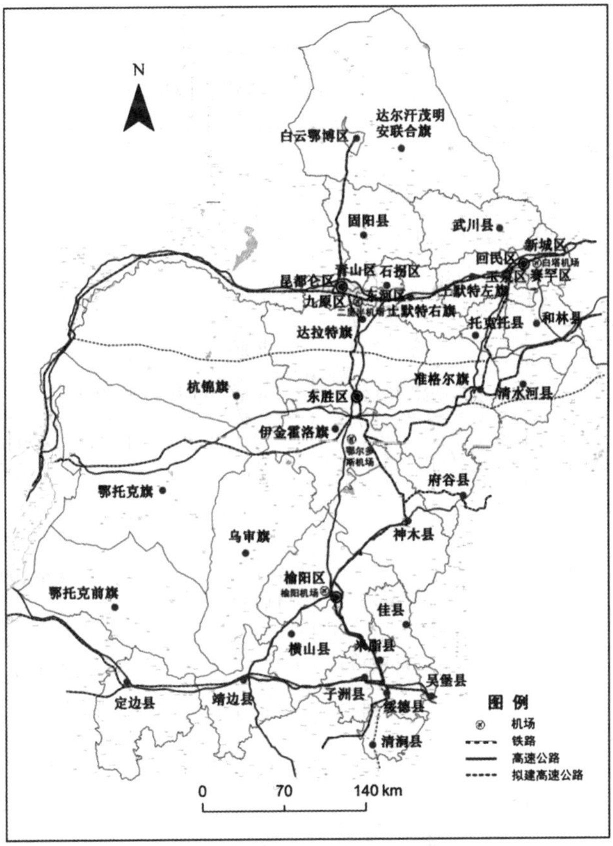

图 4-6　呼包鄂榆交通设施示意图

表 4-11 中详细列出了呼包鄂榆地区已经投入使用的交通设施。呼包鄂榆的交通设施可以概括地总结为：四横四纵铁路网、四横五纵高速公路网、四个机场。

此外，目前已经进入规划设计和筹建阶段的交通设施还包括：

机场：呼和浩特盛乐国际机场，预计 2025 年投入运营。

铁路：准格尔—集宁—张家口—曹妃甸；新上海庙—嘎鲁图—新街—红进塔—朔州铁路；临河—曼里沟—大塔—何家塔铁路；乌拉山—塔然高勒—浩勒报吉—嘎鲁图—靖边铁路；蒙西—三北羊场—新上海庙—宁东铁路；呼包鄂城际快速铁路。

高速公路：兴巴高速西段准格尔—巴拉贡已经进入施工准备阶段；荣乌高速内蒙古—山西的连接段大饭铺—十七沟已开工。

表 4-11　呼包鄂榆交通设施情况表

类型	数量	名称		起讫点	开通时间
机场	4	呼和浩特白塔机场			
		包头市二里半机场			
		鄂尔多斯机场			2007 年
		榆林机场			2008 年
铁路	四横	1	京包铁路 1、2 线	北京—包头	1923 年
			京包铁路 3、4 线	北京—包头	2011 年
		2	乌海—东胜—准格尔—丰镇	乌海—丰镇	乌海—东胜 2009 年
					东胜—准格尔 2007 年
					准格尔—丰镇 1997 年
		3	神木—黄骅港	榆林—黄骅港	神朔铁路 1996 年
					朔黄铁路 2001 年
		4	太原—中卫(银川)	太原—中卫(银川)	2011 年 1 月
	四纵	1	呼和浩特—准格尔	呼和浩特—准格尔	2006 年
		2	包头—神木	包头—神木	包神铁路 1989 年
					榆林—神木 2002 年
		3	包头—榆林—西安	包头—西安	包头—西安 2010 年
		4	包兰铁路临河—银川段	包头—兰州	1958 年 7 月

续表

类型	数量	名称		起讫点	开通时间
高速公路	四横	1	京藏高速(G6)	北京—拉萨	2001 年
			京新高速(G7)	北京—乌鲁木齐	2013 部分路段开通
		2	荣乌高速(G18)	乌海—荣城(山东)	乌海—大饭铺 2009 年
					大饭铺—十七沟已开工
		3	青银高速(G20)	青岛—银川	2005—2007 年陆续通车
		4	兴巴高速(S24)	巴拉贡—兴和	兴和—准格尔 2013 年
					准格尔—巴拉贡筹建中
	五纵	1	呼朔高速(S29)	呼和浩特—朔州	2013 年
		2	呼准高速(S31)	呼和浩特—准格尔	2005 年
		3	包茂高速(G65)	包头茂名	包头—东胜 2002 年
					东胜—榆林 2006 年
					榆林—靖边 2003 年
		4	榆商高速(S20)	榆林—商洛	神木—榆林 2009 年
					榆林—绥德 2012 年
		5	京藏高速(G6)临河—银川段	北京—拉萨	2002 年

二、呼包鄂榆交通条件评价

（一）呼包鄂榆已经形成覆盖多数县（旗）的交通网络，能够满足交通基本需求

呼包鄂榆境内的高等级交通网络，已经覆盖了区域内主要城市和大部分县（旗）。四个主要城市呼和浩特市（包括城市 4 区）、包头市（包括城市 4 区）、鄂尔多斯市东胜区和榆林市榆阳区都有铁路、高速公路、机场，形成区域内不同等级的交通中心。

铁路网通过的县（旗、区）（不包括呼市 4 个市辖区、包头 4 个市辖区、东胜区和榆阳区）共 20 个，占县（旗、区）总数 28 个的 71%。高速公路和一级公路通过的县（旗、区）共 24 个，占县旗区总数的 85.7%。说明主要交通线覆盖了区域内大多数的县（旗），能

够满足区域内的基本交通需求。

（二）呼包鄂榆对外货运通道“瓶颈”依然存在

虽然呼包鄂榆已经形成以铁路和高速公路为主的大运量交通网络，但是煤炭外运压力依然存在。2012 年鄂尔多斯产煤 6.40 亿吨，榆林市产煤 3.18 亿吨，合计 9.58 亿吨。内蒙古西部煤炭外销达到 6.05 亿吨，其中铁路外运量为 4 亿吨，占外运量的 66%；公路外运量达到两亿吨，占到外运总量的 34%。榆林市 2012 年煤炭产量 2.84 亿吨，外运煤炭两亿吨。呼包鄂榆需要外运的煤炭达到 8.89 亿吨。煤炭外运的通道主要是铁路，包括京包线（1 号、2 号、3 号、4 号线）、乌海—东胜—准格尔—大同和神木—黄骅港线，三条线承担约 60%的运力。京包线、大（同）—准（准格尔）线煤炭需要经过山西省，从大秦线运往秦皇岛港口，神木—黄骅港线煤炭也要经过山西省再运往黄骅港，而山西省北部的煤炭也需要通过大秦线和神黄线运输。这样大同—秦皇岛线和朔州—黄骅港线铁路运输叠加了呼包鄂榆和山西省的煤炭运输压力。2011 年，大秦线运输达 4 亿吨，神黄铁路运输两亿吨，集通铁路运输 0.22 亿吨，已经远远超过设计运力。因此铁路外运受制于大秦线和神黄线。铁路运输能力只能完成呼包鄂榆煤炭外运任务的 60%左右，能够运输 5.7 亿吨，还有 3.84 亿吨的煤炭需要通过高速公路运输。

高速公路外运通道有京藏高速、京新高速、青银高速和兴巴高速。按照兴巴重载高速公路设计运输能力 1.5 亿吨/年的标准，京藏高速和青银高速共 1 亿吨/年计算，年运输能力为 2.5 亿吨，仍有 1.3 亿吨煤炭外运困难。因此，呼包鄂榆煤炭外运到海港的交通限制，仍然是呼包鄂榆对外运输的“瓶颈”。

（三）呼包鄂榆高铁建设明显落后于全国其他地区

呼包鄂榆的铁路客运，在全国已经明显处于落后状况。据统计，2014 年年底没有与全国高铁网联通的首府城市仅有 6 个，即呼和浩特、银川、西藏、昆明、海南、贵阳。其中，银川、昆明、贵阳的高铁已经在建或已经获批，而呼和浩特通往北京的高铁仍处于分段建设之中，规划 2017 年呼和浩特—张家口高铁通车；而张家口到北京的高铁还在筹建之中，规划 2019 年才能建成，呼和浩特与全国高铁的连接明显落后于全国其他的省会城市。包头市、鄂尔多斯市和榆林市都没有高铁建设规划，三个城市的高铁建设都处于未知状态，与全国其他地区的地级市相比，快速铁路客运明显滞后。

4. 呼包鄂榆需要进一步加强内部交通联系

呼包鄂榆内部的交通联系，通过铁路和高速公路，能够满足客运和货运的运输需求，但是呼包鄂榆之间的快速交通还没有实现。2012 年，国家批准建设呼包鄂城际快速铁路环线，计划 2035 年全部建成，可以形成“呼包鄂一小时经济圈”。2014 年年底，利用现有线路，已经开通呼包集鄂动车组，形成了呼包鄂榆之间的城际快速铁路，但是呼包鄂城际快速铁路不包括榆林市。从区域一体化发展的角度看，榆林市应当纳入呼包鄂的城际快速铁路网，形成呼包鄂榆主要城市之间的快速铁路联系。

在呼包鄂榆境内，大多数县（旗、区）都有高速公路和一级公路通过，未通高等级公路的县有杭锦旗、鄂托克前旗、乌审旗、佳县等，因此需要建设这四个县（旗）的高等级公路，以形成覆盖全区域县（旗）的高等级公路网，奠定区域一体化的交通基础。

第五节 呼包鄂榆区域的城镇发展

一、呼包鄂榆地区的城市化水平分析

呼包鄂榆城市化水平的计算，既可以按照统计年鉴中非农人口数据计算，也可按照人口普查的城镇人口计算。人口普查数据最新的是 2010 年的数据，按 2010 年统计年鉴和人口普查数据分别计算城市化水平，结果如表 4-12 所示。

表 4-12　2010 年呼包鄂榆非农人口城市化水平和城镇人口城市化水平对比

地区	年鉴人口（万人）	非农人口（万人）	城市化率（%）	普查人口（万人）	城镇人口（万人）	城市化率（%）
呼和浩特	287.36	110.09	38.31	286.66	179.10	62.47
包头市	265.61	136.50	51.39	265.04	210.71	79.50
鄂尔多斯市	194.95	48.35	24.80	194.07	135.55	69.84
榆林市	335.42	71.96	21.45	335.14	140.88	42.03
合计	1083.34	366.90	33.87	1080.91	666.24	61.64

注：表中数据来源于内蒙古统计年鉴和陕西省统计年鉴以及 2010 年人口普查公报。

按照非农人口计算的呼包鄂榆城镇化水平和按城镇人口计算的城市化水平有较大差距，2010 年前者仅为 33.87%，后者城市化水平为 61.64%，两者相差达到 27.77%。按人口普查数据计算的城市化水平与区域经济发展水平比较接近，说明人口普查数据的城市化水平比较符合实际。但是人口普查数据每隔 10 年才更新一次，不能说明城市化的变化状况。

二、呼包鄂榆地区的城镇数量和规模

呼包鄂榆区域内的城市包括 4 个地级市，即呼和浩特、包头市、鄂尔多斯、榆林市，还有 28 个县（旗、区）政府所在地。呼包鄂榆城镇的基本情况如表 4-13 所示。

表 4-13　呼包鄂榆区域城镇数量及非农业人口规模的变化

规模	<10 万		10 万~20 万		20 万~50 万		50 万~100 万		>100 万		合计	
	城市（个）	人口（万人）	城市（个）	人口（万人）	城市（个）	人口（万人）	城市（个）	人口（万人）	城市（个）	人口（万人）	城市（个）	人口（万人）
2001	28	93.52	2	25.63			1	83.08	1	110.64	32	312.87
2004	27	115.40	3	45.14			1	82.37	1	144.97	32	387.88

续表

规模	<10万		10万~20万		20万~50万		50万~100万		>100万		合计	
	城市(个)	人口(万人)	城市(个)	人口(万人)	城市(个)	人口(万人)	城市(个)	人口(万人)	城市(个)	人口(万人)	城市(个)	人口(万人)
2008	25	117.13	4	63.70	1	21.60	1	91.02	1	156.14	32	449.59
2012	24	116.89	3	49.67	3	64.41	1	93.56	1	183.32	32	507.84

注：表中数据根据内蒙古统计年鉴和陕西省统计年鉴数据。

呼包鄂榆的城市规模（按非农人口规模）2012年分为四个等级，即100万非农人口以上的城市1个（包头市）、50万—100万的城市1个（呼和浩特市），20万~50万的城镇3个（东胜区、准格尔旗和达拉特旗），其余27县（旗）的非农人口都小于20万人口。区域内以非农业人口衡量的城市规模大多数是小城镇。20万人口以上的仅有5个。

呼包鄂榆主要城镇（非农人口大于10万）的基本情况如表4-14所示。

表4-14 2012年呼包鄂榆主要城市的基本情况

城镇	非农人口（万人）	GDP（万人）	第二产业比重（%）	第三产业比重（%）	投资（亿元）
呼和浩特	114.35	1734.21	18.17	66.56	1301.43
包头	138.31	2783.43	87.98	43.88	2534.24
东胜区	47.99	850.34	52.89	46.81	2570.58
准格尔旗	24.42	1000.40	63.99	35.13	550.12
达拉特旗	21.46	451.46	63.66	29.98	190.29
榆阳区	19.70	401.09	58.15	33.23	372.93
神木县	18.56	1003.89	75.42	23.07	347.44
土默特右旗	11.42	285.13	57.09	30.30	251.45

三、呼包鄂榆地区的城镇发展

2001—2012 年，呼包鄂榆地区的城镇发展特点是：中心城市快速增长，中等城市规模明显扩大，但是小城镇（主要是县城）增长缓慢。呼包鄂榆城镇的分布及规模的变化如图 4-7 所示。

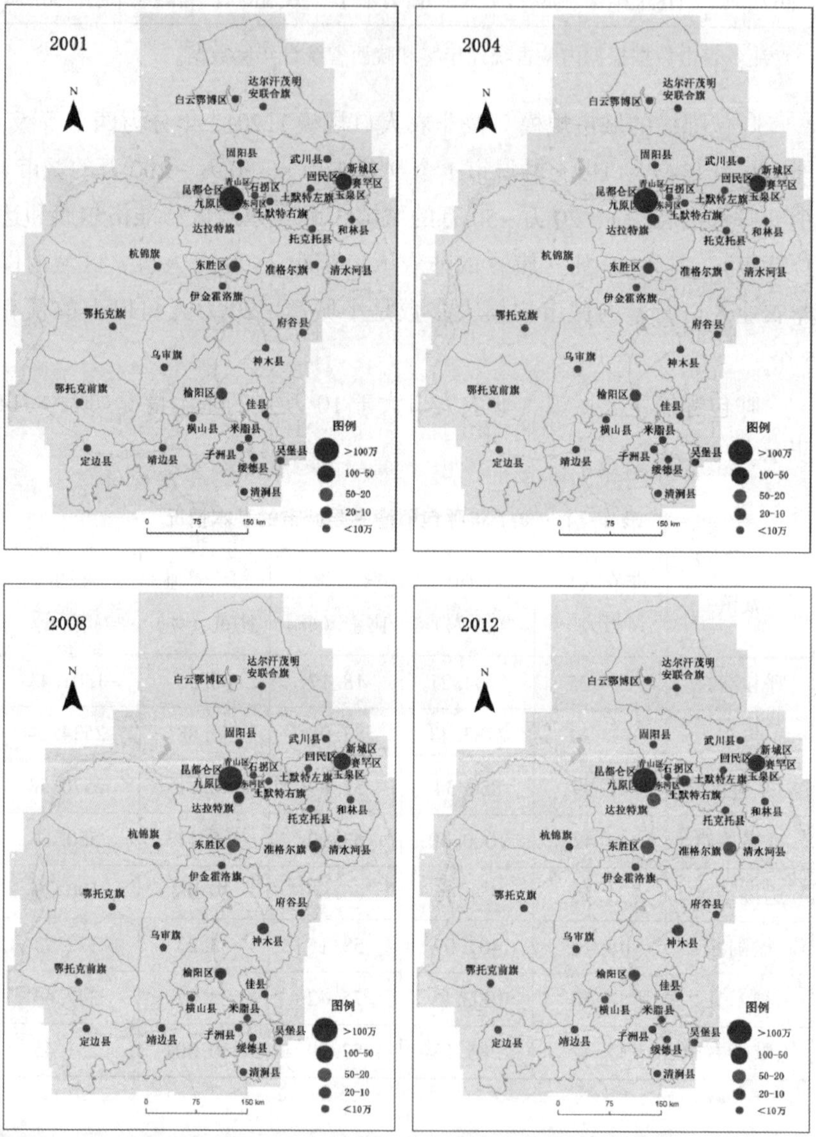

图 4-7 主要年份呼包鄂榆城镇非农业人口的空间分布图

从图 4-7 可以看出，呼包鄂榆地区的城镇规模（以非农业人口为标准）变化：包头市的总人口在 12 年间一直保持在 100 万以上，呼和浩特人口一直处于 100 万以下。2001 年缺少 20 万～50 万人口的城市，10 万到 20 万人口的城镇只有东胜区和榆林市，其余县城人口均小于 10 万。2012 年 20 万～50 万人口的城镇有三个，分别是东胜区、准格尔旗和达拉特旗，10 万～20 万的城镇有三个，分别是榆林市、土默特右旗和神木县，其余县城人口均小于 10 万。

呼包鄂榆的城镇规模，具有如下特点：

（1）呼包鄂榆地区的城镇规模等级呈现“哑铃型”结构，即两头多、中间少的等级序列，中等城市少。呼和浩特和包头市属于大城市（按人口普查数据，呼和浩特和包头市人口都大于 200 万），东胜区、准格尔旗、达拉特旗属于一型小城镇，其余城镇都属于二型小城镇。中等城市的缺失，使城市的辐射力缺少了中间传递环节。

（2）呼包鄂榆地区仅有两个大城市，其综合服务水平要远远高于其他城镇。这导致区域内和区域外人口向两个大城市迁移，使两个大城市人口快速增长，从而抑制了区域内其他城镇的发展，尤其是县城的发展。呼和浩特和包头市周围的县城人口多年来一直在 10 万人以下，增长缓慢。

（3）从区域空间结构上看，区域内两个大城市都集中在区域北部，区域中部和区域南部中心城市有东胜区和榆林市，但是两个城市人口规模小，服务能力（教育、医疗、文化和科技等）弱。从城市空间影响力的传递上看，呼和浩特和包头对区域南部的影响逐渐减弱，需要东胜区和榆阳市承担次一级的城市服务功能。而城市服务功能的强弱和城镇人口规模、城市等级相关联，城市人口规模越大，城市服务能力越强，因此，东胜区和榆阳市需要进一步集聚人口，增强城市的服务能力。

第五章　呼包鄂榆区域一体化的空间整合

本章主要研究呼包鄂榆发展水平的空间差异和空间相关性，研究空间单元的联系强度及其成因。在空间差异和联系强度分析基础上，研究呼包鄂榆区域一体化的空间整合。

第一节　呼包鄂榆区域发展水平的空间差异

一、研究单元、指标体系和数据说明

空间差异表示空间在某一方面的区域差异规律。针对区域发展水平的空间差异，威廉姆森和弗里德曼分别提出了区域差异的时间变化和空间变化理论。威廉姆森的倒“U”形理论认为，区域经济差距的变化是先逐步增大，然后再逐步缩小，区域差异的变化曲线呈现倒“U”曲线规律。弗里德曼认为，区域经济空间演进呈现离散型均衡（前工业化时期）—集聚非均衡（工业化初期）—扩散型（工业化中期和后期）—网络一体化均衡（后工业化时期）的变化过程。

为了分析呼包鄂榆区域发展水平空间差异及其演化，本书以呼包鄂榆县（旗、区）为研究单元，建立包含资源、经济、基础设施、生态和环境保护、公共服务等多方面的区域发展水平评价指标体系，以2001—2012年为研究期限，综合评价四个主要年份2001年、2004

年、2008 年和 2012 年的区域发展水平空间差异及其变化，并探讨区域单元发展水平之间的空间相关性。

（一）研究单元

本书研究的范围为呼包鄂榆行政区范围，研究的层次分为地级市层次和县（旗、区）两个层次，包括 4 个地级市及其下属的 38 个县（旗、区）（其中有 12 个市辖区、26 县、10 个旗）。具体行政区划分和各个县（旗、区）的基本情况如图 5-1 和表 5-1 所示。本章研究的地域单元以呼包鄂榆县（旗、区）为主。

图 5-1　呼包鄂榆地区行政区划图

呼包鄂榆 4 个地级市所辖县（旗、区）的基本情况：呼和浩特市城区包括新城区、回民区、玉泉区和赛罕区，下辖 4 县 1 旗；包头市城区包括东河区、昆都仑区、青山区和九原区，下辖两区两旗 1 县；鄂尔多斯市城区是东胜区和康巴什新区，下辖 7 个旗；榆林市城区是榆阳区，下辖 11 个县。

表 5-1　呼包鄂榆经济区县（区、旗）基本情况表（2012 年）

地级市	县（旗、区）名称	面积（平方公里）	人口（人）	城市化（%）	GDP（万元）	一般预算收入（万元）
呼和浩特	新城区	700	368857	86.57	5145999	277778
	回民区	175	236367	80.19	3104476	122218
	玉泉区	207	198147	74.89	2502871	115867
	赛罕区	1025	416739	66.79	4200078	313456
	土默特左旗	2712	359793	17.08	2131378	96208
	托克托县	1313	207816	27.13	2374118	101441
	和林县	3401	198193	23.67	1687473	100613
	清水河县	2859	143401	39.24	577449	26419
	武川县	4885	173902	26.37	643176	31895
包头	东河区	470	531000	89.81	4372437	110580
	昆都仑区	301	750800	96.51	9458576	311336
	青山区	280	497900	98.09	7707997	291377
	九原区	734	208200	68.83	2893111	138450
	石拐区	761	32500	78.46	904348	31533
	白云鄂博区	303	26800	100	318141	27010
	土默特右旗	2368	278500	41.01	2851270	151929
	固阳县	5025	173900	31.05	1035919	69559
	达尔罕茂名联合旗	17410	100100	45.55	1686607	118119

续表

地级市	县（旗、区）名称	面积（平方公里）	人口（人）	城市化（%）	GDP（万元）	一般预算收入（万元）
鄂尔多斯	东胜区	2512	263046	84.92	8503350	778736
	达拉特旗	8192	357563	60.01	4514593	165421
	准格尔旗	7692	308737	66.76	10003994	673807
	鄂托克前旗	12180	76279	53.62	928438	97877
	鄂托克旗	20383	96588	61.08	3820684	171324
	杭锦旗	18903	142279	51.28	700301	65382
	乌审旗	11645	108797	53.9	3101559	124583
	伊金霍洛旗	5565	167523	57.03	6356128	623637
榆林	榆阳区	7053	545706	36.09	4010900	172955
	神木县	7635	422100	43.97	10038900	535610
	府谷县	3212	243873	28.38	4505300	274226
	横山县	4084	370803	13.59	1042200	37381
	靖边县	5088	342036	14.4	3170500	152115
	定边县	6920	336744	14.94	2910100	160039
	绥德县	1878	365238	17.01	476200	6198
	米脂县	1212	224330	17.35	401200	4872
	佳县	2144	268833	12.32	318600	7625
	吴堡县	428	86897	16.42	137700	2441
	清涧县	1881	220298	13.57	306800	4150
	子洲县	2043	318677	8.04	401600	4550

数据来源：《内蒙古统计年鉴》2013年；《榆林市统计年鉴》2012年。

（二）研究方法

本书采用多指标综合定量评价法，研究区域发展水平空间差异及其变化，并利用空间自相关分析方法，分析区域内部单元之间的空间相关性。主要方法包括主成分分析法、ArcGIS地图表示法、空间自相关分析方法。

（1）主成分分析方法

本书使用 SPSS19.0 软件对呼包鄂榆 38 个县（旗、区）在 2001 年、2004 年、2008 年和 2012 年的指标数据进行主成分分析。在软件处理结果基础上进行如下分析：①根据巴特利特球度检验和 KMO 检验，判断原有变量是否适于因子分析。②根据特征值和方差贡献率，选择和提取主成分因子。③以方差贡献率作为权重，计算主要年份每个区域的综合分值。

计算过程如下：

① 选用区域发展水平的评价指标，共选取六大类 25 个评价指标 Xi；

② 采集 2001 年、2004 年、2008 年和 2012 年 4 个年份评价指标的数值；

③ 对 4 个年份所有县（旗、区）评价指标进行主成分分析；

④ 计算各年度所有各县（旗、区）的综合分值；

⑤ 根据综合分值研究区域发展水平的空间差异及其变化。

（2）ArcGIS 空间表达方法

使用 ArcGIS 软件对 4 个年份县（旗、区）的综合分值进行空间分布的可视化表达，反映区域内综合分值的空间分布和空间差异。

（3）全局空间自相关分析

全局空间自相关分析主要分析区域内地域单元的属性值是否存在空间相关性，反映的是整个区域内部空间之间的相关性特点。一般用 Moran's I 值进行检验。计算公式如下：

$$Moran's\ I=\frac{N}{\sum_{i=1}^{n}\sum_{j=1}^{n}W_{ij}}\frac{\sum_{i=1}^{n}\sum_{j=1}^{n}W_{ij}(X_i-\overline{X})(X_j-\overline{X})}{\sum_{i=1}^{n}(X_i-\overline{X})^2} \quad (5-1)$$

上式中，$\overline{X}=\frac{1}{N}\sum_{i=1}^{N}X_IX_j$，$X_i$、$X_j$ 为区域属性值（本书中为各研究单元的综合分值），N 为观测区域数，W_{ij}为两个样本点空间权重矩阵 W 的第（i，j）个元素。$Moran's\ I$ 的取值一般在［-1，1］之间，大于 0 表示正相关，小于 0 表示负相关，当 $I=0$ 时，表示各区域单元相互独立，空间不相关。I 值越趋近于 1，表示研究单元空间集聚性越显著；I 值越趋近于-1，表示单元与周边区域趋异性越显著。

（4）局部空间自相关分析

局部空间自相关反映区域内局部地域单元的属性值与相邻局部地域单元同一事物属性值的相关程度。一般用局部空间自相关性指标 LISA 检验。计算公式是：

$$I_i = \frac{(x_i - \bar{x})}{s} \sum_j W_{ij} \ (X_j = \bar{X}) \tag{5-2}$$

式中：I_i 是局部空间自相关性指标，x_i 为空间单元 i 的属性值，W 为空间权矩阵，W_{ij} 代表空间单元 i 和 j 之间的影响程度。

$$\bar{x} = \frac{1}{n} \sum_{i=1}^{n} x_i ,\ S^2 = \frac{\sum_{i=1, j\neq 1}^{n} X_j^2}{N-1} - \bar{X}^2 \tag{5-3}$$

（三）指标体系

本书建立的指标体系主要是评价区域发展水平的指标体系。指标体系包括六个方面，即资源指标、经济指标、城镇化指标、基础设施指标、生态环境指标、公共服务指标，设置一级指标 6 个、二级指标 12 个、三级变量 25 个。评价指标体系见表 5-2。

表 5-2　呼包鄂榆区域发展水平的评价指标体系

	一级指标	二级指标	三级指标	备注
区域差异	资源指标	资源水平 Y_1	资源储量指数 X_1	
			资源开采数量 X_2	
	经济指标	经济水平 Y_2	人均生产总值 X_3	
			人均固定资产投资 X_4	
			人均社会商品零售总额 X_5	
		政府影响 Y_3	财政收入占 GDP 比重 X_6	
			财政支出占固定资产投资的比重 X_7	
		产业结构 Y_4	二、三产业比重 X_8	
		收入水平 Y_5	在岗职工平均工资 X_9	
			农牧民人均纯收入 X_{10}	

续表

	一级指标	二级指标	三级指标	备注
区域差异	城市规模和城镇化水平指标	城镇化水平 Y_6	非农人口 X_{11}	
			非农人口占总人口比例 X_{12}	
		城镇就业水平 Y_7	二、三产业人口和 X_{13}	
			二、三产业人口和占总人口比例 X_{14}	
	基础设施	交通设施 Y_8	铁路便利程度 X_{15}	
			高等级公路密度 X_{16}	
		通信设施 Y_9	人均邮电业务 X_{17}	
			互联网入户率 X_{18}	
	生态与环境	生态指标 Y_{10}	生态林面积 X_{19}	
		环境指标 Y_{11}	工业废水排放达标率 X_{20}	
			烟尘排放达标率 X_{21}	
			固体废弃物处置利用率 X_{22}	
	公共服务	公共服务 Y_{12}	万人技术人员数量 X_{23}	
			万人教师数量 X_{24}	
			万人卫生技术人员数量 X_{25}	

部分评价指标含义和计算方法的说明：

（1）资源储量指数：资源储量指数是一个复合指标，反映地域单元地下资源的相对富集程度。其计算方法是：①分别计算每个县（旗、区）的煤炭、天然气和铁矿石储量指数。每个县（旗、区）的资源指数以本县储量与最大县（旗、区）储量比值的10倍表示，其值介于0~10之间。②把每个县的煤炭储量指数乘以系数0.6，天然气储量指数乘以0.3，铁矿石储量指数乘以0.1，然后把三项乘积加和，即为每个县的资源储量指数，其值介于0~10之间。

（2）煤炭资源开采量：对于区域发展而言，资源储量仅反映地域单元具有的发展潜力，而资源开采量的大小直接影响区域的发展程度。由于煤炭、天然气和铁矿石三种资源的开采量不能综合为一种指数，只能选择其一作为资源开采量指标。在呼包鄂榆区域中，煤炭资源具有相对重要的影响力，因此选择煤炭开采量作为资源开采量的指标。

（3）铁路便利程度：是指地域单元铁路客运和货运的便利程度。呼包鄂榆境内的铁路有客货混合线，也有煤炭货运专线，后者如呼准线、包神线、神朔线、丰准线、乌海—准格尔线等铁路线，因此计算铁路便利程度，需要分别计算每个县（旗、区）铁路客运和货运的便利程度。铁路客运便利程度用县（旗、区）政府驻地到最近客运站距离的倒数衡量，如果铁路线通过县（旗、区）政府驻地，则设定便利程度为1。铁路货运便利程度用县（旗、区）政府驻地到最近货运站距离的倒数衡量，如果铁路线通过县（旗、区）政府驻地，则设定便利程度为1。铁路便利程度取客运便利程度和货运便利程度的平均值，其值范围为0~1。数值越大，便利程度越高。

（4）高等级公路密度：反映地域单元高等级公路交通的便利程度。高等级公路指高速公路和一级公路，高等级公路密度指单位面积上高等级公路长度，单位为公里/平方公里。

（5）环境指标：主要包括工业废水排放达标率、烟尘排放达标率、固体废弃物处置利用率。在统计年鉴中，这三项指标只有地级市级别的指标，没有县级指标。在本书中，县级指标根据县的经济指标、产业结构、地级市环境公报、县级污水处理厂建设年限和县级环境监测站建立时间等指标进行估算。

（四）研究时段和数据说明

研究时段选取2001—2012年，分别选择2001年、2004年、2008年和2012年四个时间断面数据进行对比分析，以探讨区域发展水平的空间格局及其变化规律。

评价指标的数据来源主要是2002—2013年《内蒙古统计年鉴》、2002—2013年《陕西省统计年鉴》和2010年、2012年《榆林市统计年年鉴》的统计数据。

资源储量指标数据根据呼包鄂榆区域各个政府网站公布的资源储量分别计算。煤炭产量根据国家煤炭工业网公布的煤炭产量和各地政府公报中公布的煤炭产量分别计算。县城与客运铁路和货运铁路的距离根据谷歌地图和搜狗地图的距离量算工具量算，并根据铁路通车时间计算县城与客运铁路和货运铁路的距离年度变化。县（旗、区）高等级公路的长度也根据谷歌地图和搜狗地图的距离量算工具量算，根据公路通车时间计算高等级公路密度的年度变化。

二、呼包鄂榆发展水平综合分值的分布与变化

根据 2001 年、2004 年、2008 年和 2012 年评价指标数据，利用 SPSS 统计分析软件中因子分析模块，分别计算 4 个年份县（旗、区）的综合分值。

（一）主成分分析的检验和主成分的代表性

根据 SPSS 分析结果，4 个年份的 KMO 值和巴特利特球形度检验值如表 5-3 所示。从表中数据可知，2004 年和 2008 年 KOM 值介于 0.5~0.6 之间，表示不太适合做因子分析；2001 和 2012 年 KOM 值大于 0.6，表示一般性适合因子分析。

巴特利特球度检验的近似卡方值都较大，仅 2004 年低于 1000，其余三个年份都高于 1000；4 个年份显著性检验都小于 0.05，表示可以做因子分析。

表 5-3　KMO 和 Bartlett 的检验

年份	KMO 值	Bartlett 的球形度检验	
		近似卡方	显著性检验
2001	0.620	1058.868	0
2004	0.587	985.818	0
2008	0.543	1035.484	0
2012	0.616	1078.762	0

在 SPSS 分析结果的“解释的总方差”表中，按照初始特征值大于 1 的标准，4 个年份的分析结果都有 6 个主成分，因此选择 6 个主成分。按旋转平方和载入，6 个主成分的累计方差贡献率都高于 80%（表 5-4），能够代表评价指标的绝大部分信息，可以进行主成分分析。

表 5-4　6 个主成分的累计方差贡献率

年份	2001	2004	2008	2012
累计方差贡献率（%）	82.040	81.478	80.756	82.604

（二）发展水平综合分值的计算

计算地域单元综合分值通常采用计算主成分因子加权和的方法。权重值确定一般采用“特尔菲法”，即专家多轮打分的方法，也可以通过其他方法确定权重。本书采用因子方差贡献率作为确定权重的方法，计算县（旗、区）的综合分值。计算公式是：

$$F_i = a_1F_1 + a_2F_2 + a_3F_3 + a_4F_4 + a_5F_5 + a_6F_6 \tag{5-4}$$

式中：F_i为第 i 个县（旗、区）的综合分值；a_n为第 n 个主成分因子的方差贡献率；F_n是主成分因子在每个县（旗、区）的分值。计算结果如表 5-5 所示。

表 5-5　呼包鄂榆县（旗、区）4 个年份的评价指标综合分值

区域	2001	2004	2008	2012
新城区	0.42797	0.49536	0.44254	0.42143
回民区	0.33689	0.51397	0.49739	0.55994
玉泉区	0.20947	0.34212	0.29731	0.18221
赛罕区	0.21604	0.29007	0.17263	0.06646
土默特左旗	−0.18300	−0.14773	−0.23399	−0.44847
托克托县	−0.22177	−0.13108	−0.20774	−0.38657
和林县	−0.27928	−0.16351	−0.25820	−0.41884
清水河县	−0.25497	−0.27532	−0.32981	−0.45049
武川县	−0.24866	−0.33085	−0.33555	−0.56804
东河区	0.52125	0.24260	0.25386	0.19818
昆都仑区	0.93282	0.54342	0.49908	0.40978
青山区	0.56611	0.32577	0.37462	0.32194
九原区	0.00986	0.00637	0.11799	0.09399

续表

区域	2001	2004	2008	2012
石拐区	−0. 12050	−0. 11684	−0. 04774	0. 12726
白云鄂博区	0. 19496	−0. 01640	0. 04380	0. 03459
土默特右旗	−0. 23836	−0. 21466	−0. 23032	−0. 08181
固阳县	−0. 35046	−0. 26186	−0. 22766	−0. 25617
达茂旗	−0. 29833	−0. 10762	−0. 04890	−0. 05618
东胜区	0. 74593	0. 79597	0. 75824	0. 77692
达拉特旗	0. 06359	0. 15406	0. 11801	0. 06650
准格尔旗	0. 39470	0. 52402	0. 49236	0. 57567
鄂托克前旗	−0. 12175	−0. 09168	−0. 07392	0. 04440
鄂托克旗	0. 09688	0. 25088	0. 25794	0. 32145
杭锦旗	−0. 09410	−0. 17116	−0. 19366	−0. 22813
乌审旗	0. 00854	0. 03269	0. 23703	0. 24456
伊金霍洛旗	0. 14836	0. 25889	0. 43189	0. 32093
榆阳区	0. 23250	0. 27245	0. 16797	0. 26784
神木县	0. 42846	0. 36020	0. 33876	0. 51802
府谷县	0. 04795	0. 12053	0. 03885	0. 21623
横山县	−0. 22959	−0. 18937	−0. 20471	−0. 15103
靖边县	−0. 10466	−0. 14344	−0. 16671	−0. 06860
定边县	−0. 16922	−0. 20551	−0. 15256	−0. 03605
绥德县	−0. 40741	−0. 43274	−0. 46760	−0. 31496
米脂县	−0. 46657	−0. 47374	−0. 41645	−0. 36837
佳县	−0. 43351	−0. 52803	−0. 49808	−0. 44551
吴堡县	−0. 42071	−0. 47702	−0. 48530	−0. 46635
清涧县	−0. 47782	−0. 53186	−0. 55419	−0. 52986
子洲县	−0. 46162	−0. 51897	−0. 40717	−0. 49287

（三）发展水平综合分值的空间分布

为了研究县（旗、区）综合分值的空间分布规律，我们用 ArcGIS 软件中可视化模块表达年度综合分值的空间分布。在制图时划分为四个等级，分别是高发展区、中高发展区、中低发展区和低发展区，划分标准是正负标准差 σ 和平均值（变量标准化以后平均值为 0），划分标准如表 5-6 所示。

表 5-6　呼包鄂榆县（旗、区）综合分值的等级划分

高发展区	中高发展区	中低发展区	低发展区
$F>\sigma$	$\sigma>F>0$	$0>F>-\sigma$	$-\sigma>F$

根据以上等级划分标准和县（旗、区）综合分值数据，用 ArcGIS 软件制作的综合分值等级分布如图 5-2 所示。

从图 5-2 中可以看出，呼包鄂榆县（旗、区）综合分值的分布形成明显的核心区—外围 1 区—外围 2 区—边缘区的多中心多圈层空间格局。

（1）以主要城市和煤炭主产地为增长核心的极化格局。从 2001 年到 2012 年 4 个年份的图中，高发展区相对稳定，主要包括呼和浩特的新城区、回民区，包头市的青山区、昆都仑区，鄂尔多斯的东胜区等城市区，以及煤炭主产区的准格尔旗、神木县，说明城市和煤炭主产地为区域发展的增长极点，对区域发展起到带动作用。

（2）以其他城区和煤炭产地为一级外围发展区域—中高发展区。中高发展区在 4 个年份里也比较稳定，主要城区有呼和浩特市玉泉区、赛罕区，包头市九原区、东河区，鄂尔多斯市伊金霍洛旗（伊金霍洛旗与东胜区、康巴什区并列为鄂尔多斯一市三区），榆林市榆阳区；煤炭产地有达拉特旗、府谷县、鄂托克旗、乌审旗；铁矿石资源产地白云鄂博也处于中高发展水平。

（3）以缺少煤炭资源、但是发展条件较好的县（旗）为二级外围区域—中低发展区，没有城市辖区。中低发展区在 2001 年、2004 年和 2008 年比较稳定，只有个别的区域发生变化，但 2012 年有明显变化。包括的主要县（旗）有：呼和浩特的武川县、土默特左旗、托

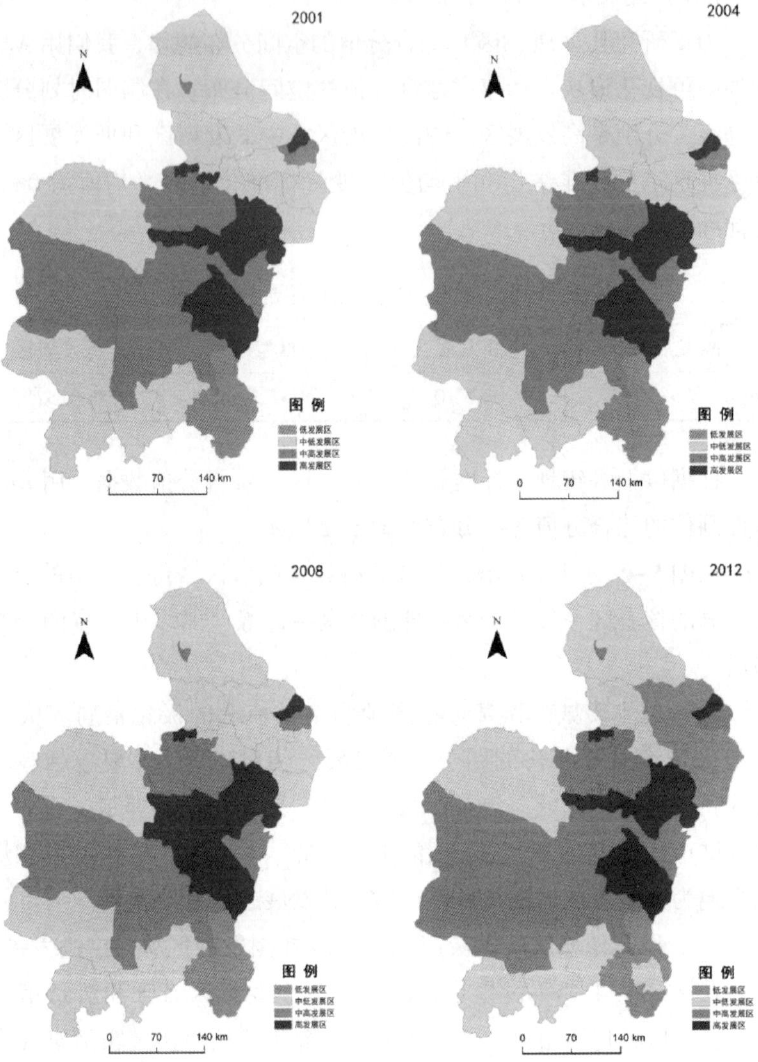

图 5-2 主要年份呼包鄂榆县（旗、区）综合分值的空间分布

克托县、和林格尔县、清水河县，包头市的达尔罕茂名联合旗、固阳县、石拐区、土默特右旗，鄂尔多斯市杭锦旗和鄂托克前旗，榆林市的横山县、靖边县和定边县。2012 年变化明显，呼和浩特周边的五个旗县全部下降为低发展区，榆林市南部的绥德县上升为中低发展区。

（4）以缺少煤炭资源、自然条件差的区域为边缘区域—低发展区。2001 年、2004 年和 2008 年主要集中在榆林市南部六县，即米脂县、绥德县、佳县、吴堡县、清涧县和子洲县，这些区域缺少煤炭资源，又处于地形破碎的黄土高原区，发展条件差，形成区域发展的“洼地”区域。2012 年，呼和浩特市周边五个县（旗）也全部降落为低发展区，包括土默特左旗、托克托县、和林格尔县、武川县、清水河县，这些区域自然条件相对较好，但是都缺乏矿产资源，说明矿产资源对区域发展的影响不断加深。

根据综合分值的空间分布，绘制呼包鄂榆区域发展水平的空间格局图（图 5-3）。其特点是多核心多圈层结构。核心区为呼和浩特城区、包头市城区、鄂尔多斯城区、准格尔旗、神木县；一级外围区域

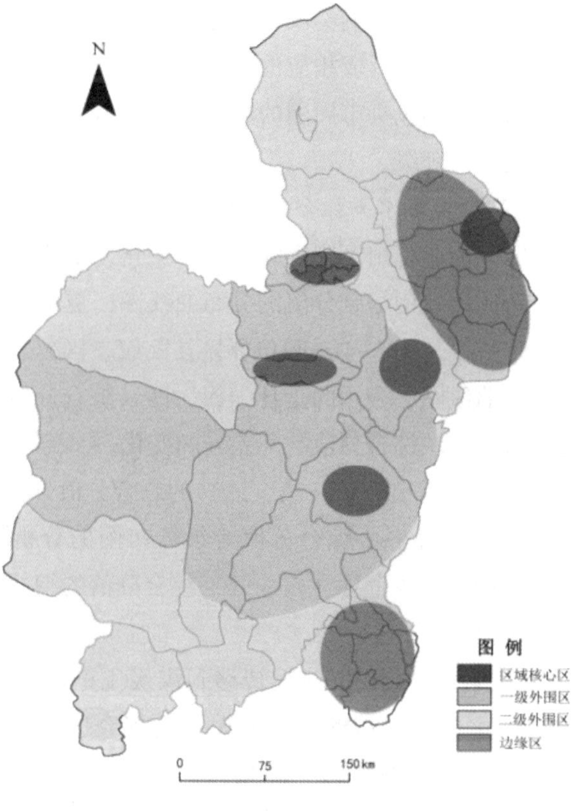

图 5-3　呼包鄂榆发展水平的空间格局示意图

主要是鄂尔多斯市煤炭产区、榆林市的主城区和煤炭产区，包括达拉特旗、鄂托克旗、乌审旗、榆林市榆阳区和府谷县；二级外围区域主要是缺少煤炭资源的区域，包括呼和浩特周边五个县（旗）、包头市北部县（旗）、鄂尔多斯的杭锦旗、鄂托克前旗和榆林市西部三县；边缘区域主要是榆林市南部六县，2012 年包括呼和浩特周边五县（旗）。

这种空间格局的特点说明在区域发展中，城市经济和煤炭经济成为区域发展的主导因素，从而形成主要城市和煤炭主产区的核心地位。从核心区向外围的递减，形成一级外围区域（煤炭产地）、二级外围区域（缺少煤炭资源、自然条件较好）和边缘区域（无煤炭资源、自然条件差的区域），说明煤炭经济在区域发展中占据重要地位。而城市经济对外围区域的影响，没有煤炭经济的影响强度大。从主要城市向外围的递减，没有形成相应的递减结构，也没有形成次级区域中心。如呼和浩特市和包头市周围的县（旗）在区域中的等级都是第三等级，而不是第二等级。

（四）呼包鄂榆发展水平综合分值空间差异的变化

等级分布图只能表现出不同等级之间的变化，不能表现同一等级内部的变化。为此需要用综合分值的分布曲线图，更细致地研究区域空间差异的变化规律。图 5-4 是呼包鄂榆县（旗、区）发展水平综合分值的区域分布曲线图，表示的是县（旗、区）综合分值在 4 个时间断面的变化，可以反映综合分值空间差异的变化。

从图 5-4 中可以看出，县（旗、区）的综合分值分布曲线在 4 个断面相对稳定，这与图 5-2 综合分值等级分布图的分析结论是相同的。但是 4 个年份中，各个县（旗、区）综合分值的细部变化也比较明显，其变化规律如下。

（1）区域发展中心从城市辖区转移到煤炭主产区。2001 年处于综合分值前列的主要是城市辖区，依次是昆都仑区、东胜区、青山区、东河区、神木县、新城区、准格尔旗。到 2004 年、2008 年和 2012 年，煤炭主产区东胜区、准格尔旗和神木县的位次逐步前移，城市辖区的位置后移，区域发展中心从城市辖区转移到煤炭主产区。如

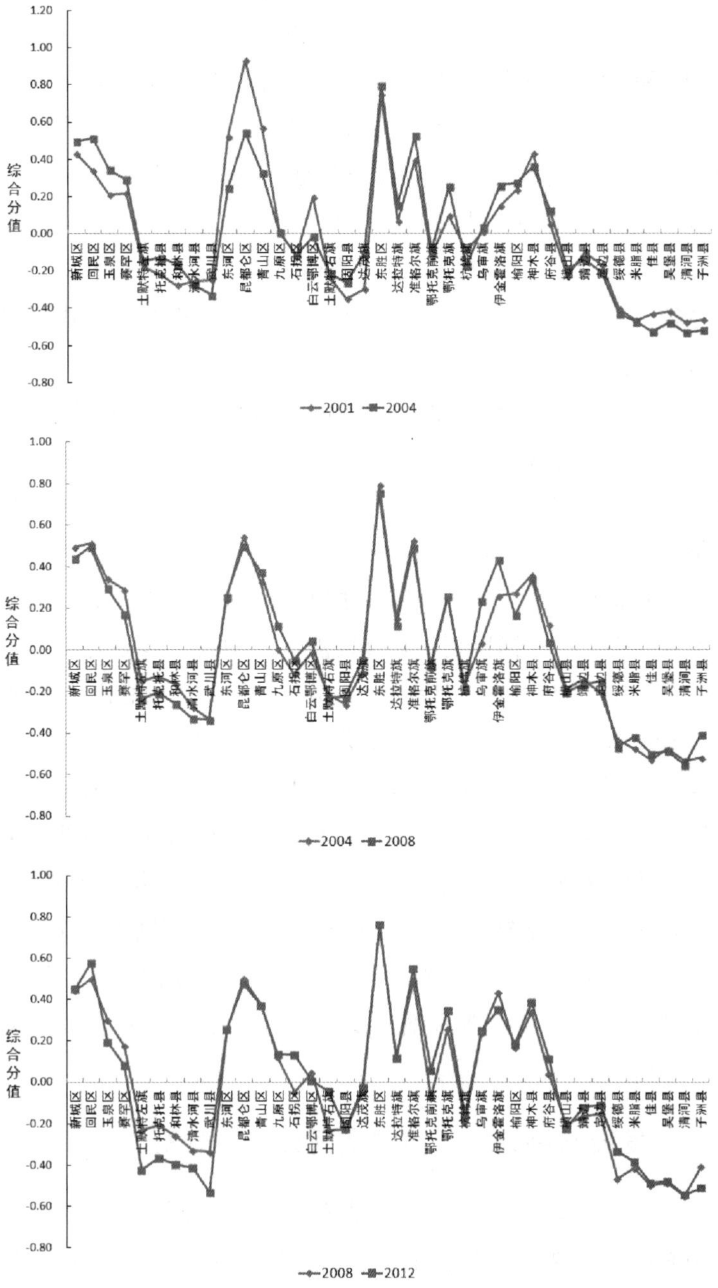

图 5-4　呼包鄂榆县（旗、区）综合分值年度变化曲线图

东胜区在2004年、2008年和2012年的综合分值都是最高的，准格尔旗在2012年超过了昆都仑区、新城区和回民区，位于第二位。

（2）低发展区范围扩大。在图5-4中，处于低值区的县（旗）包括呼和浩特的五个县（旗）、包头市的三个县（旗）、鄂尔多斯的杭锦旗和榆林市九个县。根据标准差划分的等级中，2001年、2004年和2008年只有榆林市南部六县为低发展区，到了2012年，呼和浩特市五个县（旗）进入低发展区，榆林南部六县中有五个县是低发展区（绥德县升为中低发展区），低发展区的数量从6个上升为10个，数量增多，范围扩大。

（3）中高发展区相对稳定，局部发生变化，单元数量增加。中高发展区所包含的地域单元相对稳定，主要是呼和浩特市辖区的玉泉区和赛罕区，包头市九原区和东河区，鄂尔多斯市达拉特旗、鄂托克旗、伊金霍洛旗和乌审旗，榆林市榆阳区和府谷县，这些区域多数为城市辖区和煤炭产区，基本稳定在中高发展区。但是其中的城市辖区如东河区、青山区、回民区，在高发展区和中高发展区之间变化。从数量上看，2001年、2004年和2008年三个年份数量稳定，分别为11个、11个、10个，但是到2012年数量增加到13个。

（4）中低发展区局部变化明显。中低发展区变化表现在数量变化和区域变化上。在数量上前三年比较稳定，2012年明显减少，4个年份的单元数量依次为：14个、15个、14个、8个。从区域变化上看，主要是呼和浩特市下辖的五个县（旗）、包头市下辖的三个县（旗）和石拐区、鄂尔多斯的两个旗（杭锦旗、鄂托克前旗）、榆林市西部的三个县。到2012年，呼和浩特下辖的五个县（旗）全部下降一个等级，移出本区。

三、发展水平综合分值的空间相关性分析

（一）发展水平综合分值的全局空间自相关分析

用GeoDa软件对4个年份综合分值进行空间自相关分析，分析设定的条件为：双变量，权重为Queen，相邻数量为4。

根据GeoDa软件的分析结果，4个年份的Moran's Ⅰ指数如表5-7

所示。

表 5-7 主要年份发展水平评价指标综合分值的 Moran's I 值

年份	2001	2004	2008	2012
Moran's I	0.4241	0.5435	0.5650	0.5485

表5-7中，Moran's I指数在4个年份都大于零，其数值除2001年低于0.5以外，后三个年份都高于0.5，说明综合分值具有正向空间自相关性，即综合分值高的县（旗、区）集聚在一起，综合分值低的县（旗、区）集聚在一起，而且集聚的程度显著（Moran's I>0.5）。说明属性相近的单元出现集中趋势，相互之间高度依存，影响明显。

Moran's I 指数的折线图反映了空间集聚性的变化过程。

图5-5中的Moran's I指数曲线表明：第一，综合分值的空间自相关系数值4个年份一直处于较高的数值。说明呼包鄂榆的综合分值一直都存在较强的空间相关性，并且这种相关性表现为极强的稳定性。第二，自相关程度从2001年到2008年为缓慢上升的过程，2008年到2012年为缓慢下降的过程。说明2001—2008年，空间自相关程度逐步加强，相似空间属性的单元集聚程度加强，2008年之后空间自相关程度下降，相似空间属性的单元集聚程度减弱，但是这种减弱程度十分缓慢。

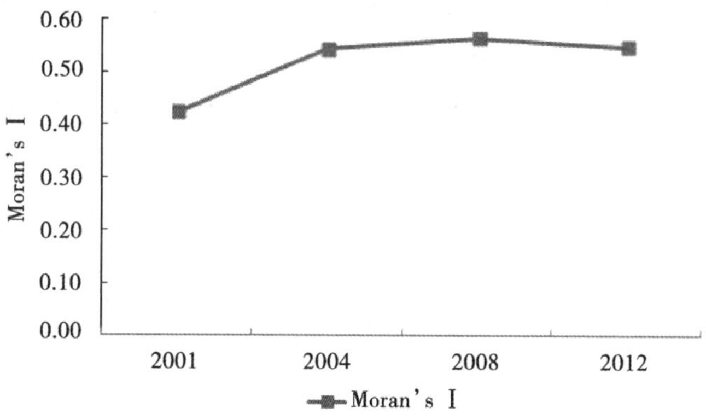

图 5-5 呼包鄂榆县（旗、区）综合分值的 Moran's I 指数年度变化

根据以上分析，呼包鄂榆地区的县（旗、区）由于发展条件和发展政策的差异，导致综合分值表现出很高的空间集聚性，即高值区集中连片、低值区集中连片，相互之间具有较高的空间关联性，多数县（旗、区）与相邻地区之间具有相近的发展特征。在发展过程中，这种集聚性的变化缓慢，具有较强的稳定性，说明区域之间的依赖性比较稳定。2001—2008 年这种关联性是逐步加强的，但是 2008 年以后，这种关联性有所减弱，但是仍然维持比较显著的水平。

（二）发展水平综合分值的局部空间自相关分析

为了进一步分析呼包鄂榆县（旗、区）空间集聚的特点，我们使用局部空间自相关分析方法，分析空间相邻单元之间的相关性。其具体方法是：通过 GeoDa 软件，对县（旗、区）综合分值进行局部空间自相关分析，分析结果是 Moran's I 散点图和 LISA 图，反映各个县（旗、区）之间的相关关系。

Moran's I 散点图是以区域综合分值的离差作为横坐标，以标准化的空间权重系数衡量的邻居单元的离差作为纵坐标。散点图分四个象限：第一象限是右上象限，代表“H-H”区域，位于这个象限的空间单元属性值与相邻单元的属性值都较高，具有空间正相关关系。第二象限是左上单元，代表“L-H”区域，位于这一象限的空间单元属性值低于相邻的周围单元属性值，空间单元之间存在负相关关系。第三象限是左下象限，代表“L-L”区域，位于这一象限的空间单元属性值与相邻单元的属性值都较低，也是空间正向关系。第四象限是右下单元，代表“H-L”区域，位于这一象限的空间单元属性值高于其相邻的周围单元属性值，空间单元之间也是负相关关系。在散点图中，每一个县（旗、区）都有明确的空间定位。

根据 GeoDa 软件的空间分析结果，绘制出 2001 年、2004 年、2008 年和 2012 年 4 个年份的 Moran's I 散点图和 LISA 图。散点图如图 5-6 所示。对散点图各个象限的地域单元数量进行统计，结果如表 5-8 所示。

表 5-8　空间自相关散点图中各象限地域单元数量统计

象限类型	各象限中县（旗、区）个数及其比例			
	2001	2004	2008	2012
H-H 象限	14（37%）	14（37%）	15（39%）	18（47%）
L-H 象限	3（8%）	3（8%）	5（13%）	2（5%）
L-L 象限	17（45%）	18（47%）	15（39%）	17（45%）
H-L 象限	4（11%）	3（8%）	3（8%）	1（3%）

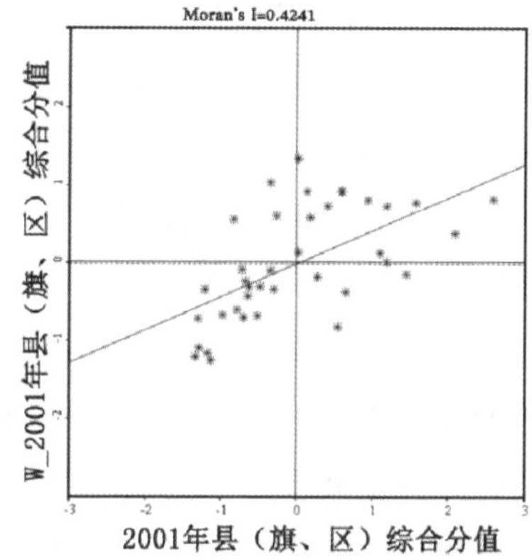

2001年散点图

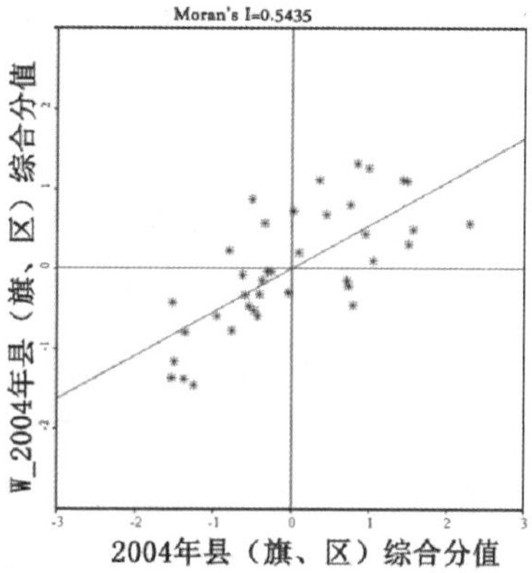

2004年散点图

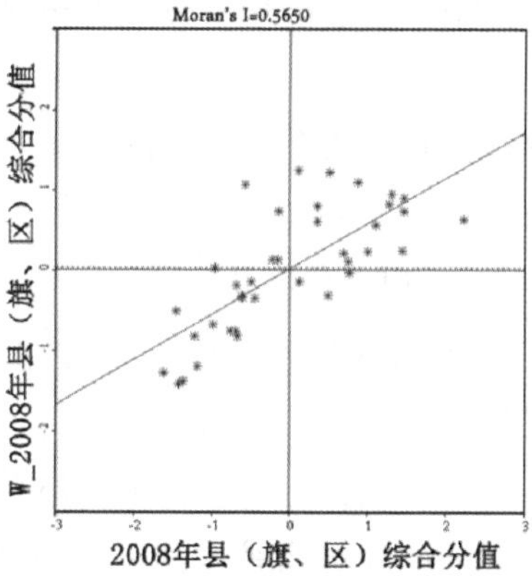

2008年散点图

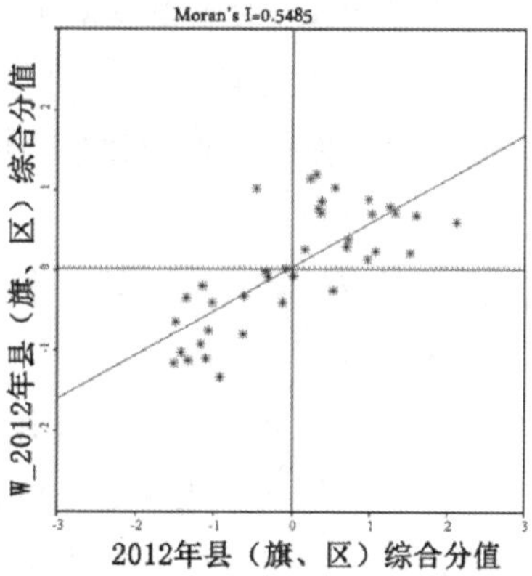

2012年散点图

图 5-6　主要年份呼包鄂榆县（旗、区）空间自相关散点图

从表中各个象限逐年的数据变化中可以看出呼包鄂榆县（旗、区）综合分值的空间集聚变化特点：第一，H-H 象限的单元数量为逐步增加，2001—2012 年 4 个年份依次为 14 个、14 个、15 个、18 个，所占比例依次为 37%、37%、39%、47%，说明相邻的高值区单元的数量在逐步增加，高值区对周围地区的影响显著，带动周边地区同步发展。第二，L-L 象限的数量在四个年份有明显升降变化，4 个年份单元数量依次为 17 个、18 个、15 个、17 个，所占比例依次为 45%、47%、39%和 45%，研究期初始年份和终止年份数量相同，中间经历了上升和下降过程。说明尽管高值单元的带动作用促进了相邻多数地区的发展，但是由于发展条件差的单元数量稳定，导致区域内依然保持较为稳定的低值区集聚单元数量，高值区对这些单元的带动作用有限。第三，L-H 和 H-L 象限的单元数量都呈下降的趋势。4 个年份的 L-H 象限中，单元数量是 3 个、3 个、5 个、2 个，是稳定—上升—下降的过程，H-L 象限中，单元的数量是 4 个，3 个，3 个，1 个，是下降—稳定—下降的过程，表明低值区包围的高值区（凸起单元）和高值区包围的低值区（凹陷单元）数量减少。2001 年 4 个凸起单元中有 3 个在 2012 年转移到 H-H 象限中，2001 年 3 个凹陷单元中有一个在 2012 年转移到 H-H 象限中，说明高值区对凸起单元和凹陷单元带动明显，使其数量减少，这是高值区发展的溢出效应对相邻地区产生影响的结果。

根据散点图中散点的分布，制作相应的县（旗、区）空间自相关分布图，以反映县（旗、区）与相邻单元之间的相关关系。图 5-7 是散点图中对应的县（旗、区）在各象限的分布图。

图 5-7 和图 5-2 对比，表明单元之间的影响关系：第一，扩散型区域（H-H）对周边地区带动作用明显，但是带动程度有明显差异。图 5-2 中高发展区域主要是呼和浩特新城区、回民区，包头市昆都仑区、青山区，鄂尔多斯市东胜区、准格尔旗，榆林市神木县，图 5-7 中 H-H 的扩散型区域，2001 年和 2004 年相同，2008 年和 2012 年范围逐步扩大，说明扩散型区域对相邻县（旗）的带动作用明显。鄂尔多斯的扩散型区域带动了鄂托克旗、鄂托克前旗的发展，影响范围明

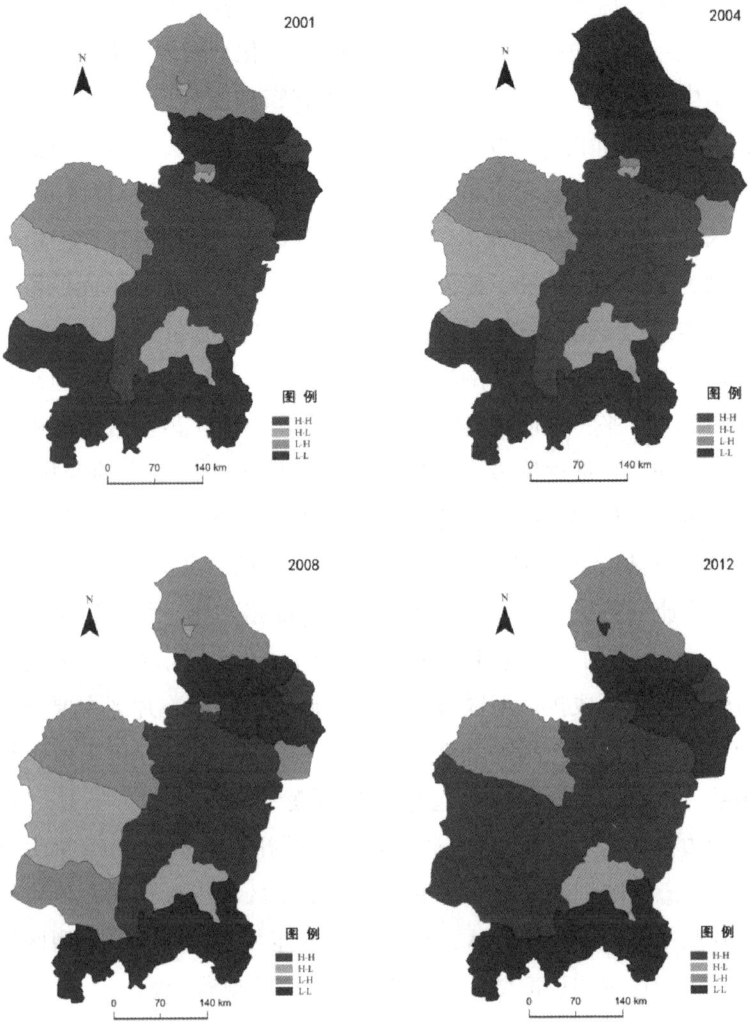

图 5-7　主要年份空间自相关散点图中县（旗、区）在各象限的分布图

显扩大，带动效果明显；包头市扩散型区域带动的东河区、石拐区，带动作用不明显。呼和浩特的扩散型区域没有带动周边县（旗、区）的发展，带动作用明显不足。第二，极化型区域（H-L 象限）和沉陷型区域（L-H 象限）的地域单元数量减少，减少程度不同。图5-7中，极化型区域减少明显，沉陷型区域减少不明显，说明前者受周围单元影响大，后者受周边单元影响小。2001 年极化型区域是白云鄂博区、鄂托克旗、榆阳区和东河区，2012 年极化型区域只有榆阳区，其余三个中，两个上升到 H-H 区（鄂托克旗和东河区）、一个下降到 L-L 区（白云鄂博）。2001 年，沉陷型区域有三个，分别是达茂旗、石拐区和杭锦旗。这三个单元分别属于中高发展区（石拐区）、中低发展区（达茂旗和杭锦旗），2012 年石拐区转化到 H-H 区，沉陷型区域只剩下两个。第三，传染型区域（L-L 象限）地域单元的覆盖范围集中连片、变化稳定，说明发展滞后的单元仍在区域中占较大比例。传染型区域的覆盖范围虽经历了升—降—稳定的变化，但维持了研究初期的水平，表明传染型区域变化稳定，受扩散型区域影响并不明显。第四，扩散性区域和传染型区域保持了相对稳定的变化状态，形成区域分化格局。图 5-7 中，2001 年扩散型区主要位于区域中部，包括包头市城区（东河区、昆都仑区、青山区、九原区）、鄂尔多斯东部 5 个旗（区）（东胜区、达拉特旗、准格尔旗、伊金霍洛旗、乌审旗）、榆林市两个县（神木县、府谷县）；在区域东部，呼和浩特四个市辖区单独形成扩散型区域连片区。传染型区域连片区主要分为南北两片，北片主要包括呼和浩特市辖的五个县（旗）、包头市下辖的固阳县、土右旗，南片主要包括榆林市南部六县和西部三县（横山县、靖边县、定边县），以及鄂尔多斯的鄂托克前旗（2012 年上升到 H-H 区）。扩散型区域连片区主要是城市辖区和煤炭产区，传染型区域连片区主要是非煤炭产区，扩散型区域连片区扩大，传染型区域连片区稳定，这说明扩散型区域对传染型区域影响很小。

四、呼包鄂榆发展水平差异的成因分析

呼包鄂榆区域发展水平的空间格局呈现为多核心、多圈层的结构，其中核心区为主要城市和煤炭主产区，一级外围区是次要城市和煤炭产区，二级外围区是没有煤炭资源、自然条件较好的区域，外围区是没有煤炭资源、自然条件较差的区域。形成这种空间差距的主要原因如下：

（一）发展水平空间差距形成的主要原因是城市经济和煤炭经济的主导地位

在呼包鄂榆区域发展水平的空间格局中，主要城市和煤炭主产区占据了核心地位和一级外围区地位，成为区域发展的中心，说明城市经济和煤炭经济是区域经济发展的主要因素。主要城市呼和浩特、包头市和鄂尔多斯市东胜区都位于核心区，榆林市位于一级外围区，说明城市经济是区域经济发展的主要因素之一。主要煤炭产区准格尔旗、神木县等都在核心区，其他主要煤炭产区伊金霍洛旗、达拉特旗、府谷县、榆阳区、鄂托克旗等都在一级外围区，说明煤炭经济是区域格局形成的另一个主要因素。

核心区和一级外围区的经济是区域经济发展的中心区域。2012年，核心区的 GDP 为 6793. 18 亿元，占呼包鄂榆区域 GDP 的比重为 56. 63%，超过整个区域一半以上，对区域发展起到决定性作用；一级外围区 GDP 占区域的 22. 20%，对区域发展也有明显影响；二级外围 2012 年 GDP 占整个呼包鄂榆整个区域的 18. 01%，对区域发展也有一定影响；边缘区域经济发展水平整体较低，其 GDP 占整个区域的 2. 57%，对区域发展的影响微弱。

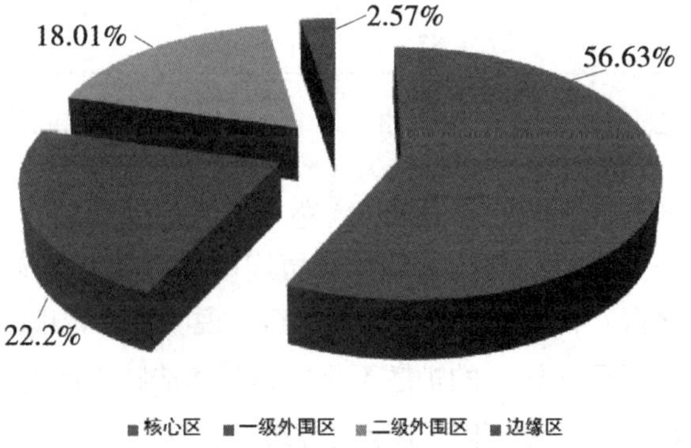

图 5-8　各个等级单元 GDP 之和占呼包鄂榆 GDP 的比重

（二）煤炭经济的差异是导致区域差距的主要原因

区域发展空间的格局从核心区向外围区递减时，煤炭经济规模成为产生区域分化的主要原因。核心区中的准格尔旗、神木县的煤炭产量最高；一级外围区的达拉特旗、伊金霍洛旗、鄂托克前旗、乌审旗、府谷县是煤炭产量较高的县（旗）；二级外围区中主要县（旗）的煤炭产量很低，或者没有煤炭产量；外围区是没有煤炭资源也没有煤炭产量的区域。说明煤炭经济是区域前三个等级的区分因素。三级和四级之间的区分主要是自然条件的差异。

呼包鄂榆主要生产煤炭的县（旗、区）2012 年煤炭产量如表 5-9 所示。可以看出煤炭产量决定了县（旗、区）在区域中的经济地位。

表 5-9 呼包鄂榆境内主要产煤县（旗）2012 年煤炭产量①

县（旗）名称	煤炭产量（万吨）	全国排名	区域等级
准格尔旗	28050.48	1	核心区
神木县	22098.97	2	核心区
伊金霍洛旗	17201.15	3	一级外围区
东胜区	9810.15	5	核心区
达拉特旗	6151.30	7	一级外围区
府谷县	5269.07	9	一级外围区
榆阳区	3898.82	16	一级外围区
鄂托克旗	2724.82	24	一级外围区
土默特右旗	1578.38	55	二级外围区

（三）城市周围地区处于较低等级，城市经济带动力不足

区域中主要城市呼和浩特和包头市周围县（旗）多数处于二级外围区或者边缘区，在区域中处于较低等级，说明主要城市的经济处于极化过程，对周围县（旗）的扩散不足。如呼和浩特周围的五个县（旗）2001 年、2004 年和 2008 年处于第三等级（二级外围区），2012 年处于第四等级（边缘区），在区域中的等级逐步下降。包头市周围的县（旗）在 4 个年份也都处于第三等级（二级外围区）。虽然呼和浩特和包头市都有企业从城市中迁出，或者企业在周围县（旗）建厂，但是

① http：//www.coalchina.org.cn/detail/13/09/25/00000017/content.html（2014.5.20）

呼包周围的县（旗）发展水平仍落后于主要煤炭产区的县（旗）。

第二节　呼包鄂榆区域联系强度的空间格局

区域联系强度主要指区域内城市之间相互作用的强度。城市间由于人员、物资、信息、资金和能量的流动而产生相互作用，作用的强度因城市经济规模和人口规模的不同而有差异。描述区域之间联系强度，可以反映区域相互作用强度的空间结构，有助于研究区域空间一体化发展格局。区域空间联系强度，一般采用引力模型进行测算。

一、区域联系强度模型构建

引力模型与两个城市之间的相互作用强度与两个城市质量（经济规模、人口规模）的乘积成正比，与两个城市之间的距离成反比。引力模型的一般公式为：

$$F_{ij}=\frac{\alpha_i m_i \beta_j m_j}{S_{ij}^b} \tag{5-5}$$

式中：F_{ij}为两个城市之间的引力强度；m_i、m_j为两个城市的质量；α_i、β_j为m_i、m_j的权重数；s_{ij}为两个城市间的通行距离或者是通行时间；b为距离的指数。

本书对公式（5-5）中的变量定义如下：

m：定义为城镇非农人口和GDP的乘积$p\times G$，单位为万人亿元。α、β：定义为1。S：定义为两个城镇之间的最短通车距离。b：定义为1。

则公式改变为：

$$F_{ij}=\frac{\sqrt{P_iP_j}\sqrt{G_iG_j}}{S_{ij}} \tag{5-6}$$

式中：F_{ij}是城市i与城市j联系强度；P_i、P_j是城市i和城市j的非农业人口；G_i、G_j是城市i和城市j的GDP值；S_{ij}是城市i和城市j之间最短公路里程。

以呼包鄂榆32个城镇为研究单元的中心节点，根据统计年鉴分别整理2012年呼包鄂榆32个城镇区的非农业人口值 P_i 和GDP值 G_i，两个城镇i、j之间的最短通行距离 S_{ij} 根据谷歌地图量算。根据公式5-6计算两个单元之间的空间联系强度 F_{ij}（万人亿元/公里）。

二、呼包鄂榆区域联系强度的空间格局

（一）呼包鄂榆城镇对外联系强度总量

根据计算的32个城镇之间空间联系强度，把每个城镇与其他城镇对外联系强度进行累积，得到每个城镇对外联系强度总量。如表5-10所示。

表5-10 2012年呼包鄂榆每个城镇对外联系强度总量

城镇	对外总量（万人亿元/公里）	所占比例（%）	城镇	对外总量（万人亿元/公里）	所占比例（%）
呼和浩特	4130.98	14.31	鄂托克旗	362.02	1.25
土默特左旗	671.4	2.33	杭锦旗	232.1	0.80
托克托县	602.24	2.09	乌审旗	395.5	1.37
和林县	454.45	1.57	伊金霍洛旗	1125.49	3.90
清水河县	241.7	0.84	榆阳区	868.16	3.01
武川县	290.64	1.01	神木县	1362.5	4.72
包头市	7421.9	25.71	府谷县	578.06	2.00
石拐区	368.73	1.28	横山县	208.49	0.72
白云鄂博区	100.6	0.35	靖边县	290.07	1.00
土默特右旗	1159.45	4.02	定边县	212.13	0.73
固阳县	458.81	1.59	绥德县	135.42	0.47
达茂旗	309.61	1.07	米脂县	106.62	0.37
东胜区	2196.9	7.61	佳县	82.32	0.29
达拉特旗	2476.53	8.58	吴堡县	28.8	0.10
准格尔旗	1739.74	6.03	清涧县	59.34	0.21
鄂托克前旗	113.88	0.39	子洲县	80.56	0.28

呼包鄂榆城镇对外联系强度总量的特点是，少数城镇占据了区域城镇对外联系总量的绝大比例，表现为少数城镇对区域内其他城镇的联系有强烈影响。大多数城镇的对外联系总量值很低。图 5-9 和图5-10 分别表示城镇联系强度的等值线图和趋势面图，直观地反映了呼包鄂榆城镇之间联系强度的空间分布。

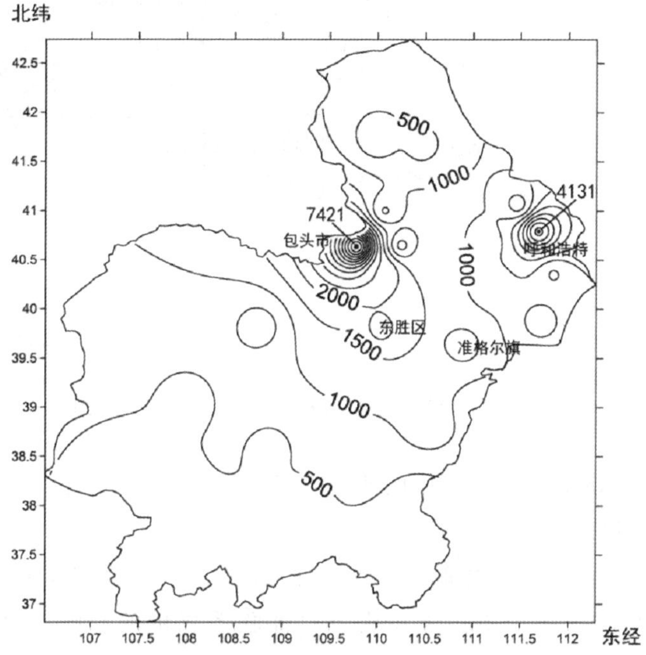

图 5-9 呼包鄂榆城镇联系强度总量的等值线图

对外联系强度总量最大的是包头市（7421.9），占区域总量的25.71%；其次是呼和浩特市（4130.98），占区域总量的 14.31%；达拉特旗排在第三位（2476.53），占区域总量的 8.58%；第四位是东胜区。其后依次是准格尔旗、神木县、土默特右旗、伊金霍洛旗、榆阳区。这种城镇与呼包鄂榆主要城镇（非农人口大于 10 万人）的城镇完全相同，只是排列顺序不同。

按等级划分，联系强度总量大于 5000 的只有包头市，说明包头市在区域内非农人口和经济总量中处于领先地位。

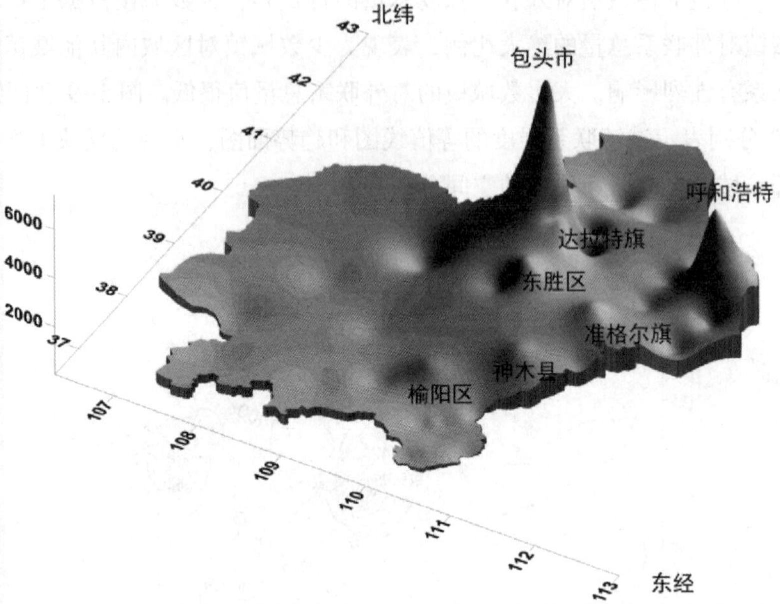

图 5-10 呼包鄂榆城镇联系强度总量的趋势面图

介于 4000~5000 之间的是呼和浩特市，说明呼和浩特对外联系强度也处于区域的前列，仅低于包头市。

介于 2000~4000 之间的是达拉特旗和东胜区，两者本身经济总量大，同时离包头市近，受包头市对外联系总量的影响，数值明显较大。

介于 1000~2000 的城镇有 4 个，分别是准格尔旗、神木县、土默特右旗、伊金霍洛旗，是区域内 GDP 总量较大的县（旗）。

介于 500~1000 的城镇有 4 个，分别是榆阳区、土默特左旗、托克托县、府谷县，其中榆阳区、十默特左旗和府谷县是煤炭产区，托克托县是呼和浩特境内主要的电力产区。

介于 200~500 之间的城镇有 12 个，这些城镇因为非农业人口少或者因为 GDP 总量较小，对外联系强度值都比较小。

小于 200 的城镇有 8 个，主要是榆林市南部六县和白云鄂博、鄂托克前旗。这些地区处于区域发展的落后地位，非农业人口总量也低，对外联系强度值低。

（二）呼包鄂榆城镇之间对外联系强度等级的空间分布

依据城镇之间相互联系强度的计算结果，按5个等级划分城镇之间的联系强度，对50以下的联系强度不予表示，绘制出呼包鄂榆区域城镇之间联系强度的空间分布图（图5-11），反映了空间联系强度的空间格局。

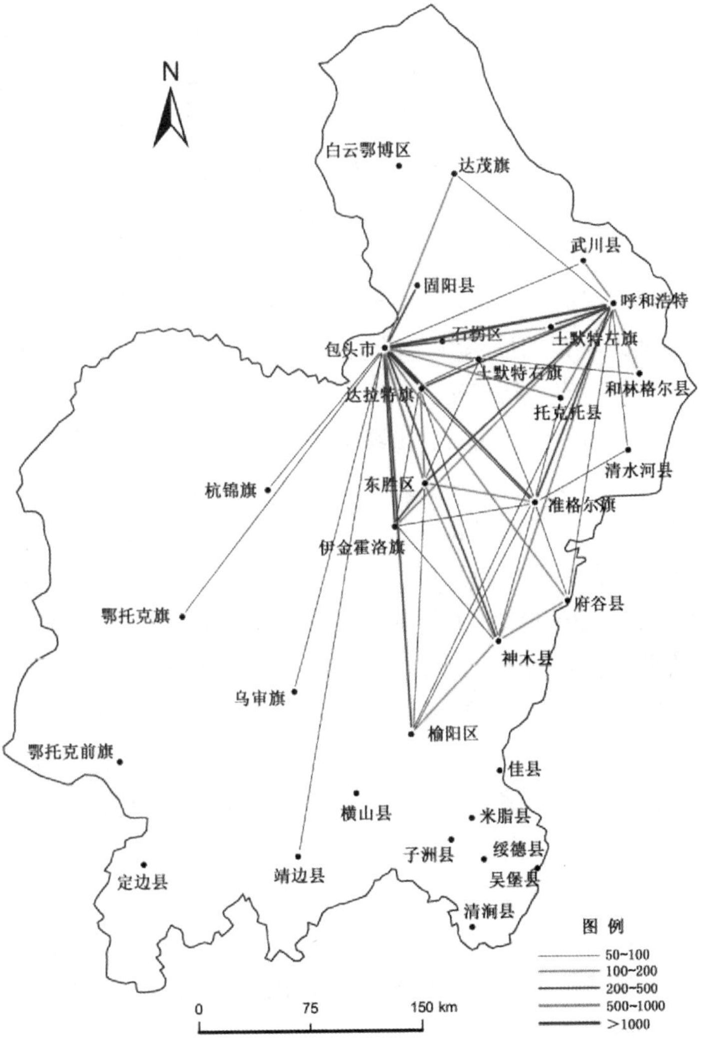

图5-11　呼包鄂榆主要城镇对外联系强度分布图

图 5-11 中城镇联系强度分为 5 级，第一等级联系强度大于 1000，第二等级是 500~1000，第三等级是 200~500，第四等级是 100~200，第五等级是 50~100。图中城镇联系强度等级线的分布规律如下：

第一等级和第二等级联系线都是以包头市为中心。第一等级是包头市与呼和浩特、达拉特旗的连接线。第二等级联系线也是以包头市为中心，分别连接东胜区和土默特右旗。包头市处于第一等级和第一等级的中心，说明在区域联系强度中，包头市的中心地位要高于呼和浩特。

第三等级联系线主要以包头市和呼和浩特市为中心，分别连接区域内主要城镇和主要经济点。其中以包头为中心的三级联系线有：包头市到固阳县、石拐区、准格尔旗、伊金霍洛旗、神木县、榆阳区；以呼和浩特市为中心的三级联系线有：呼和浩特到土默特左旗、达拉特旗、东胜区、准格尔旗。另一条三级联系线是东胜区到伊金霍洛旗。

第四等级的城镇联系线主要是包头市、呼和浩特市、东胜区和神木县与其他城镇的联系线。以包头市为中心的四级联系线有：达茂旗、土默特左旗、托克托县、府谷县；以呼和浩特为中心的四级联系线有：呼和浩特到武川县、土默特右旗、和林县和托克托县；以东胜区为中心的四级联系线有：东胜区到达拉特旗、准格尔旗和神木县；以神木县为中心的四级联系线有：神木县到府谷县和榆阳区两条。

五级联系线仍以包头市、呼和浩特市、东胜区和神木县为中心，主要连接区域内非农业人口少或者经济总量较低的县（旗）城。

在联系强度分布图中，低于 50 的联系线没有标出，使许多县（旗）与其他城镇没有联系线。这些县（旗）共有 10 个，占总数的 31.25%，说明区域内有近 1/3 的县非农业人口或经济总量较低，与其他城镇联系微弱。这些县（旗）包括榆林市南部六县、横山县、定边县、鄂托克前旗、白云鄂博区。

总体来看，呼包鄂榆城镇之间的联系，是以包头市、呼和浩特市、东胜区、神木县为中心，主要连接土默特左旗、土默特右旗、达拉特旗、准格尔旗、伊金霍洛旗、榆阳区、府谷区，形成区域之间的主要联系线。

（三）呼包鄂榆区域之间联系强度的空间格局

呼包鄂榆区域之间联系强度的空间格局可以概括为：区域内对外

联系强度较高的城镇主要是包头市、呼和浩特市、东胜区、神木县、准格尔旗。区域内城镇联系线按等级划分，一级联系线是呼和浩特—包头之间（经过土默特左旗、土默特右旗）；二级联系线是包头—东胜（经过达拉特旗）—伊金霍洛旗—榆阳区；三级联系线主要是呼和浩特—准格尔旗—东胜区（经过托克托县）；四级联系线主要是东胜—神木—榆阳（或府谷），形成“P”字形的空间格局，即呼和浩特—包头市—东胜区—准格尔旗—呼和浩特的环状结构，和从东胜区向南连接神木县和榆阳区的“7”字形，如图 5-12 所示。

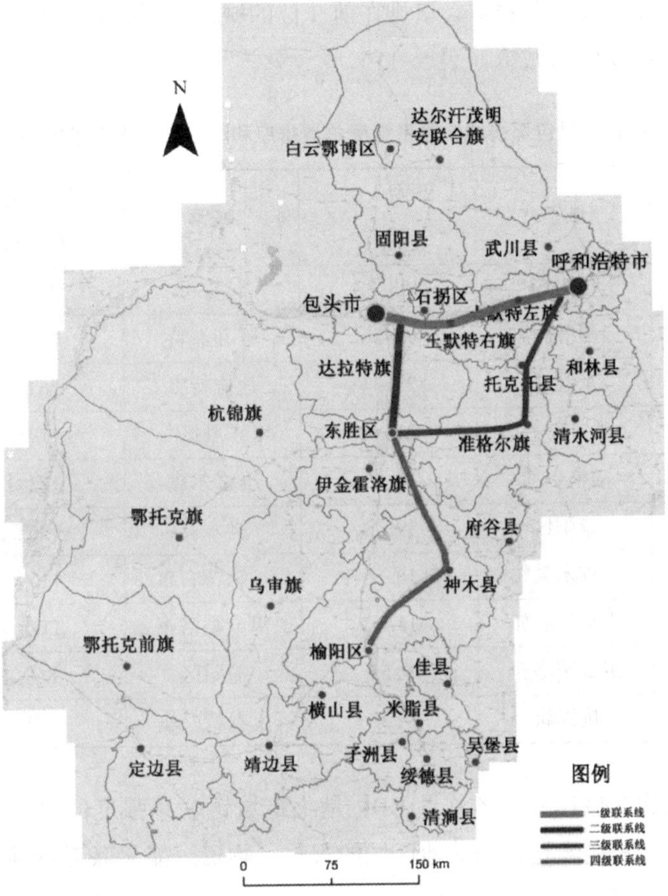

图 5-12　呼包鄂榆区域联系强度的空间格局图

三、呼包鄂榆区域联系空间格局的成因分析

从城镇之间联系强度的计算公式上看，区域之间联系强度与区域内城镇的非农业人口和GDP的乘积呈正相关关系，与城镇之间的距离呈反相关关系。呼包鄂榆区域联系空间格局，主要是由城镇的非农业人口、GDP和城镇之间的距离影响形成的。

首先，非农业人口对区域联系强度的空间格局起到了决定性作用。对外联系强度总量从大到小的排序与城镇非农业人口的城镇排序相关程度很高。非农业人口排在前9位的城镇，同时也是城镇对外联系强度前9位的城镇（表5-11）。

表5-11　呼包鄂榆城镇联系强度总量排序和城镇非农人口排序的对比

排序	城镇	非农人口（万人）	城镇	对外联系总量（万人亿元/公里）
1	包头市	183.32	包头市	7421.90
2	呼和浩特	93.56	呼和浩特	4130.98
3	东胜区	22.34	达拉特旗	2476.53
4	达拉特旗	21.46	东胜区	2196.90
5	准格尔旗	20.61	准格尔旗	1739.74
6	榆阳区	19.70	神木县	1362.50
7	神木县	18.56	土默特右旗	1159.45
8	土默特右旗	11.42	伊金霍洛旗	1125.49
9	伊金霍洛旗	9.55	榆阳区	868.16
10	杭锦旗	7.30	土默特左旗	671.40

其次，城镇的经济总量GDP是决定城镇联系强度的另一个重要因素。经济越发达，与其他区域的人员、物资、能量联系越强，对外联系强度越高。呼包鄂榆区域内，城镇联系强度高的城镇，也是区域内经济总量高的城镇，两者也呈现相互对应的关系（表5-12）。在GDP前10位的城镇中，有8个也是对外联系总量排在前10位的城

镇，说明两者有明显的对应关系，但是 GDP 排序和城镇联系总量排序是有差别的，这主要是由城镇之间的距离导致的，距离大城市近的城镇，对外联系总量值高。

表 5-12　呼包鄂榆城镇联系强度总量排序和城镇 GDP 排序

排序	城镇	GDP（亿元）	城镇	对外联系总量（万人亿元/公里）
1	包头市	2443.21	包头市	7421.90
2	呼和浩特	1495.34	呼和浩特	4130.98
3	神木县	1003.89	达拉特旗	2476.53
4	准格尔旗	1000.4	东胜区	2196.90
5	东胜区	850.34	准格尔旗	1739.74
6	伊金霍洛旗	635.61	神木县	1362.50
7	达拉特旗	451.46	土默特右旗	1159.45
8	府谷县	450.52	伊金霍洛旗	1125.49
9	榆阳区	401.09	榆阳区	868.16
10	鄂托克旗	382.07	土默特左旗	671.40

最后，城镇之间的距离与城镇的影响力呈反相关关系。两个城镇之间的距离越远，城镇之间的相互联系强度越低。在表 5-12 中，城镇非农业人口和城镇 GDP 总量的排序，东胜区都高于达拉特旗，但是达拉特旗距离包头市更近，使达拉特旗累积的对外联系总量超过了东胜区；神木县、伊金霍洛旗和土默特右旗的非农业人口小于榆阳区，但是三个城镇距离包头市和呼和浩特市的距离都小于榆阳区，累积对外联系总量超过榆阳区。同样，在表 5-12 中，达拉特旗和东胜区的关系，也因为距离原因，使达拉特旗的对外联系总量超过东胜区。伊金霍洛旗 GDP 小于榆阳区，但是距离呼和浩特和包头市近，得到了较高的对外联系强度值，超过了榆阳区。因此距离因素也是决定区域对外联系强度的主要因素。

在区域联系强度图上，大多数城镇之间的联系强度大于 50，形成区域内主要的城镇之间的联系。这种城镇之间的联系，覆盖范围越广，联系强度越高，城镇互动越强，越有利于区域一体化的发展。但是在呼包鄂榆区域内，还有10个城镇与其他城镇联系强度小于50，联系强度很弱，与其他城镇的互动很少。这种情况一方面说明这些城镇距离偏远，受区域内大中城镇影响小，另一方面也说明这些城镇仍处于发展的落后状态，经济总量和城镇化水平都较低，是区域发展的“滞后区”。

第三节　呼包鄂榆区域空间一体化

在区域一体化发展过程中，区域空间格局也会发生相应的改变。空间格局的变化过程有两种形式，一种是区域一体化过程的不断深入，会引起经济结构的变化和人口的迁移，从而导致区域空间格局自我调整，形成新的空间格局，这种变化称为“自组织变化”，另一种变化是通过人为干预和科学引导，使空间格局发生变化，以形成区域内部空间组织有序化、区域之间协调化的空间格局，后一个过程称为区域空间整合。本节在呼包鄂榆区域发展水平空间差异和区域空间联系格局基础上，探讨区域一体化过程中呼包鄂榆空间结构的调整和优化。

一、呼包鄂榆发展水平空间格局的评价

（一）呼包鄂榆区域空间格局的特点

从呼包鄂榆区域发展水平的空间差异和呼包鄂榆区域联系的空间格局上，可以总结出呼包鄂榆发展水平空间格局的特点如下：

（1）区域发展格局中少数“极点”突出，多数节点发展水平较低

从区域发展的空间差异看，呼包鄂榆的发展呈现极不平衡的状态，少数节点发展突出，成为区域发展的“极点”，而大多数节点发展水平较低。发展突出的“极点”是中心城市和主要煤炭产区，包括

呼和浩特市、包头市、东胜区、准格尔旗和神木县，构成区域发展的主要增长极。处于第二等级节点的主要是次级城镇和煤炭产区，包括榆阳区、达拉特旗、鄂托克旗、乌审旗和府谷县，其他节点大多数发展水平较低。

在区域联系的空间格局中，节点之间联系强度差别更为明显，“极点”效应更为突出。区域中包头市和呼和浩特成为城镇联系的中心节点，联系强度总量分别为7421.90和4130.98，远远高于第三位达拉特旗（2476.53）和第四位东胜区（2196.90）。其他主要节点有准格尔旗、神木县、土默特右旗、伊金霍洛旗、榆阳区、土默特左旗。区域内其他城镇的对外联系总量值小，对外联系强度弱。

（2）区域内主要发展“轴”呈“P”字形结构，对周边辐射力有限

呼包鄂榆区域中主要发展“轴”是由少数极点连接而成的“P”字形发展带。其中，联系强度最高的是呼和浩特—包头的发展轴，以110国道、京藏高速、京包铁路为连接线，中间经过土默特左旗、土默特右旗；二级发展轴是包头—达拉特旗—东胜—伊金霍洛旗，以210国道、包（头）茂（名）高速、包神铁路、包（头）西（安）铁路为联系线；三级发展轴主要是呼和浩特—托克托县—准格尔旗—东胜区，以呼市—东胜高速、呼市—准格尔—东胜的铁路为连接线；四级发展轴主要是东胜—神木—榆阳（或府谷）。四个发展轴形成“P”字形的空间格局，即呼和浩特—包头市—东胜区—准格尔旗—呼和浩特形成环状结构，从东胜区向南连接神木县和榆阳区，形成“7”字形发展轴。发展极点与其他城镇的联系较弱，相互之间联系微弱，说明主要发展轴对其他城镇的影响力有限，带动力不足。

（3）区域内主要面状区域是生态治理区和农业发展区

呼包鄂榆的面状区域主要是草原、沙漠、黄土高原和土默特平原区，此外是大青山和蛮汉山山区。面状区域中，草原和沙漠是京津冀风沙源治理工程区，黄土高原是国家黄土高原综合治理工程区，面状区域上还叠加有三北防护林生态建设区。农业发展区主要分布在土默特平原、黄河沿岸平原和黄土高原区的平坦地形上（河谷平原、塬、

梁、峁平地)。生态治理区域占呼包鄂榆总面积的82.17%，说明面状区域中多数区域已经成为生态退化区域，需要进行生态治理和生态恢复。另一方面说明呼包鄂榆承担的国家生态建设任务重，责任大，必须在区域发展中给予重视。

（二）呼包鄂榆发展空间格局对区域一体化发展的影响

呼包鄂榆发展空间格局的现状，对于区域一体化发展的影响主要体现在以下几个方面：

（1）“极点”凸起、节点不足的发展状态不利于区域一体化发展

呼包鄂榆发展格局呈现少数“极点”凸起、多数节点发展不足的空间格局。一方面说明区域发展处于工业化发展的初期阶段，区域发展呈现不均集聚的特点；另一方面说明极点的发展对其他节点发展有抑制作用，导致区域发展差异加大。在极点集聚作用大于扩散作用的阶段，区域发展的不均衡会进一步加大，而区域差距的加大是不利于区域一体化发展的。因此在区域一体化过程中，应当考虑在极点之外扶持发展次级的区域发展中心，以带动落后地区的发展。

（2）发展轴线为点轴状态，还需要长期发展，才能达到网络一体化均衡阶段

呼包鄂榆的增长轴线主要是P字形增长轴线，连接的城镇共11个，占城镇总数的1/3，大多数城镇与主要发展轴线联系微弱。P字形发展轴线中，轴线等级包括弱小的城镇联系轴线，城镇联系强度已经很低。没有画出联系轴线的城镇与其他城镇的联系更为弱小，说明发展轴线对外围城镇的带动作用不足。

呼包鄂榆发展空间呈现为少数极点和少数轴线的状态，与弗里德曼区域经济空间演进规律相对照，处于集聚非均衡时期（工业化初期），仍然表现为处于极点集聚、极化作用明显的过程之中，极点还没有发挥扩散影响力。区域一体化的发展，需要经历工业化中期、后期过程。空间格局需要经历扩散型、网络均衡型两个阶段，才能达到区域一体化的空间格局。因此，区域空间格局发展道路依然漫长。

二、呼包鄂榆空间一体化的功能结构

呼包鄂榆空间一体化的目的是通过合理划分空间功能，形成分工

合作的空间格局；通过发展轴线的延伸和完善，增强空间极点和节点的相互联系，发挥极点城镇对其他节点城镇的带动作用，带动区域整体发展；通过对区域内面状地区的发展定位，促进区域经济发展和生态环境的协调发展。

呼包鄂榆空间一体化的功能结构主要是对区域“极点”和“节点”的功能划分、面状区域的发展定位。

（一）发展“极点”的功能划分

呼包鄂榆区域内发展“极点”主要是发展水平较高的城镇，包括包头市、呼和浩特市、东胜区、榆阳区、准格尔旗、神木县等。发展极点的功能包括两个方面，一个是公共服务功能，如教育、医疗、文化和科技等。不同等级和规模的城镇具有不同等级的公共服务功能，等级越高、规模越大公共服务规模和服务质量越高。由于公共服务只是数量和水平的区别，因此功能定位中不对极点城市公共服务功能进行功能划分。另一个是产业功能，即不同城市具有的对外产业功能，包括第二产业和现代服务业。

呼包鄂榆主要增长“极点”的功能定位是：

呼和浩特市：自治区省会城市，是自治区公共服务中心，以第三产业为主，现代服务业发达。发展定位是：呼包鄂榆的中心城市，继续发挥服务中心的职能。第三产业定位是：在继续做好公共服务的基础上，发展现代服务业，如交通、金融、广告、物流、旅游、会计、法律等产业。第二产业中已经形成乳业、电力、化工、医药、电子及计算机产业等优势产业。发展定位是：保持已有的优势加工业，重点发展高新技术制造业，如信息产业、精细化工、机械配件等产业。

包头市：自治区重工业城市，优势产业为黑色金属冶炼、有色金属冶炼、稀土、专用设备制造业、交通设备制造业、电力等产业。重点发展装备制造业和稀土材料产业，以装备制造业带动机械配件产业发展，以稀土产业延伸新材料产业。第三产业：加强公共服务能力，发展现代服务业。

东胜区：能源工业城市。优势产业是煤炭开采业、煤炭化工、装备制造和毛纺业。重点发展精细化工、矿山机械和旅游业。

榆阳区：能源工业城市。优势产业是煤炭开采业、煤炭化工业。发展方向是精细化工业、煤制油、煤制气和旅游业。

准格尔旗：主要煤炭产区。优势产业是煤炭开采业、煤炭化工业。发展方向是煤炭精细化工和煤制油气产业。

神木县：主要煤炭产地。优势产业是煤炭开采业、煤炭化工业。发展方向是精细化工、煤电一体化、煤化工产业。

（二）其他节点城镇的功能划分

其他节点城市主要指“极点”城镇以外的其他县（旗）城。节点城镇的功能主要包括两个方面，第一是公共服务功能，承担县（旗）级基本公共服务，包括公共管理、教育、医疗卫生、文化、科技等，是区域的商业、交通中心。第二是产业功能，根据不同的资源特点和产业基础以及在区域中的分工，发展县（旗）级产业。

呼包鄂榆的县（旗）级产业类型大致分为以下几类：

以煤炭开采与煤炭化工为主的县（旗）：

准格尔旗：以煤炭开采和洗选业、煤化工业、煤电产业、铝冶炼、陶瓷产业为主。

达拉特旗：以煤炭化工、化工产业、煤电产业、铝材冶金产业、建材产业等产业为主。

鄂托克旗：以煤化工、氯碱化工、硅化工、绿色电力、煤层气及天然气、建材、非资源型和农畜产品深加工产业为主。

伊金霍洛旗：以煤炭化工及下游产品、装备制造业、新光能产业为主。

鄂托克前旗：以采煤、煤炭发电、煤化工、液化天然气产业为主。

杭锦旗：以采煤、煤化工、煤电、风电、太阳能发电、液化天然气、建材产业为主。

土默特右旗：以煤化工、电力、光伏、天然气液化、金属加工及食品加工为主。

神木县：以煤炭、煤电、煤化工、高载能、建材产业为主。

神木县：以煤炭、电力、化工、载能、建材产业为主。

府谷县：以煤炭、电力、化工、冶金、建材产业为主。

横山县：以煤炭开采、石油天然气开采、煤电、煤化工、石油化工、建材产业为主。

吴堡县：以煤炭、煤化工、煤炭发电产业为主。

以石油天然气产业为主的县（旗）：

靖边县：以石油、天然气开采、煤化工、石油化工、盐化工、煤电、新能源产业为主。

定边县：以石油天然气开采、油气化工、风能、太阳能、盐化工产业为主。

乌审旗：以煤炭开采、煤炭发电、煤化工、液化天然气、天然气化工、太阳能产业为主。

以钢铁、冶金产业为主的县（旗）：

武川县：以金属冶炼、水泥建材、农畜产品加工产业为主。

达茂旗：以钢铁、稀土、新能源、煤炭、化工建材、有色冶金为主。

固阳县：以钢铁、镁、新能源、建材、煤炭产业为主。

石拐区：以镁合金、煤的洗选和深加工、铁合金和特钢、食品加工产业为主。

白云鄂博区：以铁矿石开采、稀土开采、风能产业为主。

以食品、电力、化工为主的县（旗）：

土默特左旗：以乳业、化工、电力、装备制造、金属精炼、建筑材料产业为主。

托克托县：以煤炭发电、生物制药、金属冶炼、化工为主。

和林县：以食品加工业、电力产业、石材建材业、现代服务业为主。

清水河县：以建材、煤化工、铝材冶炼、金属镁及型材产业为主。

以农产品、盐化工和其他产业为主的县（旗）：

佳县：以红枣、盐化工、旅游业为主。

米脂县：以盐化工、服装、农产品加工、农机制造与铸造、建材产业为主。

绥德县：以盐岩化工、天然气、焦煤开发为主。

清涧县：以红枣、石材、岩盐产业为主。

子洲县：以水果、中药材、石油产业为主。

从县（旗）的经济分工上可以看出，呼包鄂地区的县（旗）主导产业大致分为四类地区：鄂尔多斯的县（旗）以煤炭产业为主；包头市的县（旗）以冶金产业为主；呼和浩特的县以食品、电力、医药产业为主。榆林市的县产业类型分三种，榆林市东北部三县（区）以煤炭产业为主；西部两个县以油气产业为主；南部县以农业产业为主。产业上依托资源优势形成了区域分工。

（三）面状区域的功能分区

呼包鄂榆面状区域的功能分区主要包括两部分，一部分是生态建设区域，另一部分是现代农业区域。

生态建设主要包括大青山北部半干旱草原和鄂尔多斯草原生态恢复、毛乌素沙漠和库布齐沙漠边缘区沙漠化治理、黄土高原区水土流失综合治理。主要生态治理工程包括京津冀风沙源治理工程、黄土高原水土流失综合治理和三北防护林建设区。

农业区域主要包括：土默川、黄河南岸灌区等沿黄农业优势区、阴山北麓优质马铃薯种植区、黄土高原丘陵农业区。主要发展节水农业、设施农业，调整种植结构，稳定粮油产量，建设优质粮油、杂粮、菜篮子、马铃薯和饲草料种植基地。

畜牧业区域主要包括：大青山北部草原、鄂尔多斯草原、黄土高原丘陵牧区。推进现代化家庭牧场和联户牧场建设；在黄灌区、阴山旱作区、鄂尔多斯东部农区和黄土高原农区发展规模养殖，搞好标准化养殖场建设，建设奶牛、肉羊、生猪养殖基地。加强畜产品生产标准体系和动物防疫体系建设。

三、呼包鄂榆空间一体化的空间结构

空间一体化的结构调整主要是针对呼包鄂榆主要发展轴集中在呼包鄂榆核心区，对外围区域辐射不足的特点而进行，目的是通过发展轴线的辐射带动落后地区的发展。

呼包鄂榆的主要发展轴线呈现“P”字形结构，主要集中在呼包鄂环线和神木县—榆阳区的直线上，其他发展节点与主要城镇之间联系微弱，发展轴线带动力不足。从空间一体化的角度，发展轴线应当沿主要交通线辐射到区域内其他城镇，从而带动区域全面发展。

呼包鄂榆空间一体化发展的结构调整主要是从现在的“P”字形结构逐步拓展为网格形态，以扩大主要增长极点对其他区域的影响，促进区域一体化发展。发展轴线主要沿交通线扩展。

呼包鄂榆的发展空间调整是从现在的“六极点、四轴线、五片区”结构调整为“六极点、六轴线、五面状区”的结构。

（一）“六极点”成为区域增长极

现状中的六极点是指呼和浩特市、包头市、东胜区、榆阳区、准格尔旗和神木县六个增长极点，实施空间一体化。区域的增长极点仍然是这六个极点，但是六个极点需要分成三个等级，第一等级是中心城市，指呼和浩特市；第二等级是次中心城市，分别是包头市、鄂尔多斯市和榆林市；第三等级是煤炭主产区，即准格尔旗和神木县，是基于煤炭产业形成的增长极点。

（二）“六轴线”形成区域网络发展轴线

现状的发展轴按照联系强度，仅仅形成“P”字型的联系轴线格局。轴线联系城市数量少，延伸的距离短。根据区域一体化发展的目标，发展轴线应当联系区域内全部城镇和主要工业园区。因此，空间发展轴线从“P”字形调整为“田”字形的六轴线结构。“六轴线”包括“三横”发展轴线和“三纵”发展轴线，形成整个区域的网络化发展轴线。通过发展轴线，发挥增长极点对其他节点城镇的带动作用。

“三横”轴线主要是依托现有的轴线向外延伸，另外在区域南部增加一条横轴。

一横轴线：呼和浩特—土默特左旗—土默特右旗—包头市发展轴。这条轴线是呼包鄂榆的主要发展轴线，集中了两个中心城市和多个工业园区，是区域内主要产业的集中地带，依托的交通线主要是京藏高速、京包铁路和包兰铁路。

二横轴线：主要是准格尔旗—东胜区—杭锦旗—鄂托克旗，这条轴线主要是在鄂尔多斯境内，其中准格尔旗和鄂托克旗是煤炭产区，以煤炭化工、建材为主；东胜区以装备制造、毛纺为主；杭锦旗以新能源、新光源装备制造业和天然气化工为主导产业，依托的交通线主要是荣乌高速公路和乌海—东胜—准格尔铁路。

二横支线：伊金霍洛旗—乌审旗—鄂托克前旗—上海庙工业园区。伊金霍洛旗县城与康巴什新区相连，是鄂尔多斯一市三区中的一部。乌审旗以天然气产业为主，鄂托克前旗的上海庙工业园区以煤化工为主，依托的交通线等级较低，从伊金霍洛旗到乌审旗是省道 313 公路，从乌审旗到昂素镇是 628 县道，从昂素镇到鄂托克前旗是昂敖线，从鄂托克前旗到巴拉庙是 214 省道，从巴拉庙到上海庙是县道 627 公路。

三横轴线：吴堡县—绥德县—子洲县—靖边—定边。这条轴线上区域经济发展相对滞后。吴堡县以煤焦化产业为主，绥德县以发展盐化工为主，子洲县以石油开采为主，靖边以石油化工为主，定边以天然气化工为主，依托的交通线主要是青银高速吴堡至定边段，铁路是太原—中卫（银川）铁路吴堡—定边段。

“三纵”轴线主要依托现有的两条纵轴线，向南北延伸。在区域西部沿包兰铁路和京藏高速增加一条南北轴线。

一纵轴线：满都拉口岸—达茂旗—武川县—呼和浩特—托克托县—准格尔旗—府谷—神木。这条纵线以呼和浩特为发展中心，带动沿线各县（旗）的发展，依托的交通线是 104 省道、呼（呼市）—大（大饭铺）高速、呼（呼和浩特）—准（准格尔旗）铁路，从准格尔旗到府谷县分别经过 103 省道、249 省道和榆商高速府谷—神木段。

一纵轴线支线：呼和浩特—和林县—清水河县。这是呼和浩特到所辖县城的连接线，途经盛乐经济开发区、和林县城、清水河县城。依托的交通线是 209 国道和呼市—朔州高速（2013 年 12 月通车）。

二纵轴线：白云鄂博—固阳县—包头市—达拉特旗—东胜区—伊金霍洛旗—神木县—榆阳区—横山—靖边。这条轴线集中了主要的工业城市和煤炭主产区，是工业最为发达的轴线，依托的交通线主要是

201 国道、包茂高速、榆商高速府谷—榆林段，铁路线是包神铁路、包西铁路、神朔铁路神木—府谷段。

二纵轴线支线：榆林—米脂—绥德—清涧。这是榆林对南部六县的辐射线，依托的交通线主要是 210 国道、榆商高速。

三纵轴线：主要是巴拉贡—鄂托克旗蒙西园区—乌海—鄂托克前旗。这条线路是沿黄河的轴线，巴拉贡—蒙西园区—乌海上有京藏高速、包兰铁路，但是从乌海到鄂托克前旗没有直达的高速公路和铁路线，需要绕经银川市。鄂托克前旗和银川之间交通联系便利。

呼包鄂榆的发展轴线如图 5-13 所示。通过“点—轴”结构发展中心的带动和辐射轴线的传递，带动区域全面发展，逐步向发展轴线

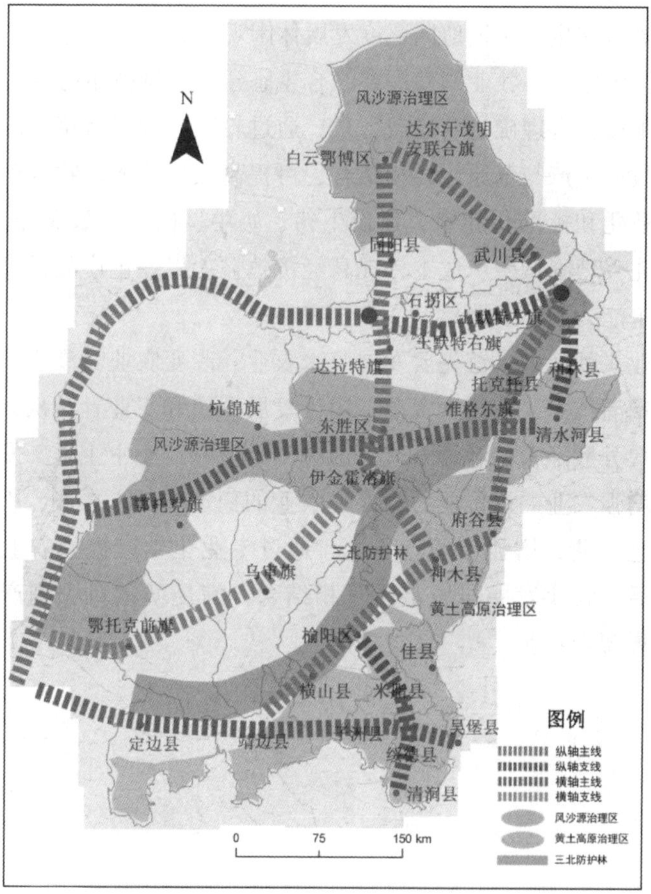

图 5-13　呼包鄂榆发展轴线和生态工程示意图

的网络化发展，促进区域空间一体化的实现。图中发展轴线基本覆盖了区域内所有的城镇和独立工业园区，形成区域发展的网络结构。

（三）“五面状区”形成区域网络发展基底

面状区域的定位是保证生态工程的持续和农业发展方式的转变。

“五面状区”主要是草原区、沙漠区、黄土高原区、阴山山区和农业耕种区。“五面状区”中草原区、沙漠区、黄土高原区、阴山山区都位于国家生态工程治理区域，主要是草原区风沙源治理、草原生态恢复工程、黄土高原水土流失治理工程和三北防护林建设工程（见图5-13）。这些区域在加强生态建设的同时，应当引导人口向第二、第三产业转移、向城镇转移。农牧业生产应减轻生态环境压力，建设生态屏障。在生态建设地区适度发展休闲观光旅游业。

草原区中，畜牧业的发展要结合生态建设，维持生态建设和牧业发展的平衡，合理确定草场载畜量，通过轮牧方式保持草场的可持续利用。牧业生产与草原旅游相结合，可提高牧民收入。牧区养殖业要实行专业化和标准化养殖，建设生猪、奶牛、肉羊、家禽养殖基地；以规模化养殖降低生产成本，提高经济效益；以绿色产品提高产品的市场竞争能力。

农业耕种区中，首先要发展节水农业，改变农业灌溉方式，发展喷灌和滴灌技术，节约水资源，用于发展城镇和工业。其次，逐步改变小农户分散经营的经营方式，通过土地流转，集中土地，发展规模农业，增强农业的议价能力，保证农业的稳定增长。再次，因地制宜发展特色农业，增强市场竞争力，通过专业化生产提高农业生产效率。最后，农业发展与城市需求相结合，满足城镇对农副产品的需求，发展观光农业。

第六章　呼包鄂榆产业一体化发展

产业一体化主要是指区域之间在产业结构上相互补充，在产业延伸上形成跨地区产业链，在空间布局上形成产业集聚，达到促进产业协调发展、提高产业区域竞争力的目的。

第一节　呼包鄂榆产业现状分析

一、呼包鄂榆经济发展水平区域差异

（一）呼包鄂榆区域经济发展状况

呼包鄂榆区域经济在2001年到2012年得到快速发展，生产总值从2001年的760.84亿元增长到2012年的11994.56亿元，年平均增长率达到28.90%。图6-1所示为呼包鄂榆整个区域和四个地级市经济增长的变化过程。从图中可以看出，四个地级市中，鄂尔多斯市2007年超过呼和浩特市，2009年超过包头市，GDP值在四个城市中位居第一。榆林市2011年超过呼和浩特市，GDP值位居第三。2012年GDP次序依次为鄂尔多斯市、包头市、榆林市和呼和浩特市。

呼包鄂榆区域的经济发展水平在全国已经处于中等发展水平。2012年，呼包鄂榆的GDP分别达到2458.74亿元、3209.14亿元、3656.80亿元、2669.88亿元，在全国282个地级市中排名分别排在第61、第40、第36、第54，居于中等偏上的发展水平。但是在区域内，

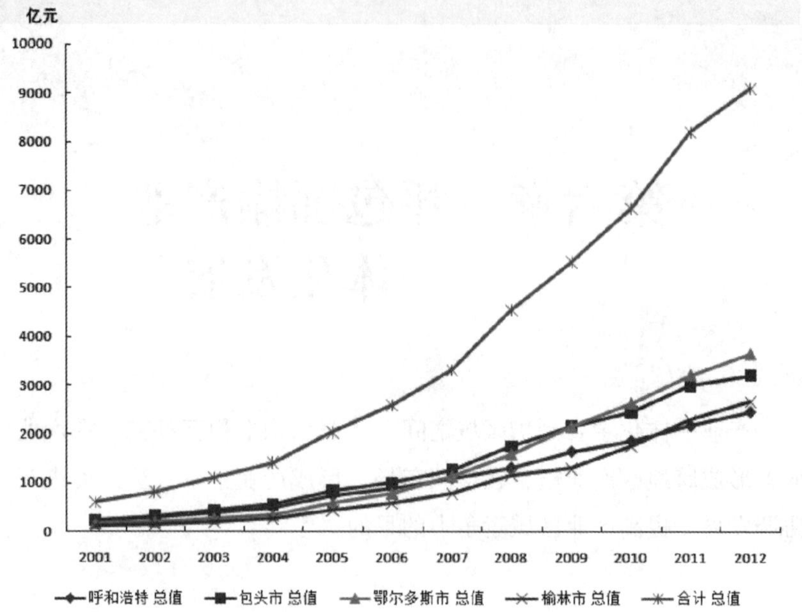

图 6-1　呼包鄂榆地区生产总值的时间变化

经济发展水平的地区差异十分明显。

（二）呼包鄂榆经济发展水平区域差异的时间变化

在呼包鄂榆区域内，经济发展水平有较大的区域差异。以县（旗、区）为单位，用变异系数衡量区域内经济差异的变化，GDP 的变异系数从 2001 年到 2012 年的变化规律如图 6-2 所示。变异系数的计算公式如下：

$$c.v=\frac{s}{\bar{x}}\times 100\% \qquad (6-1)$$

式中：$c.v$ 是系数；s 是标准差；$\bar{x}$ 是平均值。

从曲线图上看，呼包鄂榆县域 GDP 的变异系数从 2001—2012 年数值都在 89%以上，一直都保持着较高的区域差异。曲线有两次明显的变化周期过程，一次是从 2001 年到 2006 年，2001 年到 2003 年上升，说明区域差距增大，2003 年到 2006 年下降，显示区域差距缩小；第二次是从 2006 年到 2012 年，2006 年到 2008 年上升，2008 年到 2012 年下降。曲线变化说明，区域差异一直维持较高水平，其中经历

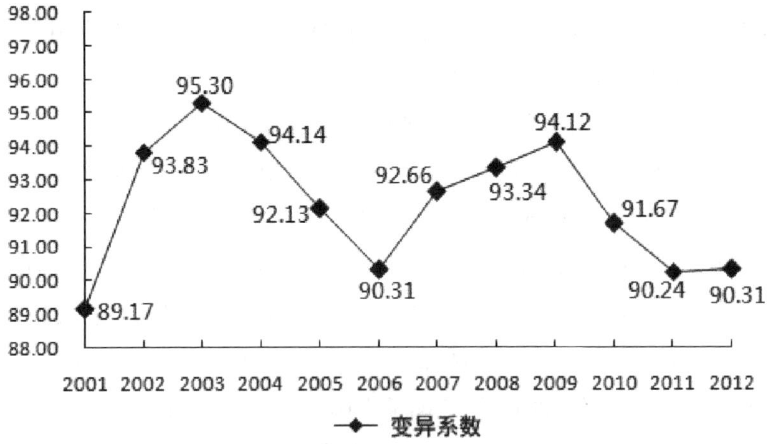

图 6-2　呼包鄂榆县（旗、区）GDP 的变异系数的年度变化图

了两次周期变化过程。

从人均 GDP 值的变异系数看，区域的差异变化有不同的表现。人均 GDP 的变异系数曲线（如图 6-3）表明，从 2001 年到 2012 年区域内人均 GDP 的差异呈现逐渐扩大趋势，2001 年为 62.91%，到 2012 年增加到 65.26%。其中经历了反复升降的过程，最明显的升降过程

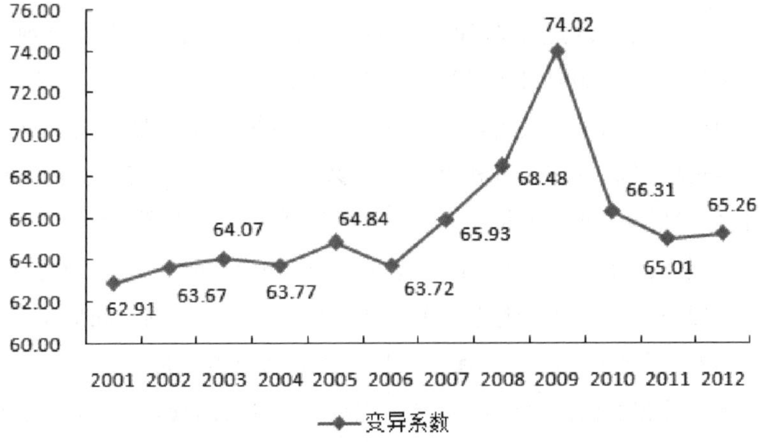

图 6-3　呼包鄂榆县（旗、区）人均 GDP 变异系数的年度变化图

是2007—2011年，2009年达到峰值74.02%，之后又下降回到2011年的65.01%。说明县（旗、区）的差异变化不是稳定的上升过程，而是一种起伏变化的上升过程。

（三）呼包鄂榆经济发展水平区域差异的空间变化

以GDP表示经济发展的水平，用ArcGIS表示呼包鄂榆县（旗、区）经济发展水平的空间差距，等级采用自然断裂点划分，4个年份2001年、2004年、2008年和2012年GDP的区域差异如图6-4所示。

县（旗、区）GDP的空间分布表明：2001年和2004年包头市昆都仑区为第一等级；2008年和2012年昆都仑区、东胜区、准格尔旗、神木县为第一等级；2012年增加了青山区。第一等级主要是城市市区和煤炭主产区，这与综合分值分析的结果相同。

第二等级的分布情况是，2001年主要为新城区、赛罕区、东河区、青山区、东胜区、准格尔旗、达拉特旗、神木县；2004年与2001年相比，增加了回民区，达拉特旗、神木县降为第三等级，靖边县升为第二等级；2008年与2004年相比，回民区降为第三等级，达拉特旗、伊金霍洛旗升为第二等级，东胜区、准格尔旗和神木县升为第一等级；2012年与2008年相比，增加了榆阳区、府谷县和鄂托克旗，靖边县降为第三等级，青山区升为第一等级。第二等级主要是城市辖区、煤炭产区、天然气和石油产区（靖边县）。

第四等级呈现逐年增加的趋势，主要分布在区域的边缘地带。2001年有8个，2004年有12个，2008年有11个，2012年有12个。

GDP的空间分布表明：呼包鄂榆的经济增长呈现极点增长状态，主要增长极点是中心城市和煤炭主产区，包括呼和浩特市、包头市、东胜区、准格尔旗、神木县；第二等级的增长点以资源产区为主，主要是煤炭产区和天然气主产区。这种极点式的空间形态，依托于城市的集聚经济优势和资源优势形成，是工业化发展初期的空间形态。

（四）呼包鄂榆经济发展水平区域差异的原因分析

形成呼包鄂榆区域经济差异，主要有三方面的原因：经济基础、资源因素和行政区因素。

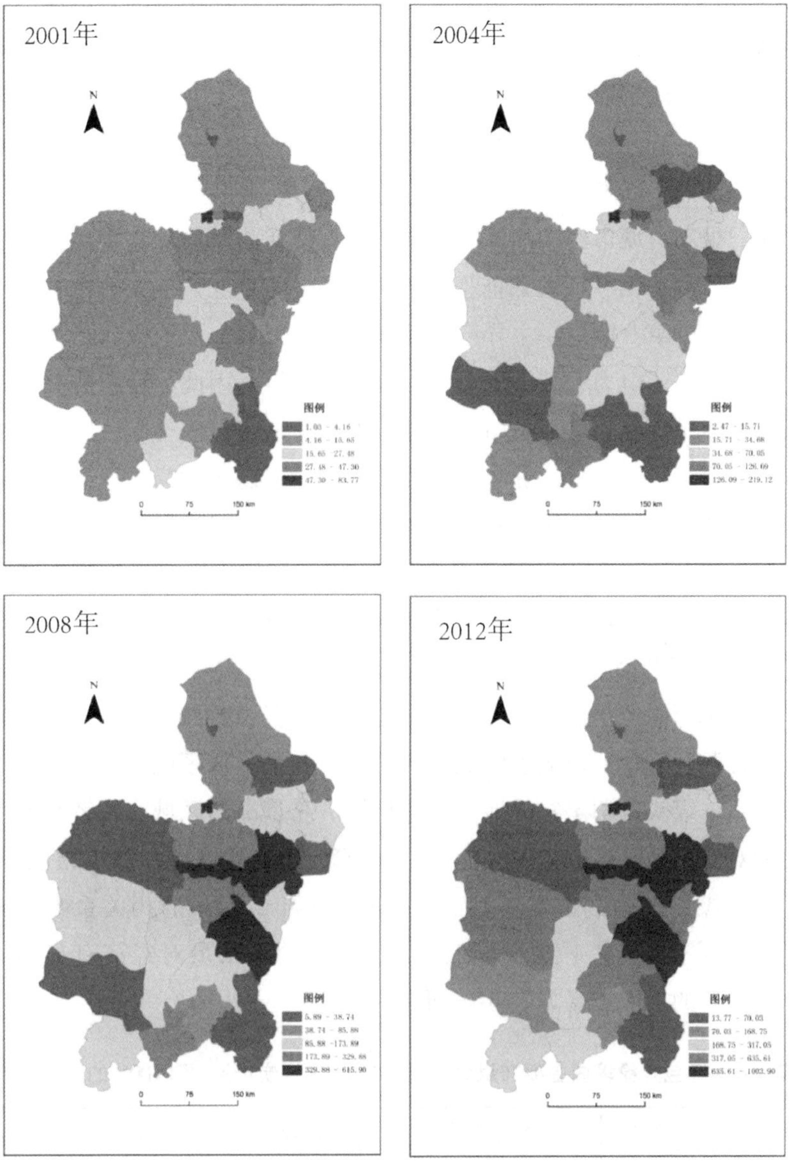

图 6-4 主要年份呼包鄂榆县（旗、区）GDP 等级分布图

（1）经济基础

呼包鄂榆的经济差异，与各地的经济基础有直接关系。

呼包鄂榆区域中呼和浩特市和包头市一直处于区域经济发展的第

一等级，主要是由呼包两市的经济基础决定的。新中国成立以来，呼和浩特和包头市是自治区主要的经济中心。呼和浩特在20世纪50年代建立了以纺织业、钢铁、机床厂、电力为主的工业体系，形成了较好的工业基础。改革开放后，随着企业兼并重组，老产业逐渐衰落，而新型产业不断发展，逐渐形成乳业、电力、服装、电子产品等主导产业，带动着城市经济的不断发展。包头市在20世纪50年代建立了包头钢厂、纺织厂、军工企业、铝厂等重工业企业，形成了稳定的工业基础。改革开放后，主导产业得到进一步发展，黑色金属冶炼、有色金属冶炼、电力、装备制造业得到快速发展。因此，呼和浩特和包头市的经济优势，主要是由工业基础决定的。

在计划经济年代，鄂尔多斯和榆林市一直以农业为主，经济相对落后。从20世纪90年代开始，煤炭产业开始发展，但是受计划经济体制影响，煤炭产业发展缓慢。从2002年开始，受煤炭价格上涨影响，煤炭产业快速发展，成为两市的主导产业。

（2）资源因素

呼包鄂榆经济差异的另一个显著因素是资源差异，资源富集的程度和资源开采量，影响了区域经济的发展水平。从区域经济差异中可以看出，煤炭资源丰富的地区，也是经济总量高的区域，两者呈现明显的对应关系。区域GDP值高的县（旗、区）中，除了城市辖区外，主要是煤炭产量高的县（旗、区）。2012年，两者的相关系数达到0.903，在0.01水平上显著相关，说明资源开采量对经济有显著影响。两者的对应关系如表6-1所示。

表6-1 呼包鄂榆境内主要产煤县（旗）2012年煤炭产量①和GDP的对应关系

县（旗）名称	煤炭产量（万吨）	全国排名	GDP（亿元）
准格尔旗	28050.48	1	1000.40
神木县	22098.97	2	1003.90
伊金霍洛旗	17201.15	3	635.61

① http：//www.coalchina.org.cn/detail/13/09/25/00000017/content.html（2014.5.20）

续表

县（旗）名称	煤炭产量（万吨）	全国排名	GDP（亿元）
东胜区	9810.15	5	850.34
达拉特旗	6151.30	7	451.46
府谷县	5269.07	9	450.52
榆阳区	3898.82	16	401.09
鄂托克旗	2724.82	24	382.07
土默特右旗	1578.38	55	285.13

（3）行政区经济的影响

呼包鄂榆区域差异的另一个原因是行政区经济的影响，表现在县（旗、区）政府对地方经济的投入越大，对地方经济的带动作用越明显。以政府支出代表地方政府的投入，政府支出与当地 GDP 呈现明显的相关关系。图 6-5 所示为两者相关系数的年度变化曲线。

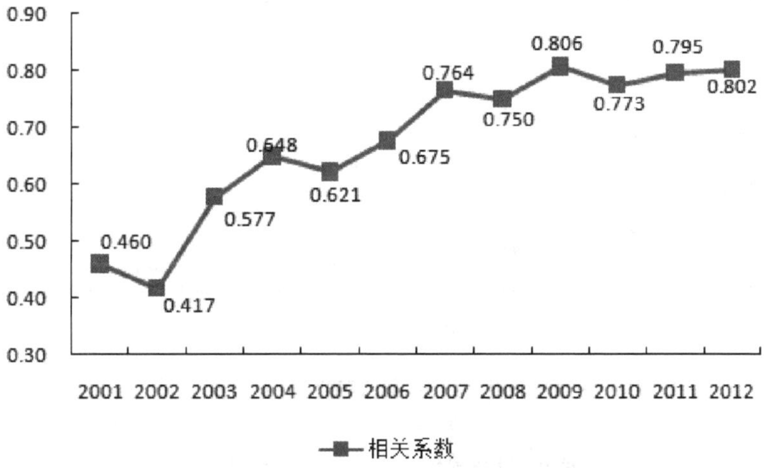

图 6-5　呼包鄂榆县（旗、区）财政支出和 GDP 相关系数的年度变化

相关系数图表明，地方政府的财政支出与地方 GDP 的相关系数逐年升高，2001 年和 2012 年低于 0.5，从 2003 年到 2012 年相关系数一直大于 0.5，2006 年以后一直大于 0.7，说明两者的相关程度逐渐加深。地方财政支出中只有一部分作为投资，用于城市及工业园区的基础设施建设，但是这种投资的带动效果还是十分明显的，对于引进企业、增加区域生产总值起到了带动作用。

二、呼包鄂榆产业结构的分析

（一）呼包鄂榆三次产业结构的变化

呼包鄂榆整个区域三次产业结构的变化相对稳定。图 6-6 是呼包鄂榆三次产业结构变化图，图中第二产业的比重有小幅波动，基本稳定在 50%~60%之间；第三产业比重也有波动，稳定在 35%~45%之间；第一产业比重逐年下降，从 2001 年的 10.69%下降到 2012 年的 3.55%。呼包鄂榆的产业结构变化情况说明区域处于稳定的工业化过程中。

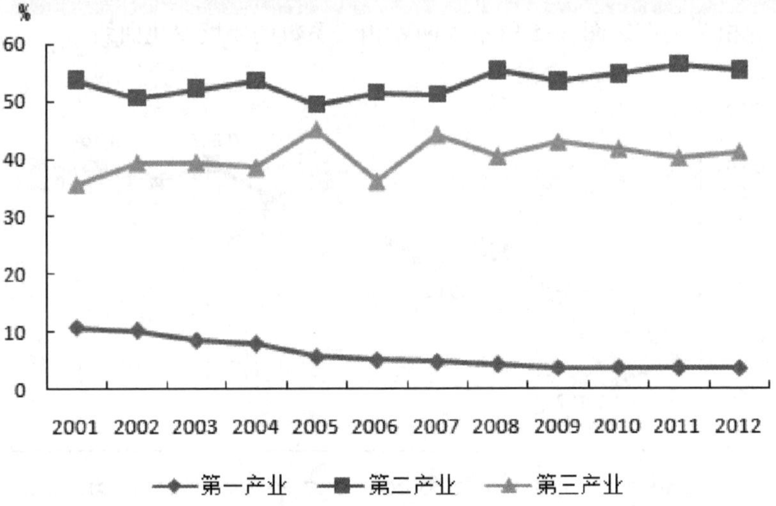

图 6-6　呼包鄂榆地区三次产业结构的变化

四个市三产比例的变化也有不同（如图 6-7）。呼和浩特的三产比例 2001 年为“二三一”型，2002—2012 年为“三二一”型，而且第三产业的比重有逐渐加大的趋势，形成以第三产业为主的产业结构。包头市产业结构为“二三一”型，以第二产业为主，第三产业比重也呈逐渐加大的趋势。鄂尔多斯产业结构为“二三一”型，以第二产业为主，从2001年到2005年第二产业比重下降，第三产业比重上升，2005年以后第二产业比重上升，第三产业比重下降。榆林市三产结构的变化趋势是，以第二产业为主，而且一直呈上升趋势，第三产业和第一产业的比重在逐步下降。

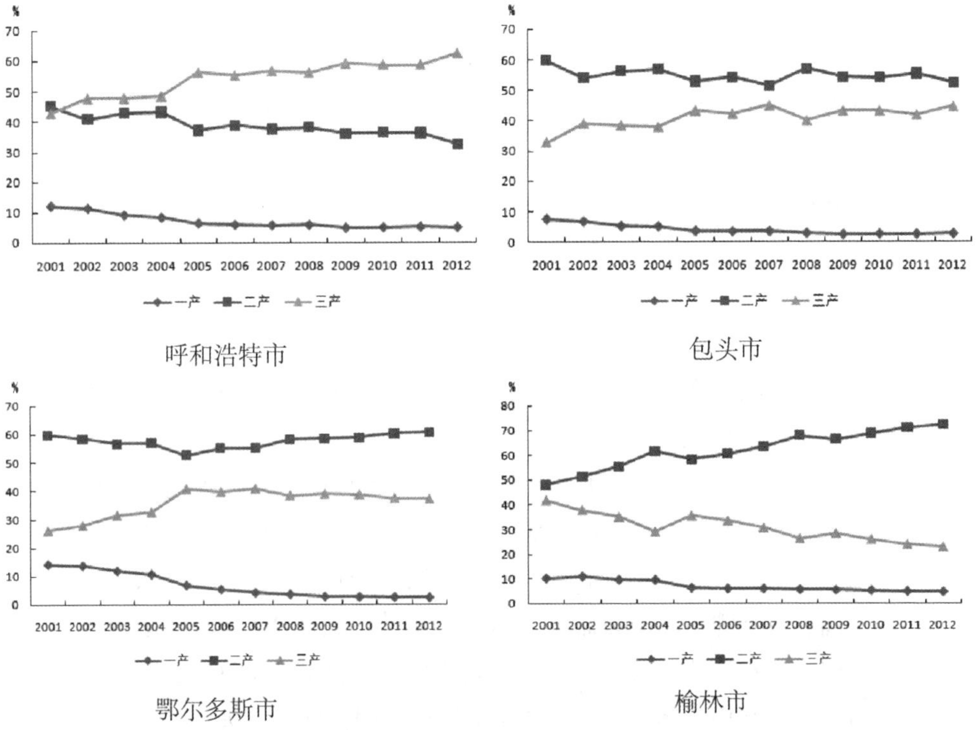

图6-7　呼包鄂榆各城市产业结构的年度变化

从四个城市三次产业结构上看，呼包鄂榆已经形成了地域的产业分工。呼和浩特已经成为区域服务中心，包括公共服务业和现代服务业，而包头市、鄂尔多斯市和榆林市都以第二产业为主，是区域工业中心。三个工业城市的产业类型也不相同，包头市是重工业城市，鄂尔多斯市和榆林市是能源型城市。从区域分工的角度看，呼包鄂榆已经具备了初步的分工基础，为区域一体化的发展奠定了良好的基础。

（二）呼包鄂榆工业产业结构的分析

为了明确呼包鄂榆工业产业一体化的发展方向和目标，需要进一步分析呼包鄂榆工业产业的分工程度。分析工业产业分工程度，一般采用产业结构相似系数和工业产品变异系数。

产业结构相似系数的计算公式如下：

$$S_{ij}=\sum\ (X_{ik}\times X_{jk})\ /\sqrt{\sum X_{ik}^2\sum X_{jk}^2} \tag{6-2}$$

式中：S_{ij}为两区域产业结构的相似系数，式中 X_{ik} 和 X_{jk} 分别为 i 区域和 j 区域第 k 种产业部门在本区产业结构中所占比重。S_{ij}值介于 0 ~1 之间，数值越大两个区域产业结构越相似，数值越小两个区域产业结构越不同。

产品结构变异系数的计算公式如下：

$$P_i=\frac{\sigma_i}{\bar{x}_i} \tag{6-3}$$

式中：P_i 是第 i 种产品的变异系数，σ_i 是第 i 中产品产量的标准差，$\bar{x}_i$ 是第 i 种产品产量的平均值。

以 2012 年呼包鄂榆的分行业工业产值为样本，计算呼包鄂榆产业结构的相似系数。计算结果如表 6-2 所示，城市之间产业结构相似系数平均值只有 0.346，说明呼包鄂榆之间产业结构相似程度低。地区之间，只有鄂尔多斯和榆林之间相似系数达到 0.943，产业结构非常相似。呼和浩特和其他三个市之间相似系数都低于 0.3，说明呼和浩特的产业结构与其他三市的产业结构相似程度低。包头市与鄂尔多斯、榆林市的产业结构相似系数都低于 0.2，说明包头市与鄂尔多斯、榆林的产业结构差距比较大。总体来看，呼包鄂榆区域中，鄂尔多斯和榆林产业结构相似程度高，其余城市之间产业结构相似程度都较低，说明区域内地区之间产业发展具有独立性，也说明呼包鄂榆城市之间已经形成区域的工业分工格局。

表 6-2 呼包鄂榆地级市之间产业结构相似系数

呼市—包头	呼市—鄂尔多斯	呼市—榆林	包头—鄂尔多斯	包头—榆林	鄂尔多斯—榆林	平均值
0.283	0.238	0.289	0.155	0.169	0.943	0.346

以2011年呼包鄂榆主要工业产品产量为样本，计算工业产品产量的变异系数，用以反映工业产业结构的差异。计算结果如表6-3所示。

表 6-3 2011 年呼包鄂榆主要工业产品产量变异系数分析

	产品	单位	产量				平均值	标准差	变异系数
			榆林	呼和浩特	包头市	鄂尔多斯			
1	原煤	万吨	28355	1076	1963.22	58793.75	22546.99	23623.38	1.048
2	原油	万吨	1982.6	125	0	0	526.90	842.00	1.598
3	天然气	亿立方米	120.8	0	0	248.6	92.35	102.81	1.113
4	铁矿石	万吨	0	243.34	2162.52	0	601.47	906.73	1.508
5	原盐	万吨	41.9	0	0	5.33	11.81	17.51	1.483
6	精甲醇	万吨	132.13	14.18	164.07	0	77.60	71.58	0.922
7	合成氨	万吨	2.35	26.83	0	0	7.30	11.32	1.552
8	原油加工量	万吨	305.03	0	0	0	76.26	132.08	1.732
9	兰炭	万吨	1470.75	0	0	0	367.69	636.85	1.732
10	洗煤	万吨	1648.3	0	568.39	1831.14	1011.96	757.76	0.749
11	机制纸	吨	0	2.95	0	0	0.74	1.28	1.732
12	电石	万吨	108.92	11.46	11.95	0	33.08	44.05	1.331
13	水泥	万吨	301.21	728.7	442.47	973.8	611.55	259.73	0.425
14	白酒	千升	2290.3	4853	10196	35394.7	13183.50	13136.99	0.996
15	啤酒	万千升	0	0.49	15.86	0	4.09	6.80	1.664
16	玻璃	万重量箱	839.58	0	364.04	0	300.91	344.69	1.146
17	发电量	亿千瓦时	396.77	398.87	353.26	557.44	426.59	77.71	0.182
18	金属镁	万吨	24.2	0.2567	0	0	6.11	10.44	1.708

续表

	产品	单位	产量				平均值	标准差	变异系数
			榆林	呼和浩特	包头市	鄂尔多斯			
19	氮肥	万吨	1.81	16.91	0	67.85	21.64	27.47	1.269
20	铁合金	万吨	25.38	0.89	61.65	58.95	36.72	25.14	0.685
21	氢氧化钠	万吨	37.83	0	0	2094	532.96	901.40	1.691
22	中成药	吨	155	369	1292	0	454.00	501.25	1.104
23	醋酸	万吨	2.35	0	0	0	0.59	1.02	1.732
24	食用植物油	万吨	4.6	1.15	1.25		2.33	1.60	0.687
25	小麦粉	万吨	0	0	31	0	7.75	13.42	1.732
26	聚录乙烯	万吨	45.6	0	0	0	11.40	19.75	1.732
27	糖	万吨	0	0	0.44	0	0.11	0.19	1.732
28	液体乳	万吨	0	176.41	39.4	0	53.95	72.51	1.344
29	乳制品		0	188.23	0	0	47.06	81.51	1.732
30	焦炭	万吨	0	53.5	550.65	611.42	303.89	278.62	0.917
31	钢	万吨	0	0	1176.53	0	294.13	509.45	1.732
32	生铁	万吨	0	0	1187.98	14.56	300.64	512.34	1.704
33	钢材	万吨	0	0	1187.29	0	296.82	514.11	1.732
34	铝锭	万吨	0	0	101.71	0	25.43	44.04	1.732
35	汽车	辆	0	0	30417	6064	9120.25	12542.43	1.375
36	烧碱	万吨	0	0	0	33.16	8.29	14.36	1.732
37	羊绒衫	万件	0	0	0	1360.21	340.05	588.99	1.732
38	硅铁	万吨	0	0	0	42.09	10.52	18.23	1.732
39	卷烟	万箱	0	37	0	0	9.25	16.02	1.732
40	硫酸	吨	0	0	82945	0	20736.25	35916.24	1.732
41	毛机织物	万米	0	0	3	7.4	2.60	3.03	1.165
42	布	万米	0	9900	909	0	2702.25	4172.16	1.544
43	服装	万件	0	336	114	0	112.50	137.17	1.219
44	纸制品	万吨	0	17.95	62.27	0	20.06	25.45	1.269

续表

	产品	单位	产量				平均值	标准差	变异系数
			榆林	呼和浩特	包头市	鄂尔多斯			
45	塑料	万吨	0	16.85	52.42	0	17.32	21.40	1.236
46	石墨制品		0	0	22.12	0	5.53	9.58	1.732
47	原铝	万吨	0	0.0496	101.71	0	25.44	44.03	1.731
48	黄金	千克	0	0	1368	0	342.00	592.36	1.732
49	稀土	吨	0	0	77.59	0	19.40	33.60	1.732
50	铝合金	万吨	0	0	8.36	0	2.09	3.62	1.732
51	采矿专用设备	万台	0	0	1.34	0	0.34	0.58	1.732
52	挖掘运输机械	台	0	0	130	0	32.50	56.29	1.732
53	铁路货车	辆	0	0	4013	0	1003.25	1737.68	1.732
54	煤气生产量	亿立方米	0	0	194.6	0	48.65	84.26	1.732
55	自来水生产量	万立方米	0	26169	41361	0	16882.50	17716.33	1.049
56	电子元件	万只	0	107176	0	0	26794.00	46408.57	1.732
57	电视机	万台	0	261.1	0	0	65.28	113.06	1.732
	变异系数平均值								1.446

注：数据来源于呼和浩特市统计年鉴 2012、包头市统计年鉴 2012、鄂尔多斯市统计年鉴 2012 和榆林市统计年鉴 2012。

呼包鄂榆地区 57 种工业产品的变异系数平均值为 1.446，说明地区之间工业产品差异很大，工业产业结构有明显不同。变异系数大于 1.446 的工业产品有原油、铁矿石、原盐、稀土、乳制品、钢、铁、钢材、铝、烧碱、羊绒衫、硅铁、卷烟、铝合金、采矿专用设备、挖掘运输机械、铁路货车、电子元件、电视机等 36 种产品，占总数的 63%，说明在工业产品上，地区之间工业产业差距明显。其中，包头市主要在黑色金属、有色金属、稀土、装备制造业（采矿专用设备、挖掘运输机械、铁路货车）等产业上具有优势，呼和浩特在化工、乳制品、卷烟、布、服装、电子元件和电视机行业中具有优势，鄂尔多斯在煤炭、天然气、原盐、洗煤、氢氧化钠、焦炭、烧碱、羊绒衫、硅铁等方面具有优势，榆林市在原煤、原油、天然气、原油加工量、兰炭、金属镁、聚录乙烯等产业方面具有优势。

部分产业对每个城市都是主导产业，其变异系数比较低，说明各个城市都发展了这些产业。如电力产业是每个城市的主导产业，变异系数仅为0.182，属于各地区发展水平相近的竞争产业，类似产业还有精甲醇、水泥、白酒、铁合金、食用植物油、自来水生产等产业。

（三）呼包鄂榆主导产业分析

为了定量分析呼包鄂榆主导产业在全国的地位，我们采用区位商的分析方法分析呼包鄂榆的主导产业。区位商计算公式如下：

$$\beta_{ij}=\frac{q_{ij}/\sum q_{ij}}{q_i/q} \tag{6-4}$$

式中：β_{ij}是j地区i产业的区位商，q_{ij}是j地区i产业的产值；$\sum q_{ij}$是j地区的工业总产值；q_i是全国i产业的产值，q是全国工业总产值。区位商是指一个地区某个产业的比重与全国某个产业比重的比值，可以评价一个地区某个产业的专业化程度。区位商值大于1，说明该产业的专业化程度较高；小于1，说明该产业的专业化程度较低。

以2011年呼包鄂榆规模以上工业产值数据计算呼包鄂榆的各行业在全国工业行业中的区位商，计算结果如表6-4所示。

呼包鄂榆区域的产业区位商中，优势产业是煤炭开采和洗选业、石油和天然气开采业、黑色金属矿采选业、食品制造业、石油炼焦及核燃料加工业、黑色金属冶炼及压延加工业、热力生产和供应业、燃气生产和供应业。

呼和浩特的优势产业是：煤炭开采和洗选业、非金属矿采选业、食品制造业、造纸及纸制品业、化学原料及化学制品制造业、医药制造业、电力热力的生产和供应业、燃气生产和供应业以及水的生产和供应业。

包头市的优势产业是：煤炭开采和洗选业、黑色金属矿采选业、黑色金属冶炼及压延加工业、有色金属冶炼及压延加工业、专用设备制造业、交通运输设备制造业、电力热力的生产和供应业、燃气生产和供应业。

鄂尔多斯的优势产业是：煤炭开采和洗选业、石油和天然气开采业、非金属矿采选业、石油炼焦及核燃料加工业、燃气生产和供应业。

榆林市的优势产业是：煤炭开采和洗选业、石油和天然气开采业、石油炼焦及核燃料加工业、电力热力的生产和供应业。

表 6-4　2011 年呼包鄂榆及各地区工业产业的区位商

工业行业	呼包鄂榆	呼和浩特	包头	鄂尔多斯	榆林
煤炭开采和洗选业	10. 507	1. 306	1. 386	18. 879	13. 141
石油和天然气开采业	5. 660	0. 309	0	6. 113	12. 853
黑色金属矿采选业	1. 506	0	5. 620	0	0
有色金属矿采选业	0. 151	0	0. 555	0	0
非金属矿采选业	0. 768	1. 400	0. 553	1. 161	0. 252
农副食品加工业	0. 321	1. 085	0. 204	0. 355	0. 067
食品制造业	1. 563	10. 600	0. 885	0. 041	0. 224
饮料制造业	0. 300	0. 773	0. 318	0. 175	0. 220
烟草制品业	0. 447	3. 736	0	0	0
纺织业	0. 427	0. 975	0. 168	0. 797	0
纺织服装、鞋、帽制造业	0. 044	0. 105	0. 029	0. 014	0. 074
皮革、毛皮、羽毛（绒）及其制品业	0. 009	0	0	0	0. 026
木材加工及木、竹、藤、棕	0. 028	0	0. 086	0. 012	0
家具制造业	0. 033	0. 236	0	0	0
造纸及纸制品业	0. 412	2. 737	0. 326	0. 009	0. 006

续表

工业行业	呼包鄂榆	呼和浩特	包头	鄂尔多斯	榆林
印刷业和记录媒介的复制	0.087	0.160	0.206	0.035	0
文教体育用品制造业	0.026	0	0	0	0.05
石油加工、炼焦及核燃料加工业	1.424	0.982	0.039	1.204	3.211
化学原料及化学制品制造业	0.756	1.370	0.491	0.895	0.585
医药制造业	0.503	3.713	0.015	0.156	0.024
橡胶制品业	0.023	0.020	0.071	0	0.017
塑料制品业	0.141	0.280	0.363	0.032	0
非金属矿物制品业	0.351	0.654	0.563	0.265	0.124
黑色金属冶炼及压延加工业	1.132	0.239	4.006	0.018	0.075
有色金属冶炼及压延加工业	1.070	0.602	3.221	0.064	0.400
金属制品业	0.242	0.154	0.811	0.015	0
通用设备制造业	0.227	0.254	0.688	0.035	0.003
专用设备制造业	0.630	0.277	2.091	0.099	0.002
交通运输设备制造业	0.388	0.008	1.394	0.027	0.014
电气机械及器材制造业	0.149	0.181	0.451	0.022	0
通信设备、计算机及其他	0.057	0.429	0.022	0	0
仪器仪表及文化、办公用品	0.011	0	0.043	0	0
工艺品及其他制造业	0.153	0.629	0.292	0	0.004
废弃资源和废旧材料回收加工业	0.064	0	0.193	0.035	0

续表

工业行业	呼包鄂榆	呼和浩特	包头	鄂尔多斯	榆林
电力、热力的生产和供应业	1.425	3.725	1.332	0.799	1.295
燃气生产和供应业	1.773	3.552	1.163	2.73	0.446
水的生产和供应业	1.003	3.683	0.96	0.523	0.423

根据2011年呼包鄂榆规模以上工业分行业产值，可以看出呼包鄂榆整个区域及四个地级市产业的集中程度。

呼包鄂榆地区的主导产业排在前8位的是煤炭开采和洗选业（35.99%）、石油和天然气开采业（8.64%）、黑色金属冶炼及压延业（8.59%）、电力热力的生产和供应业（7.99%）、石油炼焦及核燃料业（6.22%）、化学原料及化学制品业（5.45%）、有色金属冶炼及压延业（4.55%）、交通运输设备制造业（2.91%）。前六位的产业占到区域工业总产值的72%，说明区域内产业发展是比较集中的。前六位的产业中，电力产业在四个地区前六位都出现，化学原料和化学制品业、石油炼焦产业在三个地区都出现，说明主导产业在不同地区有一定的重复性。

呼包鄂榆四个地区主导产业的集中程度也不相同。前六位的产业占工业总产值的比重，呼和浩特为65.12%，包头市为73.75%，鄂尔多斯为93.28%，榆林市为91.84%。呼和浩特产业集中程度相对较低，说明产业多样化发展程度较好。而鄂尔多斯市和榆林市产业集中程度高，经济发展高度依赖主导产业。包头市产业集中程度也比较高，介于呼和浩特和鄂尔多斯之间。

表6-5 呼包鄂榆地区的主导产业（2011年）

地区	主导产业
呼和浩特	电力热力的生产和供应业（20.90%）；食品制造业（17.64%）；化学原料及化学制品业（9.87%）；医药制造业（6.57%）；农副食品加工业（5.67%）；煤炭开采和洗选业（4.48%）；石油炼焦及核燃料业（4.29%）。

续表

地区	主导产业
包头	黑色金属冶炼及压延业（30.40%）；有色金属冶炼及压延业（13.70%）；交通运输设备制造业（10.45%）；电力热力的生产和供应业（7.47%）；专业设备制造业（6.48%）；黑色金属矿采选业（5.26%）；煤炭开采和洗选业（4.75%）。
鄂尔多斯	煤炭开采和洗选业（64.67%）；石油和天然气开采业（9.33%）；化学原料及化学制品业（6.45%）；石油炼焦及核燃料业（5.26%）；电力热力的生产和供应业（4.48%）；纺织业（3.08%）。
榆林	煤炭开采和洗选业（45.01%）；石油和天然气开采业（19.62%）；石油炼焦及核燃料业（14.03%）；电力热力的生产和供应业（7.26%）；化学原料及化学制品业（4.21%）；有色金属冶炼及压延业（1.70%）。

三、呼包鄂榆工业产业分布的分析

（一）呼包鄂榆工业产业的空间分布特点

呼包鄂榆工业产业分布的特点是大均衡、小集聚，大均衡是指区域内每个县（旗、区）都有至少一个工业区，小集聚是指在主要城市、煤炭主产区工业园区集聚，一般至少有三个到六个，甚至更多。工业园区的分布见第四章的图4-5。

为了进一步说明工业产业类型分布情况，把呼包鄂榆工业园区按主要产业类型进行划分，得到工业园区产业类型分布图，反映了工业产业分布的状况（如图6-8）。

图中不同工业类型的工业园区分布特点有很大差异。按照区域主导产业的顺序，分别分析如下：

煤炭开采洗选业、石油和天然气开采业主要分布在资源分布区。煤炭开采洗选业主要分布在准格尔旗、神木县、东胜区、伊金霍洛旗、榆阳区、鄂托克旗、达拉特旗，石油开采业主要分布在靖边县、横山县和子洲县，天然气开采业主要分布在乌审旗、定边县和靖边

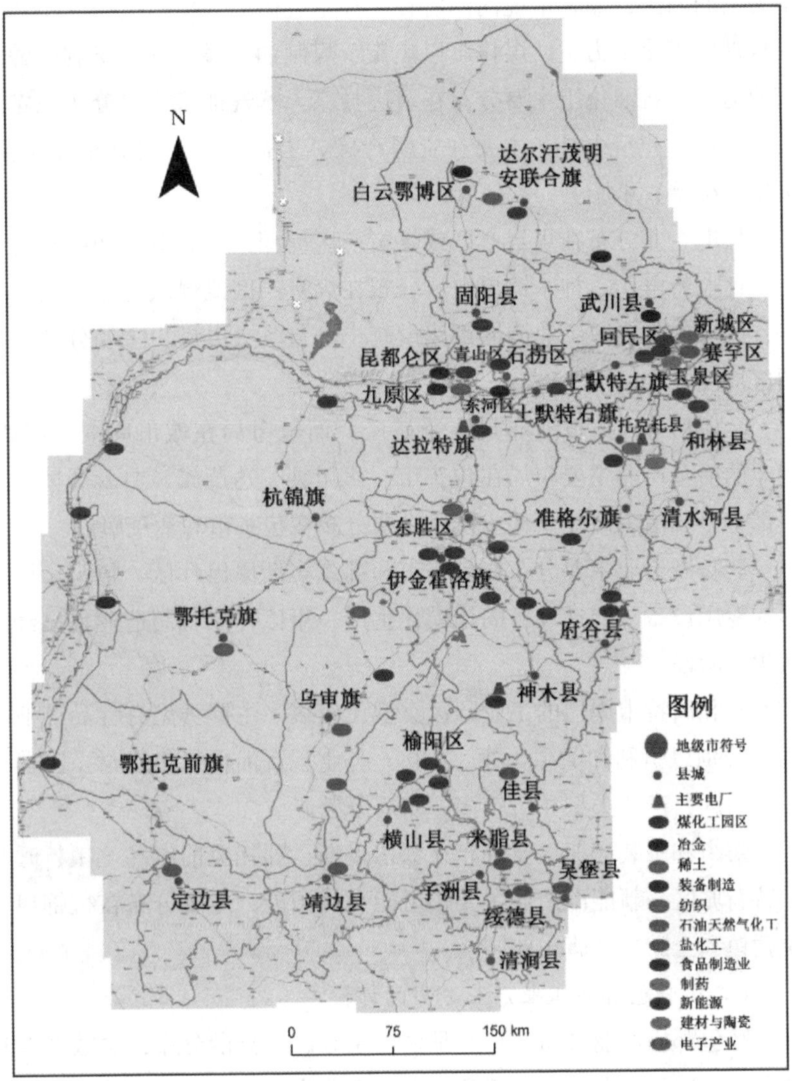

图 6-8 呼包鄂榆工业园区主导产业类型分布图

县，铁矿石开采业主要分布在白云鄂博和武川县，稀土开采业主要分布在白云鄂博。

资源加工产业主要分布在资源产地和城市加工区。如煤化工产业的分布在区域内最为分散，鄂尔多斯境内大多数工业园区都是以煤化工为主的园区，榆林市境内的府谷、神木、榆阳和横山境内的工业园区也都以煤化工为主。煤化工以焦炭、煤制油、煤制气、煤制甲醇等产业为主。石油化工主要分布在靖边县，天然气加工主要分布在定边县、乌审旗和靖边县，主要在资源产区。岩盐加工主要分布在佳县、吴堡、绥德、米脂县。

煤电企业分布在煤炭产区或煤炭产区周围，大型电厂如托克托电厂、达拉特电厂、神木锦界电厂分布在煤炭产区或煤炭产区附近。此外，区域内大多数工业园区都建设有小型自备火电厂，主要分布在各园区周围。

金属冶炼产业没有布局在采矿区，而是布局在城市周围。钢铁、铝业的冶金产业主要布局在包头市。武川县、达茂旗、白云鄂博也有一部分金属冶炼产业。稀土产业主要分布在包头市和达茂旗。

装备制造业主要分布在包头市和鄂尔多斯康巴什区，包头市已经形成专用设备、交通设备的规模化生产，康巴什装备制造业也已经进入生产阶段。

呼和浩特市周边的工业园区类型比较多。主要类型有食品产业园区（分别以伊利和蒙牛为主）、电子产业、石油化工、建材、医药产业等园区，产业类型相对较多，布局分散。

纺织和服装产业主要分布在鄂尔多斯、鄂托克前旗乌兰镇、呼和浩特新城区。新能源产业主要指风能和太阳能，主要分布在杭锦旗巴拉贡镇和土默特右旗工业园区。

（二）呼包鄂榆工业产业分布的评价

呼包鄂榆产业分布的特点是多数主导产业分散分布，少数产业集中分布。这种分布格局是资源分布、产业指向性、产业延伸和行政区经济等因素共同作用的结果。

（1）资源分布的影响

资源开采业占到区域工业总产值的44.63%，是区域中的主导产业，主要矿产种类包括煤炭、天然气和石油。资源开采业主要受资源的分布影响。呼包鄂榆的煤炭资源主要分布在鄂尔多斯的四大煤田，即鄂东煤田（准格尔煤田）、鄂西煤田（西卓子山煤田）、鄂北煤田

(杭锦旗煤田) 和鄂南煤田 (东胜、伊金霍洛旗煤田),榆林市的神府煤田 (神木、府谷、榆阳区和横山县)。石油主要分布在横山、子洲县和靖边县。天然气主要分布在乌审旗和定边县。铁矿石主要分布在白云鄂博和武川县。稀土主要分布在白云鄂博。资源开采业主要分布在资源产地。

(2) 产业布局指向性

产业布局指向性是指受某种因素的吸引,企业相应地指向某个区位。呼包鄂榆的工业企业可以分为资源指向型、城市指向型、优惠条件指向型,所以产业分布的指向性表现为多样化特征。如煤化工企业是资源指向型,大多数分布在煤炭产地,冶金是城市指向型,分布在包头市,装备制造业是技术指向型,应当分布在包头市或呼和浩特市区,实际分布在包头市和鄂尔多斯市,在鄂尔多斯市的分布是优惠政策导致的。大型食品加工业是市场指向型,主要分布在城市周围,如呼和浩特市的乳业。从工业的布局指向性上看,呼包鄂榆的产业分布具有一定的合理性。

(3) 产业延伸发展的影响

随着产业的不断发展,产业链会逐渐地延伸、升级,形成新的下游产业。一般来说,为减少运输成本,新的下游产业会在原有产业附近布局。呼包鄂榆地区产业延伸主要是包头市在原有钢材加工基础上,形成了装备制造业,包括通用设备、专业设备、交通设备和电气机械及器材制造业。这些产业主要分布在包头市,接近包头钢厂。在煤炭产地周围延伸出其他煤炭产业,如煤炭发电、煤炭化工,如煤化工主要分布在准格尔旗、达拉特旗、鄂托克旗、神木县,煤电产业主要分布在托克托县 (靠近准格尔旗)、达拉特旗、神木县、吴堡县 (靠近神木县)。

(4) 行政区经济的影响

尽管从资源指向性的角度看,呼包鄂榆的煤化工产业分布具有一定的合理性,但是呼包鄂榆境内的煤化工产业分布明显过于分散。基本上,鄂尔多斯和榆林市煤炭产区的县 (旗、区) 都有至少一个煤化工产业园区。这种分布方式明显具有行政区经济的特点,各个行政区为了完成行政区经济发展任务，都依托煤炭资源建设煤化工工业园区，导致煤化工产业分散发展。从经济发展的空间角度看，这种分布不利于产业集群的形成，不利于产业的升级和产业延伸，不能形成规模效益，对产业的长期发展是不利的。而且分散分布造成重复建设、产业同构、投资效率低下等经济问题。

因此，对产业的空间布局需要进行合理的空间调整，以促进区域分工、产业集聚和产业集群的形成，从而形成规模经济。规模经济一方面有助于产业信息交流、产业竞争，促进产业升级；另一方面可形成规模效益，形成区域的产业竞争力。

第二节　呼包鄂榆产业结构一体化

一、呼包鄂榆产业结构存在的问题分析

（一）工业化过程处于以重化工为主的阶段

根据霍夫曼定理，在工业化进程中霍夫曼比例（消费资料工业的净产值和资本资料工业的净产值比）是不断下降的，工业化阶段的演变过程是由以初级产品制造业为主向以中间产品和终端产品制造业为主演进。根据工业化演变理论，工业化可分为三个阶段：第一阶段是以轻工业为中心的发展阶段，工业化过程是从纺织、粮食加工等轻工业起步的。第二阶段是以重化工业为中心的发展阶段，工业以化工、冶金、金属制品、电力等重、化工业为主。第三阶段是工业高加工度化的发展阶段，工业对原材料的依赖程度明显下降，机电工业的增长速度加快，原材料的加工链条越来越长，零部件等中间产品比重迅速增加，产品技术含量和附加值大大提高，工业发展对技术装备的依赖大大提高，深加工业、加工组装业成为工业内部最重要的产业。

呼包鄂榆地区目前以原材料开采、化工、冶金、电力等为主要产业，工业化过程正处于典型的第二阶段，已经完成了工业化的初始阶段，其发展方向是工业化第三阶段。从第三产业的特征上看，呼包鄂

榆工业发展未来主要要增加工业的技术含量、发展机电工业、延长产业链条、增加中间产品生产、发展深加工和加工组装业。

（二）产业资源依赖程度高

呼包鄂榆地区的主导产业大多数是资源依赖型产业。从整个地区看，前 7 位产业都是资源依赖型产业，产值比重很高，达到 77.43%。其中煤炭开采、石油天然气开采、黑色金属冶炼、有色金属冶炼四个产业的比重，就达到 57.77%。

4 个地区的产业资源依赖程度不同，其中鄂尔多斯仅煤炭开采、天然气开采两项的产值就占工业总产值的 77%，资源依赖程度最高；榆林市煤炭开采、石油天然气开采两项占工业总产值的 64.63%，资源依赖程度第二；包头市黑色金属冶炼、有色金属冶炼、黑色金属矿采选业、煤炭开采和洗选业四项的比重达到 54.11%，资源依赖程度也较高。呼和浩特产业中，如果仅把煤炭开采业作为资源依赖产业，比重仅为 4.48%，资源依赖程度低。如果将电力和石油化工业作为资源产业（包头市、鄂尔多斯市和榆林市没有计算这两项）计入，比重为也仅为 29.67%，资源依赖程度低。

资源依赖型经济的主要问题是：主导产业的单一化、经济结构的重型化和产品的初级化；生产要素集中投入到资源产业中，限制了其他产业的发展；资源依赖产生的路径依赖导致经济转型困难；资源依赖导致创新投入低，创新能力不足，创新型产业发展受到限制；资源开采导致对地表、地下自然环境的破坏，使生态恢复的社会成本巨大。

资源依赖型经济受资源价格的波动影响剧烈，资源价格的跌落，会导致经济发展明显减慢，出现经济“衰退”现象。从 2012 年开始，我国煤炭价格明显回落，鄂尔多斯市和榆林市经济受到严重冲击。鄂尔多斯经济增长速度从 2010 年的 19.2%下降到 2013 年的 9.3%，排在内蒙古自治区最后。榆林市的经济增长速度同样也从 2010 年的 18.3%下降到 2013 年的 8.8%。持续减弱的经济发展，导致开工不足、就业岗位减少、失业率上升、工人收入降低等一系列社会问题。因此，减少资源依赖、发展多元经济是改变区域经济发展态势的必经之路。

（三）产业延伸明显不足

呼包鄂榆的产业多数属于短线产业，产业链延伸明显不足。区域内产值在前8位的主导产业中，原材料开采和初级加工的产业（煤炭开采、石油天然气开采）产值占到工业总产值的44.63%，原料经过初步加工的产业（黑色金属冶炼、有色金属冶炼、电力热力）产值占工业总产值的21.13%，两者合计达到65.76%。延伸产业比重较低。

呼包鄂榆四个城市产业延伸的发展情况也不相同。包头市的产业延伸相对较好。钢铁产业加快产品结构调整，引入高附加值的钢材产品生产。稀土产业实施新产品开发，新建了永磁风力发电机、稀土永磁电机、核磁共振设备和磁悬浮管道等高新技术项目。装备制造业在已有的铁路装备、重车装备、机电装备、风电装备、石油装备等产业基础上，又引进了化工装备、矿产装备、冶金装备、核电装备和新能源装备等产业。铝产业在原来煤—电—铝产业链条的基础上，又增加了铝轮毂、铝箔和铝合金汽车零部件发展四类加工产业。产业发展逐渐丰富，中间产品和机电产品比重逐渐增加，符合工业发展阶段变化的规律。

鄂尔多斯市的产业以煤炭开采和洗选业为主，占到工业总产值的64.67%，其他区位商较高的产业由于煤炭产业一支独大发展受到挤压。在煤炭资源和天然气资源开采基础上，延伸出煤炭化工和天然气化工。煤化工产业主要是炼焦、煤制油、煤制气、煤制甲醇、煤制化肥、煤制乙二醇、煤制烯烃、甲醇制烯烃等产业。鄂尔多斯也积极发展装备制造业，先后引进了华泰汽车、吉利汽车、多晶硅等产业。呼包鄂榆在煤炭开采产业基础上，进行了煤炭化工延伸，但是在煤炭化工基础上没有进一步的延伸。

榆林市的产业发展和鄂尔多斯极为相似，也是在煤炭和天然气基础上，发展了煤化工和天然气化工产业。榆林市有石油资源，相应地发展了石油化工。榆林市南部六县在岩盐开发基础上，发展了盐化工。

呼和浩特由于矿产资源优势不明显，加工业主要依托首府人力、科技、基础设施的良好环境和农副产品，发展了食品制造业、纺织业、医药制造业、生物制药、造纸及纸制品业、现代服务业等产业。这些产业的延伸也明显不足。

总体来看，呼包鄂榆的产业链延伸仅包头市形成较好的发展态势，呼和浩特、鄂尔多斯和榆林市的产业链相对较短，下游产业没有得到较好的发展。产业链短，产品结构单一，难以在地区之间形成产业的合作关系，产业一体化发展处于初始阶段。

（四）区域之间产业相似度低

呼包鄂榆四个地区之间工业产业结构相似系数，除鄂尔多斯和榆林之间数值较高外，其余地区之间的数值都很低，说明呼包鄂榆产业结构之间仅有少数的产业是相似的，大多数产业相互独立。

呼包与鄂榆产业结构相似程度低的原因是产业发展的基础不同，形成的产业类型也不同。包头市的产业基础是在钢铁产业基础上形成的，产业发展轨迹是从冶金开始，形成冶金—钢材—装备制造的产业链；鄂尔多斯和榆林都是在能源资源基础上发展起来的，形成资源开采—炼焦—化工产业链；而呼和浩特的产业发展依托的是首府的人力、科技资源，在毛纺、机电基础上发展了食品业、化工业和医药业。发展基础的差异，导致了产业结构的差异。

少数相似的企业，主要是呼包鄂榆依托区域煤炭资源发展的电力产业、化工产业、石油炼焦产业。呼包鄂榆地区依托鄂尔多斯和榆林的煤炭资源，都发展了电力产业。各地大型发电企业有呼和浩特托克托大唐电厂、鄂尔多斯达拉特电厂、包头市华能电厂、榆林锦界电厂等企业，成为我国西电东输的主要电力生产基地。

化学原料及化学制品业、石油炼焦及核燃料业同时是呼和浩特、鄂尔多斯和榆林的主导产业之一，这是呼和浩特和鄂尔多斯市、榆林市相似系数高于包头市和鄂尔多斯、榆林相似系数的原因之一。

但是呼包鄂榆之间不相同的产业占多数。呼和浩特以食品制造业、医药制造业、农副产品加工业为特色产业，包头市以金属冶炼、设备制造业为特色产业，鄂尔多斯和榆林以煤炭、天然气、石油开采为特色，形成不同的产业分区，使产业结构相似系数整体偏低。

（五）产业一体化程度低

呼包鄂榆地区的产业结构特点，使不同地区产业之间的协作、联系程度低，相应的产业一体化程度也较低。

首先，呼包鄂榆的产业处于工业化第二发展阶段的早期，产业结构单一、资源依赖度高、技术含量低，工业发展水平仍处于较低阶段。各地都努力提高本地工业的产业水平，促进产业多元化发展、产业升级和转变经济增长方式，发展的着眼点都在本地区的产业发展上，区域产业合作的发展或产业一体化发展还没有进入各地工业发展的日程，区域产业一体化发展对各行政区而言还没有现实紧迫性。

其次，呼包鄂榆工业已经形成分工，但是区域产业合作并不紧密。呼包鄂榆之间产业相似系数低，除部分产业相似外大多数都不相同，形成相互独立的产业分工。但是这种产业分工是基于地域的资源优势形成的，并不是在产业链上的产业分工，各地的工业之间并没有形成产业上的协作关系，区域产业合作关系十分松散。

最后，呼包鄂榆的多数主导产业没有形成辐射带动作用。在呼包鄂榆的主导产业中，仅有少数产业具有区域带动作用，如呼和浩特的两大乳业集团，原料主要来自呼包鄂及周边地区农村地区，带动了呼包鄂地区的奶牛养殖业。鄂尔多斯的煤炭产业带动了呼市、包头、鄂尔多斯的电力产业发展。但是大多数主导产业的带动作用有限。包头市的装备制造业、鄂尔多斯的煤化工、呼和浩特市的石油化工和医药业等对区域都没有扩散和带动作用。主导产业不能形成辐射带动作用，影响区域之间的合作和一体化的发展。

二、呼包鄂榆产业结构的调整

（一）产业延伸发展和升级发展

呼包鄂榆主导产业的延伸发展主要是主导产业产品的深加工业。产业链延伸的目的是形成丰富的产业环节，避免产业链单一受经济的冲击，形成稳定的经济结构。呼包鄂榆优势主导产业主要有煤炭开采和煤化工业、天然气和石油的开采及化工业、黑色金属和有色金属加工业，延伸产业链要在这些产业基础上发展。在煤化工基础上发展化工产品加工业，在石油和天然气化工基础上发展化工产品加工业，在黑色金属和有色金属冶炼基础上发展金属配件、新材料和机械加工业。

呼包鄂榆除主导产业之外，一些传统产业也应当延伸发展。如纺织业在呼和浩特市建立之初就已经奠定了毛纺织基础。在毛纺织基础上，近年来发展出羊绒纺织、服装产业，并且形成盘古羊绒、蒙霸、西远等服装品牌，形成了纺织—面料—服装的产业延伸。因此应当保持传统产业的发展。

对于新兴产业也应当加大扶持力度，实施产业延伸战略。如装备制造业的产业延伸，在现有的产业基础上，延伸机电设备、机床设备等生产中间环节产品。电子信息产业由组装型向生产加工型转变，由电子元器件向电子终端产品延伸。生物制药产业要加大产品研发投入，建立集研发及生产于一体的产业集群。稀土新材料、精细化工产业、光伏产业、云计算产业在呼包鄂榆已经形成一定的产业基础，在产业一体化发展中，应当对新兴产业实施延伸发展战略，保持新兴产业的发展势头和带动作用。通过产业创新改变增长模式，促进区域产业发展方式的转变。

产业升级包括对现有产业的升级改造和产业结构的升级。对现有产业的升级改造，主要是指依靠科学技术进步，提高生产效率，降低资源和能源消耗，减少废物排放，实施清洁生产和文明消费。呼包鄂榆的主导产业中，煤炭、石油和天然气开采、煤化工、金属冶炼等产业都需要产业升级，以提高产能、降低环境污染为升级要点。

产业结构的升级是指产业结构从低级形态向高级形态转变的过程，经济结构从以第二产业为主，向以第三产业为主的经济结构转变。产业结构升级的方向是从以重化工为主的工业结构向以加工组装为主的工业结构转变，从低附加值的资本密集型产业上升到高附加值的技术密集型产业。因此，呼包鄂榆的产业结构升级首先是工业产业结构的升级，从现在以煤化工、电力、化工为主的工业结构，向以加工组装为主的工业结构转变，因此，呼包鄂榆地区应当针对不同的城市发展不同的机械加工产业。如包头市在装备制造业基础上，发展零配件生产和成套设备生产，逐步形成以装备制造业为主的产业结构。呼和浩特市的产业升级也应当向机械设备方向发展，扶持和发展电力设备制造业、汽车零部件和组装、机床附件制造业。鄂尔多斯和榆林市的机械设备制造业重点发展矿山机械零部件生产。

呼包鄂榆地区总体上以第二产业为主，在产业结构升级上，还需要积极发展第三产业，促进经济结构由投资拉动型转化为消费拉动型经济。在第三产业的发展上，保持呼和浩特第三产业的核心地位，培育和加强包头市、鄂尔多斯市和榆林市的第三产业发展，扶持和完善县（旗）城第三产业的发展，形成梯度合理、服务半径适中、等级衔接的第三产业服务格局。

（二）主导产业的多元化发展

产业多元化发展是指发展多种主导产业，尤其是发展非资源型产业，降低资源依赖型产业的比重。产业多元化有助于形成多类型产业，培育多个经济增长点，在资源产业受到价格冲击时，能够保证经济的稳定增长。呼包鄂榆现有的主导经济中，大多数属于资金密集型产业，产业的发展对就业的带动作用并不明显，发展多元经济尤其是劳动密集型产业，有助于人口从农村向城市转化、城市化水平的提高以及人口的迁移与集聚。

产业多元化发展要依据呼包鄂榆各地不同的产业特点。四个地区除了电力、化工为共同的主导产业外，呼和浩特的产业特点是以食品加工业、农副产品业、医药、电子产品、服装产业等为主，因此产业多元化应当保持特色产业的发展，尤其是劳动密集型的食品、农副产品加工、服装等产业的发展，在此基础上发展技术密集型产业。包头市的产业主要是重工业，属于资金密集型产业，应当发展一些劳动密集型产业，如农副产品加工业等产业。鄂尔多斯和榆林市属于能源型城市，多数主导产业为资金密集型产业，也应当发展劳动密集型产业，如农产品加工、纺织、服装，等等。多元化发展的产业虽然不能取代主导产业的地位，但是可以作为主导产业的补充，起到稳定经济发展、带动就业的作用。

（三）优势产业的集群发展

产业集群是指相同类型的、具有关联性的企业、专业化供应商、服务供应商以及相关产业的厂商及其他相关机构等在特定区域中集中形成的企业群体。产业集群能发挥资源共享效应，加强企业间有效合作，增加企业创新能力和促进企业增长，提高产业整体竞争能力。

产业集群发展要求同类企业在地理上集中。呼包鄂榆的主导产业除少数产业比较集中外，大多数的产业是比较分散的。集中的产业如包头市的装备制造业，主要集中在青山区，稀土产业主要集中在包头市昆都仑区，呼和浩特乳业主要集中在呼和浩特金川开发区（伊利集团）和和林格尔县盛乐经济园区（蒙牛集团）。分散的产业如煤化工产业，分散分布在准格尔旗大路新区、蒙西工业园区、太阳庙工业园区、榆神工业园区、神府工业园区内，遍布在鄂尔多斯和榆林境内，形成分散的状态。

呼包鄂榆的产业发展需要进行产业集聚，促进产业集群的形成和发展，提高产业的竞争力。根据现有的产业基础和产业的特点，对主导产业和优势产业进行布局引导，逐步形成产业集群。如建设煤化工产业集群、装备制造业产业集群、化学原料和化学制品产业集群、乳业产业集群、医药产业集群、食品加工业产业集群等等，打造主导产业集群的格局，形成产业基地，在全国的经济格局中形成优势产业集群地带。

（四）区域之间产业错位发展

产业错位发展是指处于不同发展阶段的相邻地区，根据当地资源条件、产业基础、发展优势，发展具有自身优势的产业。崔彩周把产业错位类型按发展阶段性划分为基础或显性的产业错位（包括梯度转移型、产业配套型、特色产品型等产业错位）和延伸型或隐性的产业错位（可分为细分产业错位与差异化产品错位）[160]。

由于资源差异产生的工业产业差异是一种在资源基础上的产业分工，并不能作为产业错位的一种类型。产业错位应当是地区产业因发展程度差异而形成产业协作关系，要点包括两个方面，即发展程度的差异和产业协作关系的存在。协作关系包括不同地区之间产业的梯度转移、产业配套、相同产业下不同的产业细分、差异化产品等。

呼包鄂榆地区目前已经在各自优势基础上形成了完全相异的产业

类型，只是一种产业的分工，相互之间没有形成产业的错位发展。这是区域工业发展处于工业发展第二阶段的表现。随着呼包鄂榆的工业发展逐步进入到机电工业发展阶段，零部件生产比重增加，产业结构的复杂程度增加，产业错位的格局才会逐步形成。

呼包鄂榆产业的错位发展需要通过区域之间产业发展程度的差异形成产业协作关系。第一，呼包鄂榆的产业错位发展需要区域内主导产业的延伸和升级，才能产生产业细分、产业分工和产业协作。如化工产业、装备制造业等产业链条延伸产业，如化工产业可以延伸出塑料制品、化纤产业、塑料管材等后向产业，化纤产业可以延伸出纺织、服装等产业，通过不同技术等级的区域差异形成不同地区的产业错位，装备制造业可以延伸出各种零部件生产产业，形成多条零部件产业——组装产业的产业链，并通过零部件生产形成产业错位。因此，培育成规模的主导产业，在主导产业基础上发展延伸产业、配套产业，是形成区域错位发展的基础。第二，针对区域主导产业发展设备产业，既符合工业产业升级的规律，也满足产业错位发展的需要，如矿山机械、石油天然气开采设备、电力设备、化工设备、冶炼设备、锻压设备等，通过设备产业的发展和不同技术等级的区域分工，促进区域产业的错位发展。第三，在第三产业上，目前已经形成以呼和浩特为中心，以包头市、鄂尔多斯市和榆林市为次级中心，以县城为三级中心的错位发展。但是三个级别的第三产业差距较大，导致第三产业在中心城市过于集中的局面。应当在二级中心鄂尔多斯、榆林、三级中心县城强化第三产业的服务能力和服务水平，完善产业错位的梯度。

在产业错位发展的区域分工上，应当依托呼和浩特和包头市的城市优势、区位优势、技术优势，发展产业链末端产品，如先进制造业、精细化工产业、服装产业等可以布局在呼和浩特；装备业主要配件生产和总装应当布局在包头市；矿山机械和煤炭化工产品布局在鄂尔多斯和榆林市，而化工产品初加工和零部件加工等技术含量较低的产业可以在呼包鄂榆周围的县（旗、区），从而形成产业的产业链延伸和产业错位发展，形成区域内相互联系的产业结构。

（五）加强产业的区域合作

呼包鄂榆的产业分工比较明显，但是产业合作相对较弱，实现产业一体化发展，主要是要加强呼包鄂榆的产业区域合作。

产业区域合作要统筹区域产业发展和布局。在国家层面已经先后发布了“全国主体功能区规划”和“呼包银榆经济区规划”，这两个规划都涉及呼包鄂榆的发展定位和发展方向。按照全国主体功能区规划，呼包鄂榆的发展定位是全国重要的能源、煤化工基地、农畜产品加工基地和稀土新材料产业基地，北方地区重要的冶金和装备制造业基地。按国家规划对区域产业发展进行产业发展统筹，主要是对产业规模、产业升级和产业布局进行统筹。对产业发展规模的统筹，是确定产业的生产能力的统筹，确保产业的合理产能和产品结构，保证产业持续稳定的发展，形成全国的产业基地。对产业升级的统筹，一方面是产业延伸的统筹，对主导产业的延伸发展做出合理的规划和引导，使产业延伸有利于区域一体化的发展；另一方面是对产业的升级和转型进行科学引导，保证区域产业的可持续发展和产业稳定的升级转换。在产业布局上，对产业园区进行归拢和整合，形成产业的集聚区，为产业集群的发展奠定基础。

构建区域一体化的产业链。根据国家的规划、呼包鄂榆的产业优势、产业升级和发展的趋势，呼包鄂榆地区应当选取产业链长、相关产业多、带动性强、成长型、外向型的产业作为区域支柱产业和区域一体化的产业，如装备制造业、农产品加工业、生物医药业、汽车制造业、冶金、石化、新材料等产业作为呼包鄂榆区域一体化的选择产业。从城市功能的互补性上，呼包鄂榆已经形成三次产业的互补和第二产业的分工。四个城市的食品加工业链接性较高，但是在纺织、煤化工、装备制造业等产业上协作性低。在电力、装备制造业、化工产业上存在竞争。从工业升级和产业转型的角度，呼包鄂榆发展区域一体化的产业链应主要以装备制造业、化工业、农产品加工业为一体化的主要产业，延伸产业链和发展城际产业联系，构建区域产业合作，并逐渐带动其他产业的一体化发展。

第三节　呼包鄂榆产业空间一体化

一、呼包鄂榆产业空间布局的不足

从呼包鄂榆产业的空间布局上可以看出，呼包鄂榆的工业空间布局存在如下问题：

（一）产业布局分散，产业集中度低

呼包鄂榆的产业布局，尤其是工业产业呈现大均匀、小集中的布局状态，是一种分散发展的空间布局，这种布局特点是行政区经济发展的结果。

从产业集中的程度看，呼包鄂榆的分散程度也是比较明显的。以呼和浩特、包头市和 32 个县（旗、区）为单元，分别计算 GDP、第二产业产值和第三产业产值的基尼系数，以判断经济和产业分布的集中状况。图 6-9 反映了呼包鄂榆的 GDP、第二产业和第三产业的集中程度。

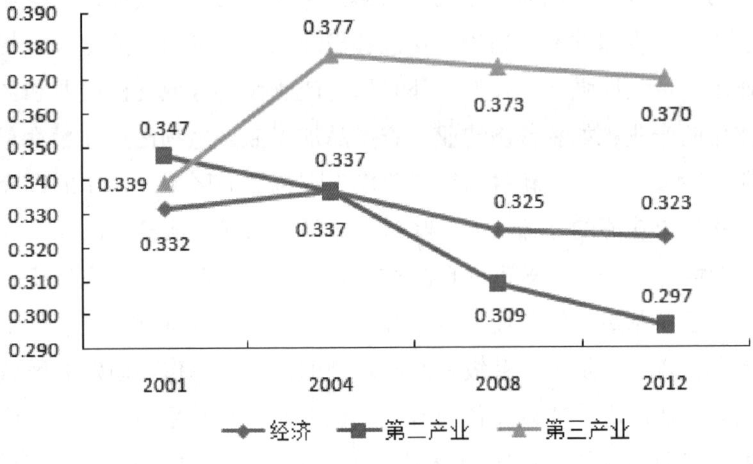

图 6-9　呼包鄂榆 GDP、第二产业、第三产业基尼系数年度变化

呼包鄂榆 GDP 的基尼系数在 0.32~0.34 之间，处于相对低值区域，表明 GDP 的区域分布是分散状态的。2001—2012 年 GDP 的基尼系数变化幅度较小，说明 GDP 集中程度的变化相对较小。

第二产业的基尼系数值在 0.297~0.347 之间，小于 0.5，说明第二产业的空间分布集中程度低，是分散分布状态。而且第二产业的基尼系数下降趋势明显，从 2001 年的 0.347，持续下降到 2012 年的 0.297，下降幅度达到 14.4%，说明第二产业的分散程度在逐渐加强。

第三产业的基尼系数介于 0.339~0.377 之间，也处于分散分布的状态。其变化规律是先快升后缓降，2001 年到 2004 年从 0.339 上升到 0.377，2004 年从 0.377 缓慢下降到 2012 年的 0.370。第三产业集中程度高于第二产业，说明主要城市第三产业规模保持在相对较高的水平。

总体来看，产业基尼系数指标定量地反映了产业分散的程度，说明了呼包鄂榆产业分布分散发展的状态。

（二）呼包鄂榆产业集聚格局尚不明显

呼包鄂榆在产业空间分散发展中虽然已经形成产业的初步分工，但是产业的集聚并不明显，产业空间格局和空间定位尚不清晰。

呼包鄂榆目前已经形成初步的区域产业分工格局，形成各自的主导产业。如包头市的主导产业为冶金、稀土、装备制造业，鄂尔多斯为煤炭、天然气开采及煤化工，榆林市为煤炭、天然气、石油开采及化工，呼和浩特为食品业、医药、化工业。但是呼包鄂榆各自的主导产业在各自的地域范围内是分散分布的，主导产业分散布局在县（旗、区）行政区内，没有形成产业集聚的形态。如乳业是呼和浩特的支柱产业，但是分布在呼和浩特市金川开发区和和林格尔县盛乐开发区。鄂尔多斯的煤化工是主导产业，但是分布在准格尔旗的大路新区、达拉特旗工业园区、鄂托克旗的棋盘井、蒙西工业园区、鄂托克前旗的上海庙园区、伊金霍洛旗的汇能工业园区等多个园区。榆林市煤化工企业分布在神府工业园区、榆神工业园区和榆横工业园区。对于整个区域而言，主导产业的分散分布，使产业集聚的格局难以形成，也因此没有形成产业集聚地带或者产业集聚的轴线，总体格局并不清晰。

（三）呼包鄂榆主导产业地域之间联系弱

由于呼包鄂榆的主导产业主要依托于各自的优势发展形成，除了个别产业外，多数产业相互之间的地域生产联系相对较弱，其中榆林市与呼包鄂之间的联系更为松散。

呼包鄂之间的产业联系主要是煤炭产业、乳业。包头市电厂、呼和浩特大唐电厂和呼包的许多中小电厂都是使用鄂尔多斯的煤炭资源，因此形成以鄂尔多斯煤炭为源头的产业联系。乳业的奶源产地主要来自呼和浩特、包头市、鄂尔多斯市农村、牧区，形成了以呼和浩特为加工中心，以呼包鄂榆为原料产地的奶业地域关系。

但是其他主导产业之间的联系相对松散。鄂尔多斯的煤炭化工产品主要是销往呼包鄂榆区域之外的，包头市的冶金产品、稀土产品和装备制造业产品也主要是销往区域之外的。呼和浩特的乳制品业大量销往区外。榆林市的产业特点与鄂尔多斯相近，主要产品也是销往华北地区。在工业生产的联系上，无论是前向联系还是后向联系，呼包鄂榆之间的产业联系都不紧密。

（四）行政区经济导致区域之间产业布局竞争多于产业合作

呼包鄂榆市级和县（旗、区）级区域之间在产业布局上受行政区经济影响，相互之间的竞争多于合作。行政区经济具有以行政边界为界限的特征，行政区内形成独自的经济结构和发展模式，行政区之间的经济交流受到行政区经济的限制。各级行政区之间为了各自的利益，在产业布局上形成相互竞争的格局。例如，鄂尔多斯通过以投资换煤炭资源配额的政策，吸引了华泰汽车、吉利汽车等企业布局到鄂尔多斯的装备制造业基地，但是鄂尔多斯本身并不具备发展汽车制造业的优势，如果这些企业布局在包头市或者呼和浩特，至少可以利用技术优势和人力优势。在县级行政区也同样存在产业布局的竞争，条件相同或者相近的县级工业园区在招商引资上相互竞争。如鄂尔多斯境内所有旗（县级）的工业园区都是以煤化工产业为主，榆林市东北部的四个县（区）的工业园区同样也以煤化工为主。鄂尔多斯的乌审旗、榆林市的定边县、靖边县都在发展天然气化工。呼和浩特和包头市的县（旗、区）的工业园区也存在相互竞争。

行政区产业布局的相互竞争一定程度上促进了产业分工发展。依托于各地优势市级分工较为明显，如呼包鄂榆的分工。但是县级单元中的产业分工因资源条件相似导致产业结构较为相似，如鄂尔多斯的县级单元、榆林市的县级单元；也有少数县级单元形成特点突出的产业结构，如盛乐经济园区，形成以乳业为核心，包括精细化工、云计算等多个产业构成的产业结构。

行政区经济是以行政区为单元、地域分割的经济发展模式，缺少区域经济合作的基础和机制，区域产业合作也同样较少。只有在产业发展形成产业链时，才会进入区域产业布局上的合作阶段。例如，乳业是呼包鄂榆的主导产业之一，产业布局的特点是以呼和浩特为生产中心，以呼包鄂榆的农牧区为原料中心，形成向心形产业合作布局。电力产业是呼包鄂榆的主导产业，其中呼包鄂电力以鄂尔多斯煤炭为原料，榆林市以神木煤炭为中心，发电厂分散分布，形成以煤炭产地为中心，辐散形布局的电力产业特点。区域内其他大多数产业都没有形成合作布局状态。

二、呼包鄂榆产业一体化的空间整合

产业一体化空间整合的目的是推进产业空间组织的优化，通过产业空间的合理分工与布局，促进区域比较优势转化为经济优势，推动优势产业的发展。在产业集中的基础上，推动产业集群的形成，形成区域的产业集群优势；通过产业的统筹规划和市场的主导，推进区域之间的产业合作，形成产业的区域合作格局，从而实现产业空间一体化。

（一）产业空间整合的进展

产业的空间整合主要是对已有的产业园区进行归类和产业集中，对同类产业集中布局，形成产业的空间集聚，为产业集群的发展奠定基础。

呼包鄂榆地区产业的空间整合已经取得一定进展。在内蒙古以呼包鄂为核心，沿黄河交通干线经济带重点产业发展规划（2010—2020

年）中，把内蒙古西部地区71个工业园区整合为53个，重点建设9个工业集中区和13个重点园区工业区，其中涉及呼包鄂榆境内的有8个工业集中区和7个重点园区，并对这些工业集中区和重点园区的发展进行了定位和分工，形成呼包鄂的产业空间整合规划。榆林市也把分散的工业园区整合为8个工业集中区，并对工业园区进行了归类和定位①。呼包鄂榆产业空间整合的结果是：呼包鄂榆的工业园区整合为8个工业集中区和7个重点工业园区；榆林市工业园区整合为8个集中区。

8个工业集中区：西来峰—棋盘井工业集中区、千里山—蒙西工业集中区、如意新区—和林格尔盛乐工业集中区、土右—达旗工业集中区、金川—金山—裕隆工业集中区、大路—托克托—清水河工业集中区、包钢—包头特钢—乌拉特前旗黑柳沟工业集中区、东胜—康巴什—伊旗装备制造工业集中区。

7个重点工业园区（开发区）：上海庙工业园区、东胜轻纺工业园区、独贵特拉工业园区、包头青山装备制造园区、包头国家生态工业（铝业）示范园区、九原工业园区、包头稀土高新技术开发区。

榆林市的工业园区数量较多，经过园区整合，归整为8个集中区，分别是榆林高新技术产业园区、神府经济开发区、榆神煤化工区、榆横煤化工业园、定靖油气产能区、绥米佳盐化工区、吴堡煤焦化工业区、府谷煤电化载能工业区。榆林工业园区整合在管理上也有新意，例如，榆神工业区管委会与神府经济开发区管委会两块牌子，一套人马，下辖六大园区，采用的管理体制是“自成体系、财政独立、封闭管理自我发展”模式，各个园区独立发展，统一领导，这对于产业一体化也是一种创新模式。

（二）产业分工与空间集聚

产业空间一体化要从产业发展的全局出发，通过统一规划，优化空间开发格局，合理配置各种资源，推动产业向重点园区集中，园区向沿交通干线地区集中，推进产业集中集聚集约开发，提升产业发展

① http：//www. yl. gov. cn/site/1/html/zjyl/list/list_ 18. htm.

整体质量和效益。

呼包鄂榆的产业空间一体化，首先要实现产业的空间分工，根据各地的比较优势布局不同产业，形成主导产业的空间分工；其次是产业的空间集聚，把同类企业、相关企业和服务产业集中布局在产业园区中，形成产业的空间集聚，达到降低生产成本、促进产业升级和创新、催生产业集群形成的目的。

针对呼包鄂榆的主导产业，建立产业的空间集聚。呼包鄂榆地区的六大重点产业分别是能源产业、重化工产业、冶金建材产业、装备制造业、农畜产品加工业和现代服务业。根据产业布局现状和区域产业整合的进展，呼包鄂榆应当整合重点产业的空间分布，逐步形成重点产业的空间集聚区。重点产业空间集聚的整合为，煤化工产业重点布局：达拉特经济开发区、准格尔旗大路工业园区、杭锦旗独贵特拉工业园区、鄂托克前旗上海庙工业园区、伊金霍洛旗的汇能工业园区。榆林市的煤化工分为三类：以煤制烯烃和煤干馏及焦油加工等为主的工业集中在榆神工业区；以煤制烯烃、煤制芳烃及煤制油等为主的工业集中在榆横煤化工区；煤转电、煤焦化、材料等工业集中在府谷煤电化工区。冶金产业重点布局在包头昆都仑区、包头东河铝业工业园区、呼和浩特武川县工业园区。稀土产业重点布局在包头稀土高新技术开发区；装备制造业重点布局在包头青山、东胜工业园区、榆神工业园区。有色冶炼及模具制造业重点布局在包头铝业、九原、土右旗、金山（金川）工业园区、榆林高新区、榆神工业园区。农畜产品加工业重点布局在呼和浩特金川开发区、和林格尔盛乐工业园区、东胜轻纺工业园区。

（三）产业集群发展

呼包鄂榆产业集中区的划分，是对位置相近的产业园区进行的归类。在产业类型上，各产业集中区和重点园区中，仍然有类型重复的产业，因此应当加大对工业园区的产业整合力度，使同类产业和相关产业逐步集中在同一个产业集中区，以孕育产业集群的发展。

产业集群是相关产业的高度集中，有利于降低企业的生产、交易成本；促进产业的分工细化，提高生产效率；在原材料供应、产品销售渠道和价格等方面形成一定的竞争优势；提高企业对市场信息的反应能力，有利于形成产业的整体竞争力。

在呼包鄂榆境内，目前已经形成一些产业集群的发展基础。如在包头市，已经形成黑色金属冶炼、装备制造业、稀土产业集中区，鄂尔多斯市准格尔旗大路新区、蒙西工业园区形成了煤炭化工基地的产业集中区，东胜区康巴什已经形成汽车零部件的产业集中区，在榆林市榆神工业园区，已经形成煤化工产业集中区，在呼和浩特金川开发区和盛乐开发区已经形成乳业集中生产区，这些产业集中区为产业集群的形成奠定了基础。

为了发展产业集群，呼包鄂榆还需要对产业集中区进一步进行产业空间整合，使产业集中区向专业化方向发展，逐步形成不同的产业集群。

根据产业集中的现状，呼包鄂榆应当重点建设如下产业集中区，以形成主要的产业集群。①煤化工产业集中区：准格尔旗大路新区、鄂托克旗蒙西工业园区、鄂托克前旗上海庙工业园区、榆神工业园区。②冶金产业集中区：包头市冶金产业园区、武川县工业园区。③装备制造业产业集中区：包头市青山装备制造业园区、康巴什装备制造业园区、和林格尔盛乐园区、榆林高新技术产业园区。④稀土产业集中区：包头市稀土高新技术开发区。⑤食品加工业产业集中区：盛乐产业园区、金川和金山产业园区。⑥生物制药产业集中区：托克托县大唐产业园区、金川产业园区。⑦油气产业集中区：靖边产业园区、定边产业园区、乌审旗产业园区。其中的优势产业，包括煤化工、冶金、稀土、装备制造业和乳业，应当首先向产业集群方向发展，形成区域的产业优势。

第七章　呼包鄂榆区域一体化的支撑体系

区域一体化的发展核心是产业的一体化，表现为空间的一体化，都需要一体化的支撑体系。一般认为，区域一体化的支撑体系是基础设施和公共服务一体化。基础设施一体化是区域一体化的前提和基础，主要解决区域内的交通、供水、燃气供应、电力、通信等区域发展必备条件的一体化问题。公共服务一体化是区域一体化的保障，保障一体化区域内流动人口享受到基本公共服务，解除流动人口在教育、医疗、住房、文化等方面的后顾之忧。生态环境一体化是保证自然环境中的良好状态，既可以为居民提供良好的生活环境，又可以保证生态环境的持续和良性发展，因此生态环境一体化是区域一体化的必要任务和目标。本章主要分析区域内基础设施、公共服务和生态环境的现状特点、问题以及发展目标和发展措施。

第一节　呼包鄂榆基础设施一体化

基础设施是指为生产活动和居民生活提供公共服务的物质工程设施，是保证社会经济活动正常进行的公共服务系统。基础设施可以分为两类，一类是交通、通信、水、电、燃气、供热，即一般俗称的"基础设施"，还有一类是教育、医疗、科技、卫生、体育、文化等社会事业，即"社会性基础设施"，一般归为公共服务类。

区域基础设施主要包括区域交通、通信、电力、燃气、供水等设施。基础设施的一体化是指在区域整体发展上，对基础设施的规划、建设、运营、管理实施统筹布局、相互衔接、共建共享，为区域经济一体化提供支持和保障。基础设施一体化的关键主要是各个地区基础设施之间的衔接和共享。

一、呼包鄂榆交通设施一体化

（一）呼包鄂榆交通设施的现状及问题

呼包鄂榆地区主要交通设施包括：“四横四纵”的铁路网、“四横五纵”的高速公路网和多条一级公路、四个机场（表4-11），已经基本形成由铁路、高等级公路和航空网组成的现代综合交通运输体系，能够满足呼包鄂榆对外、对内的基本交通需求。

但是呼包鄂榆的交通运输对于区域一体化而言仍然存在不足，主要体现在交通运输“出、进、过、联”四个方面，其中最主要的是“出”和“联”的问题。

“出”主要是呼包鄂榆地区货物和人员“运出”的问题。货物运输主要是煤炭外运能力受到限制。呼包鄂榆煤炭向东出口的铁路主要是京包线—大秦线、乌海—东胜—大同—秦皇岛线、包头—东胜—神木—黄骅港线、银川—靖边—太原线；向西的出口主要是包头—兰州线；向南出口主要是包头—西安线。煤炭外运能力向东主要受制于大秦线和神黄线，由于大秦线和神黄线还承担山西的煤炭外运，运力明显不足。呼包鄂榆向华中地区的煤炭运输没有运输专线，运力也受到限制。

人员“出”的问题主要是呼包鄂榆缺少与全国联网的高速铁路。目前，全国（不含港、澳、台）未通高铁的省会城市只有呼和浩特、银川、拉萨。其中银川—西安高铁于2015年下半年开工，预计2020年通车；呼和浩特通往张家口的高铁，2014年已经开工建设，呼和浩特与全国高铁的连接明显落后于全国其他的省会城市。包头市、鄂尔多斯市和榆林市的快速铁路客运也明显滞后。因此呼包鄂榆地区需要尽快建设高铁，以满足人员出行需求。

“进”的问题主要是蒙古国货物“进入”呼包鄂榆的问题，其中主要是口岸货物进入的问题。近年来，我国在蒙古国大量开采矿物原料，需要从边境口岸进入我国。其中呼包鄂榆附近边境口岸主要有：满都拉口岸，位于包头市达茂旗与蒙古国边界；甘其毛都口岸，位于巴彦淖尔市乌拉特中旗边界；巴格毛都口岸，位于巴彦淖尔市乌拉特后旗边界；乌力吉口岸，位于阿拉善盟阿拉善左旗边界；策克口岸，位于阿拉善盟额济纳旗西北部，距呼包鄂地区较远。从这些口岸的进口货物主要是原木、石油、矿产品、化工产品。进入内蒙古后，首先进入呼包鄂榆地区，一部分在内蒙古消费，另一部分经过呼包鄂榆进入华北地区。这些进口货物对呼包鄂榆的交通影响主要有两个方面：第一，货物经过呼包进入京津冀地区，加大了呼包鄂榆铁路和高速公路向东运输的压力。第二，这些口岸中有的已经与国内铁路线连接，有的还没有。货物进入我国境内需要建设铁路或者公路与呼包鄂榆的交通线路连接。

“过”主要是经过呼包鄂榆的交通。这部分交通主要是我国西北地区货物和人员经过呼包鄂榆进入我国东部的交通需求，如宁夏、新疆、甘肃、西藏。呼包鄂榆地区有京藏高速、京新高速、包兰铁路、临河—哈密铁路（其中临河—策克铁路于2009年开通），这些铁路和高速公路都需要经过呼和浩特和包头市。西部经济的发展，外运货物数量的增加，都会给呼包鄂榆向东运输带来压力。

“联”主要是呼包鄂榆内部主要城镇和工矿区之间的交通联系。呼包鄂榆“联”的问题主要包括三个方面：第一，主要城镇之间快速交通不足的问题。与全国其他地区相比，呼包鄂榆主要的城市之间快速交通仍显不足，亟须建立主要城市如呼和浩特、包头市、鄂尔多斯市、榆林市、准格尔旗和神木市之间的快速轨道交通，形成中心城镇之间的快速交通通道。第二，呼包鄂榆的一些资源产地与外界沟通的运输铁路问题。如鄂托克前旗的上海庙、独贵特拉、乌审旗等资源产地都没有铁路通过。第三，呼包鄂榆地区的一些县（旗、区）远离交通干线，需要建设偏僻县（旗、区）与主要交通干线的连接线。

（二）呼包鄂榆交通一体化的目标

交通一体化的发展目标是：首先，完善区域交通设施，解决呼包鄂榆交通“出”“联”“过”“进”的问题，使交通设施能够基本满足区域交通需求。区域的交通网络规划与建设，需要各个辖区政府的合作与沟通，保证交通线路相互连通，才能解决交通设施不完善的问题。其次，在交通需求和交通供给的平衡中，交通需求由市场决定，而交通供给（主要是交通设施供给）一般由政府提供，交通的跨区域特点，往往导致交通供给落后于交通需求，导致交通紧张的局面。实施交通一体化，通过政府之间的协商与合作，合理布局交通线路、降低运输成本，提高区域运输能力，满足区域交通需求，交通一体化是解决区域交通问题的有效手段。交通一体化提供区域交流的通道，是实施区域一体化的支撑系统。呼包鄂榆的交通一体化应当在以下几个方面取得进展：

① 争取国家的交通规划和建设支持，完善呼包鄂榆的交通体系。在国家经济调整和基础设施建设中，努力争取呼包鄂榆地区货运铁路、高速铁路、高等级公路和机场建设项目，通过国家扶持完善呼包鄂榆交通体系。

② 建立交通发展的区域协调机制，由内蒙古管理部门和陕西省交通管理部门与呼包鄂榆的交通管理部门形成交通发展的协调机制，共同协调区域交通的规划、建设与管理，促进区域交通的协调发展。

③ 在交通规划、交通建设方面逐步实现同步发展，尤其是在区域交通规划建设中，科学预测区域交通需求，布局合理的交通线路，提高运输能力，满足交通需求。

④ 在运输管理、交通管理方面逐步实现协同发展。随着呼包鄂榆区域经济的发展，区域之间的交通运输规模会逐步扩大，这就需要区域之间在运输管理和交通管理上逐步实现协同发展，如长途客运、货运市场、交通车辆管理的协同等。

（三）呼包鄂榆交通一体化的设施建设

呼包鄂榆交通一体化主要解决区域交通设施的完善和运输管理协调问题。交通设施完善主要解决区域综合交通系统的对外、对内联系不足，包括航空、铁路网、高等级公路网。

（1）建设区域航空枢纽港，提高航空运输能力

呼包鄂榆已经有四个机场，分别是呼和浩特市白塔机场，年客运能力 300 万人次；包头市二里半机场，位于包头市南部，年客运量 150 万人次；鄂尔多斯机场，位于康巴什新区东部，年客运能力 180 万人次；榆林机场，位于榆阳区西北，年客运能力 35 万人次。

为了满足区域航空运输不断增长的需求，区域内已经批准筹建的机场包括呼和浩特盛乐国际机场和府谷县支线机场。盛乐国际机场选址在呼和浩特南部，设计年运输能力 3000 万人次，2025 年建成。府谷县支线机场位于府谷县城，年运输能力 30 万人次。

（2）铁路网建设

铁路建设主要解决货运“出口”和“内联”的问题。目前的煤炭外运出口主要是大同—秦皇岛、神木县—黄骅港两个出口，需要满足山西省、内蒙古西部和陕北三个地区的煤炭外运，运输能力明显不足。铁路煤炭出海口建设主要是东胜—集宁—张家口—曹妃甸出海口；向南出口主要是包头—东胜—神木—西安—武汉，把煤炭直接输送到华中地区。

铁路“内联”的问题主要是完善区域内部煤炭的运输网络。建设内容主要是铁道部规划在鄂尔多斯建设的“三横四纵”铁路网。其中：一横：乌海—东胜—准格尔—大同铁路通道（已建成通车）；二横：新上海庙—嘎鲁图—新街—红进塔—朔州铁路（未建）；三横：临河—曼里沟—大塔—何家塔铁路（未建）。一纵：包头—神木和包头—西安铁路（已通车）；二纵：呼和浩特—准格尔—大饭铺—马栅铁路（已通车）；三纵：乌拉山—塔然高勒—浩勒报吉—嘎鲁图—靖边铁路（未建）；四纵：蒙西—三北羊场—新上海庙—宁东铁路（未建）；在榆林中部，靖边—神木铁路已经进入前期工作。

铁路的快速客运也有“出”和“联”的问题。“出”的问题是呼包鄂榆地区没有一条高铁与外界相连，大大阻碍了其与区域外部的客运联系。需要修建对外高铁线路。规划的高铁线路主要有一条：京—

呼—包—银高速铁路建设，这条高铁主要接京张高铁（京张已获国家发改委审批，2015 年开工，2019 年通车），使呼包银榆经济区有快速客运出入通道。另一条未列入规划的高铁是包头—西安—恩施—桂林—广西—海口高铁，建成后将成为我国西部重要的纵向快速客运线，这条高铁的沿线七省已经召开前期项目座谈会，争取将该线路纳入国家“十三五”规划中。

铁路内联的问题是修建呼包鄂榆之间的城际快速铁路。为了实现区域一体化发展，应当把榆林纳入呼包鄂城际铁路，使呼包鄂榆之间形成快速交通通道。

为了解决口岸地区货物“进口”的问题，有条件的地区，应当建设口岸与我国铁路网的连接铁路，提高进口货物的运输能力。

（3）高等级公路建设

呼包鄂榆境内的高速公路外运通道已经形成京藏高速、京新高速、荣乌高速（其中准格尔—朔州未通）、青银高速、兴巴重载高速五条。近期正在建设的高速公路包括荣乌高速准格尔—朔州段；准格尔—大同高速公路连接线；兴巴高速准格尔—巴拉贡段。建成后与现有铁路结合基本能够满足煤炭外运工作和客运需求。

呼包鄂榆境内需要建设的口岸公路主要是达茂旗的满都拉口岸与 210 国道连接公路。

呼包鄂榆境内主要县城都已经建成了高速公路的连接线，只有少数县城没有。还需要完善县城与高速公路的连接线，如达茂旗、杭锦旗、清水河县、吴堡县、乌审旗、鄂托克前旗等，形成以城市和县城为连接点的高等级公路网，并形成以城市和县城为中心、辐射农村地区的便利交通体系。

呼包鄂榆区域内的交通设施建设，如果解决了“出”和“联”的交通设施建设问题，将基本形成一体化的交通设施，能够支持区域一体化的发展。

二、呼包鄂榆水资源一体化

（一）呼包鄂榆水资源不足对区域一体化的限制

随着经济发展和城镇规模的扩张，呼包鄂榆地区水资源不足的问题逐渐明显，水资源不足将制约呼包鄂榆地区的发展。

呼包鄂榆水资源的供给主要是黄河水资源配额和地下水的开发与使用。黄河水配额由国家黄河水利委员会统一调配，地下水由各市自行管理。呼包鄂榆水资源的不足首先表现在水资源总量和人均水资源水平较低上。呼和浩特、包头、鄂尔多斯、榆林四市水资源总量分别为17.44亿、12.97亿、39.22亿和37.42亿立方米（含黄河水配额），按现有人口计算，人均拥有水资源分别为676立方米、540立方米、2742立方米和1160立方米，除鄂尔多斯以外，低于全国2071立方米（2008年）的人均拥有水资源量。

呼包鄂榆水资源的问题主要表现为水资源供需矛盾突出。农业用水需求稳定，工业、城市用水需求不断加大，用水需求增长明显。而供水总量增加有限，黄河配给水资源总量不增加，各市只能加大地下水开采强度。呼包地区由于地下水超采，地下水水位持续下降，漏斗区面积扩大。

在水资源利用方式上，呼包鄂榆农业用水比例高。黄河流域农业用水比例更是高达80%以上。用水方式仍为传统的大水漫灌方式，用水浪费严重，节水灌溉比例低。在工业产业中，煤炭化工、冶金需水量大。城市用水中大量修建人工湖、人工草坪和绿地也消耗大量水资源，水资源浪费严重。

从发展角度衡量，该地区对水资源的需求量逐年上升，供需矛盾日趋尖锐。水资源已成为并将长期成为呼包鄂榆区域发展的最大制约因素。

水资源对于呼包鄂榆区域一体化的发展限制主要体现在以下几个方面：

① 区域一体化发展必须在用水总量限制下，合理分配和安排各项用水。在城市用水、工业用水和农业用水之间合理地分配水资源，才

能保证区域的持续发展。

② 由于水资源限制，呼包鄂榆的工业发展受到限制。目前，鄂尔多斯和榆林的煤炭化工企业耗水量大，虽然是当地主要的支柱产业，但是由于用水紧张，发展受到限制。其他的如冶金、乳业、煤电产业等都是耗水产业，也受到水资源约束的限制。因此，区域工业的发展要寻求在资源基础上的节水型工业，才能保证区域工业的可持续发展。

③ 呼包鄂榆的城市发展同样受到水资源的限制。水资源限制并约束了呼包鄂榆的城市规模扩张。呼包鄂榆四个地级市中，呼包鄂都面临供水不足的问题，其中呼包两市采用黄河水补充用水不足问题，而鄂尔多斯采用异地建新城的办法解决用水不足。区域城市的发展规模必须考虑水资源的限制。

④ 从区域一体化发展的角度看，呼包鄂榆地区的一体化发展，必须改变以往高投入、高产出、高消耗的“三高”模式。尤其是水资源，属于总量有限的可再生资源。如果超过水资源的再生能力，导致水资源供给持续不足，不仅不能保证区域的正常发展，还可能导致区域发展的停滞。因此需要转变区域用水模式，保障水资源约束下的可持续发展。

（二）呼包鄂榆水资源利用和保护一体化

呼包鄂榆地区的持续发展和实施区域一体化的进程，必须面对水资源限制的现实。因此，在区域一体化发展中，需要实施水资源的开发、利用方式转变、水资源保护和管理的一体化，以适应水资源高效利用的要求。

第一，水资源开发的一体化。呼包鄂榆可利用水资源的来源相对单一，主要是黄河水系和区域地下水。在水资源来源中，黄河水资源配额由国家黄河水利委员会统一调配，由于各地对水资源的需求都在增加，各地都有增加黄河水资源配额的要求，因此增加黄河水配额的可能性较小。各地增加水资源主要是地表水的截留和增加地下水的开采。而地表水的截留实际上减少了黄河水的补给，也是对黄河水利用的增加。深层地下水的再生周期长，加大开采会导致地下水位的下降，引发其他环境问题。因此呼包鄂榆地区对于水资源的开发，应当统筹规划，根据水资源的补给和再生能力，确定水资源的利用上限，减少对水资源的过度利用，保证水资源的可持续利用。为了满足区域经济和城市发展的水资源需求，应当大力改变水资源的利用方式，节约用水和提高水资源的利用效率。

第二，水资源利用方式的转变。在水资源利用方式上，应当根据用水限制，采用节水利用、中水利用、雨水利用等多种模式，提高水资源利用效率。

① 发展节水农业灌溉方式，提高农业用水的节水水平。逐步推广节水灌溉方式，如滴灌、微喷灌技术，提高节水灌溉方式在有效灌溉面积中的比例，逐步达到或超过全国平均水平（80%）。加强农业灌溉用水的输送过程节水，提高水渠的防渗水平。

② 积极发展节水型工业，加强工业节水利用，鼓励采用新技术提高工业用水效率，提高工业用水的重复利用率。包头市工业用水的重复利用率已经达到88.8%（2013年包头市水资源公报），其他地区也需要提高工业用水重复利用率。

③ 城市用水中，主要是提高城市中水利用水平和雨水收集与利用率。呼包鄂榆主要城镇都建设了污水处理厂，可以利用处理后的中水进行城市绿地灌溉等，节约地下水和黄河水。建立雨水收集与利用系统，提高雨水利用率，利用雨水补给城市人工水域和灌溉城市绿地，达到城市节水目的。

④ 通过工农业用水水权转换提高工业用水比例，由耗水工业支付资金改造农业灌溉技术，节约出来的水资源用于工业用水。

第三，水权转换和区域调配。由于各地工业用水和城市用水持续增加，用水需求总量增加，受水资源总量限制，城市和工业用水也受到限制，可以通过水权转换的方式满足用水需求。

水权转换分为区域内部的水权转换和区域之间的水权转换。区域内部的水权转换主要是通过提高农业用水效率，减少农业用水量，从农业用水中转换出工业和城市用水。区域之间的水权转换主要是用水量大、供水不足的地区从供水富裕的地区购买用水权，以满足区域发展的需求。

区域用水调配，主要是根据各地经济发展和建设需要，从国家层面对水资源用水配额进行调整。呼包鄂榆地区地处半干旱地区，水资源总量有限，使得工业和城市用水受到限制，而建设煤化工基地、冶金基地、装备制造业基地等都需要增加水资源供给。因此，可以通过黄河水利委员会在黄河流域适当调配水资源，以满足呼包鄂榆的用水需求。

第四，水资源保护一体化。在呼包鄂榆水资源短缺的情况下，水资源的保护和回收利用显得格外重要。水资源的保护主要是减少水资源的污染。随着工业和城市规模的扩张，呼包鄂榆地区污水排放规模日益增大，但是污水处理能力增加较慢，水质污染日益严重，水资源保护任务繁重。

在水资源保护的措施上，第一，减少污染源，推动清洁生产，控制工业污染，减少污水的产生量。第二，提高污水处理能力和处理水平，减少污水排放量，把污水处理为可以再次利用的水资源，实现废水的循环利用。第三，发展节水型产业，鼓励企业提高水资源的利用率，提高水资源的重复利用率，节约用水。

三、呼包鄂榆通信设施一体化

通信设施一体化主要是为了解决通信服务的地区分割问题。进入21世纪后，区域内通信设施网络已经实现了区域全覆盖，区域之间通信设施已经实现了网络化、一体化，能够满足区域内外的通信需求。但是我国通信行业三大通信公司实行的管理模式是按照行政区进行管理和收费，跨区域通信收取长途通话费和漫游费，这种政策造成通信的地区分割，加大了异地通信消费的成本。同时，通信行业中存在许多不合理的收费现象，在网络时代我国手机存在上网速度慢、收费标准高的现象。随着网络经济逐渐深入到日常消费领域，提高通信服务水平，提高网络速度，降低通信费用，使通信更好地为经济服务，成为通信企业改革的任务之一。

呼包鄂榆实施区域一体化，需要在通信方面实施一体化。通信服务一体化已经具备实施条件，首先，通信设施已经基本完善，能够实现一体化运营。其次，通信设施一体化的成本低，不需要地方政府和电信运营商的额外资金投入，仅需要改变运营模式。再次，电信一体化主要是实现一体化区域内资费一致化，取消长途费和漫游费，可以降低用户使用成本，有利于促进区域之间的人员流动。最后，通信服务需要提速降费，提高网络服务水平，降低网络通信的成本，使手机网络更好地发挥服务经济、方便民众的作用。

四、呼包鄂榆能源供应的一体化

能源供应主要是电力供应和天然气供应。呼包鄂榆的电力和天然气供应都能满足区域需求，并且都向区域外供应。

（一）电力生产供应一体化

呼包鄂榆的电力供应和其他行业一样，实行的是分区生产和供应。呼包鄂榆四个地级市分别形成四个电力生产和供应区域，其中呼包鄂属于蒙西电网区，榆林市属于陕西电网区。

呼包鄂榆地区的电力生产能力超过电力消耗需求，2012 年电力生产达到 1782. 39 亿千瓦时，2012 年呼包鄂榆的用电量为 1157. 12 亿千瓦时，其余 625. 27 亿千瓦时电力通过高压输电线路输送到华北地区。呼包鄂榆向外输送的电力，在内蒙古西部主要通过两条 500 千伏高压线输送到华北地区；榆林主要通过锦界到北京 500 千伏高压线输送。

目前，蒙西地区和榆林市的火电、风电仍有大量剩余，需要继续通过特高压线路向外输送。陕西省规划建设五条特高压输电线路，分别是灵绍线——灵州到绍兴正负 800 千伏特高压直流输电线路工程和陕西横榆—山东潍坊、甘肃酒泉—湖南株洲、内蒙古上海庙—山东临沂、新疆准东—安徽芜湖等五条路径特高压输变电工程。内蒙古规划建设蒙西—潍坊特高压输电线路、包头—鄂尔多斯—长沙、乌兰察布—武汉—南昌的输电线路。电力的向外输送，既能缓解我国东部和南部用电紧张的局面，也可以提高呼包鄂榆煤炭的就地转化率，促进呼包鄂榆的经济增长。

呼包鄂榆区域内部用电主要通过220千伏变电站、110千伏变电站形成区域内等级供电格局，区域内部供电能够满足用电需求。

呼包鄂榆的电力一体化主要是统筹区域电力生产和供应的规划与布局，重点解决区域对外的电力输送，通过国家电网建设，解决区域电力外送通道问题。榆林的电力对外输出通道建设已经开始实施，规划建设三条800万～100万伏的特高压输送电路，线路建成后，能够解决电力外送的困境。呼包鄂的电力外送通道目前仍受到限制，应尽快建设特高压输送线路，扩大电力外送的能力，促进鄂尔多斯煤炭的电能转化。

在电力生产上，呼包鄂榆应统筹火力发电、风力发电和太阳能发电，逐步提高风力发电和太阳能发电的生产能力，逐步改变能源生产结构。在电力生产上，通过国家层面的协调，平衡电力生产，减少相互竞争，实现电力生产的有序化。同时通过加大电力的远距离输送力度，增加对华南、华中地区、山东地区的电力输送，满足东南地区的用电需求，促进呼包鄂榆地区电力生产的发展，提高当地煤电转化率。

（二）天然气生产供应一体化

呼包鄂榆天然气主要来自鄂尔多斯盆地气田。呼包鄂的天然气供应主要是长庆气田第二净化厂和第三采气厂，位于鄂尔多斯乌审旗苏格里气田。输气管线分两期建成，第一期管线2002年10月开工，2003年9月29日全线通气；第二期2011年3月开工，2012年9月通气。两条管道的年输送能力达到80亿立方米，可以满足呼包鄂近10年的天然气用气需求。天然气管道的走向，主要经过乌审旗、伊金霍洛旗、东胜区、达拉特旗、包头市、土默特右旗、土默特左旗，最后到呼和浩特市区。

榆林市天然气供应主要来自长庆气田第二采气厂，主要是榆林、子洲、神木气田的天然气，供应榆林市、神木市、府谷县。

呼包鄂榆同时是京津冀地区的天然气供应地。陕西供应京津地区的天然气年供气量达到54亿立方米，通过榆林压气站供应北京。榆林压气站八进四出，共有12条管线与上下游站场相连。进气八路分别为陕京一线榆林来气、靖边来气，陕京二线长庆来气、长北来气、苏里格来气、中国石化来气、靖边来气、陕京三线苏里格来气。鄂尔多斯天然气储量丰富，现在主要通过榆林压气站供应北京。从鄂尔多斯供应天津—山东的天然气管道正在筹建之中。

呼包鄂榆的天然气主要储藏在鄂尔多斯盆地，目前已经探明的超千亿立方米气田就有 4 个。但是天然气生产和供应主要按行政区划分，呼包鄂主要使用乌审旗苏格里气田的天然气，榆林市主要使用榆林、靖边、子洲的天然气。在对外输出上，主要通过榆林压气站向京津冀地区供应。

呼包鄂榆天然气生产、供应的一体化，应当主要体现在区域规划布局上。首先，在对外供应上，在陕西—北京的天然气三线基础上，增加内蒙古对北京地区的天然气供应，把蒙西地区天然气的外运通道与区内用气结合起来。其次，呼包鄂榆区域内部，应当统筹区域用气需求、合理布局供气管线，在满足主要地区用气需求的基础上，对区域内主要城镇和工业园区实现天然气供应，以改变区域内能源结构，增加清洁能源的使用比例。最后，在天然气开发投资中，吸引多方投资，包括民间资本的投入，形成天然气投资的多元化，带动区域经济增长。

第二节　呼包鄂榆公共服务一体化

公共服务一体化是指实施区域一体化的地区，公民所享受到的基本公共服务能够不受行政区限制，实现跨行政区共享，并逐步达到同一标准的过程。

公共服务一体化主要包括两个方面，即公共服务标准的一体化和公共服务跨区域共享。同一标准是指发展水平有差异的地区基本公共服务标准逐步接近或者差距逐步缩小；跨区域共享主要是指流动人口移出地区和移入地区的基本公共服务能够顺畅流转，流动人口在非户籍地能够享有基本的公共服务。

对于区域一体化进程而言，基本公共服务一体化可以使流动劳动力的基本公共服务得到保障，解决流动劳动力涉及的教育、医疗、社会保障、住房等公共服务问题。保证一体化区域劳动力自由流动的目的，是促进区域生产要素的优化配置。因此，基本公共服务一体化是区域一体化的保障。

一、呼包鄂榆公共服务的区域差异

呼包鄂榆地区公共服务水平差距明显，城市与城市之间、城市与县城之间都有明显的差异。这种差异表现在中心城市公共服务水平高于其他城市；地级市城市公共服务水平高于县城。本书用“公共服务”指标值（指万人拥有教师数、万人卫生技术人员数和万人技术人员数三数的综合值）反映区域之间公共服务的差距。

以 2001 年、2004 年、2008 年和 2012 年呼包鄂榆县（旗、区）公共服务指标值为代表，反映公共服务能力的差距及其变化。图 7-1 是四个年份呼包鄂榆县（旗、区）公共服务指标值的等级分布，采用自然断裂点进行等级划分，共分为 5 个等级。

图 7-1 表明公共服务综合分值的区域差别规律是：①城市辖区与县（旗）差别明显，从 2001 年到 2012 年，呼和浩特市、包头市、东胜区和榆阳区一直处于第一等级和第二等级。其他县（旗）多数处于第三、第四和第五等级，说明城市与县（旗）之间差别明显。②2001—2012 年，县（旗）之间的差别也很大，但是规律性不明显。公共服务综合分值高的县（旗）中，有的是地区生产总值高，有的是人口少，但是同一年份相反的情况也存在，说明人口和经济并不是影响公共服务综合分值的决定因素，还有其他因素影响公共服务能力。

因此，公共服务能力城市与县（旗）差别明显，但是县与县之间的差别受人口、经济和其他因素影响，规律不明显。

公共服务的区域差异对区域一体化的影响主要表现在三个方面：①加剧了区域的分割程度。我国公共服务的特点是地域性，即本行政区内的公共服务只提供给当地户籍人口，许多行政区都对外来非户籍人口设置了公共服务使用限制。如呼和浩特和包头市的中考和高考要

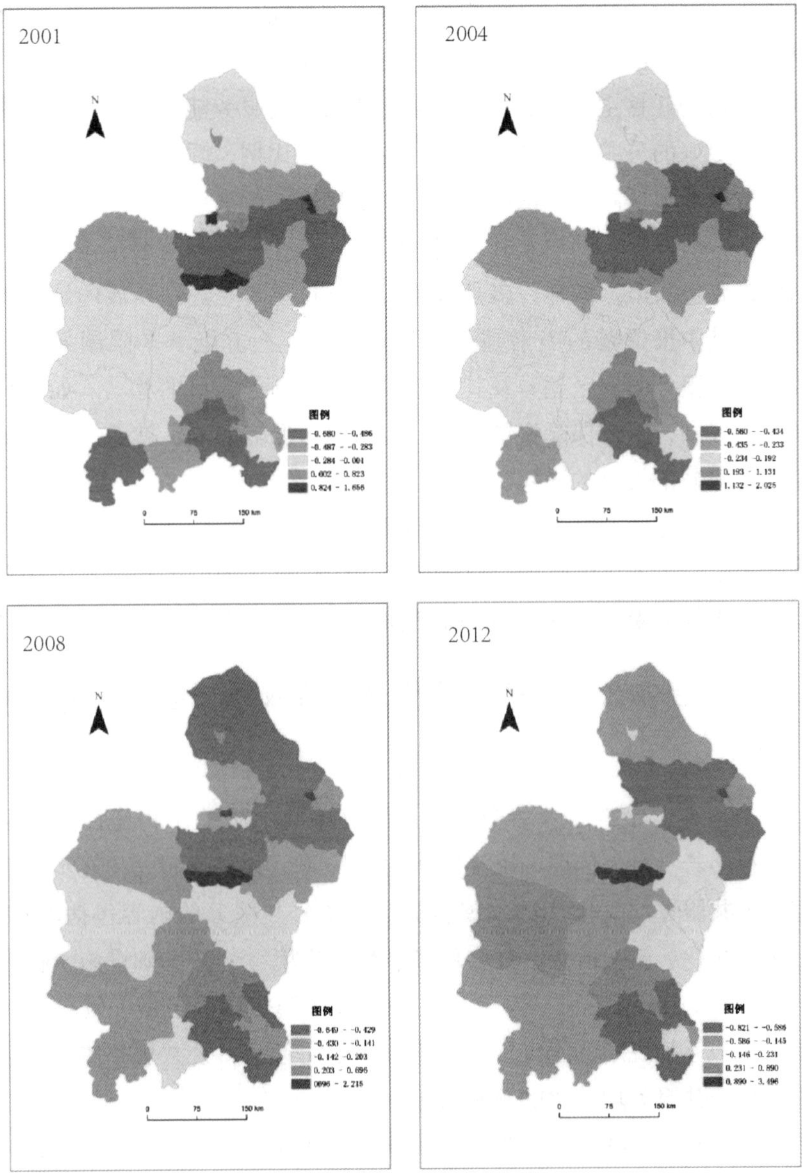

图 7-1　主要年份呼包鄂榆县（旗、区）公共服务指标值的地区差异

求必须是本地户籍人口，外来非户籍人员不能在呼包参加高考和中考；医疗保险只限制在本地医院就诊，在外地就诊必须经过本地医疗保险管理部门的同意。这种依据户籍提供当地公共服务的规则，导致区域之间的分割加剧，限制劳动力的合理流动。②影响人口的迁移方向。人口的迁移主要是受工作机会和地区公共服务能力的影响，其中为得到更好的公共服务迁移的人口占到一定比例。呼包鄂榆地区城市公共服务能力从高到低依次是：呼和浩特市、包头市、鄂尔多斯市和榆林市，所以呼包鄂榆及其周围地区的人口迁移方向主要是流向呼和浩特市和包头市。同样许多县城的人口迁移主要是迁往所属的地级市辖区，其中很重要的因素是子女教育和老年人养老。③限制人口移动。公共服务的地区差异及其服务限制，限制了人口的移动。如教育的户籍限制、医疗保险报销限制、最低生活保障限制、就业的户籍限制等，限制了人口的迁移。

公共服务的地区差异及其户籍限制增加了流动人口的生活成本，极大地限制了人口的移动，对于区域一体化要实现的劳动力自由迁移是一个制约因素。因此区域一体化需要实施基本公共服务的一体化。

二、基本公共服务均等化是公共服务一体化的前提和条件

2006 年，十六届六中全会通过的《中共中央关于构建社会主义和谐社会若干重大问题的决定》提出“完善公共财政制度，逐步实现基本公共服务均等化”的发展目标。基本公共服务的内容包括教育、卫生、文化、就业服务、社会保障、生态环境、公共基础设施、社会治安等。2010 年 10 月，在《中共中央关于制定国民经济和社会发展第十二个五年规划的建议》中，再次确定完善基本公共服务体系、推进基本公共服务均等化的发展目标。

关于基本公共服务均等化的服务内容和服务标准，安体富认为，基本公共服务应该是指与民生密切相关的纯公共服务，包括义务教育、公共卫生、基础科学研究、公益性文化事业和社会救济等。基本公共服务的标准有三种，即最低标准、平均标准、相等的标准。基本公共服务均等化的最终目标是基本公共服务的均等化[161]。

在基本公共服务均等化中，“均等”是指“人与人之间”“城市

与乡村之间”“地区与地区之间”基本公共服务的均等化。在我国基本公共服务差别最大的是地区之间和城乡之间基本公共服务的差别。因此，基本公共服务均等化的重点是解决地区之间和城乡之间基本公共服务的不均等问题。

基本公共服务均等化是公共服务一体化的前提和基础，而公共服务一体化是在基本公共服务均等化基础上形成的区域公共服务的合作共享，比基本公共服务均等化更高一级、更进一步。因为如果实现了地区之间、城乡之间基本公共服务的均等化，基本公共服务水平差距缩小，就可以在相对均等的基本公共服务基础上实施公共服务一体化，减少了公共服务一体化过程中协调区域差异的过程，只要解决公共服务区域之间流转的衔接问题，就可以达到公共服务一体化的目的。而公共服务一体化不仅包括基本公共服务“人与人”“地区与地区”“城市与乡村”之间的均等化，还包括流动人口（非户籍人口）享有基本公共服务，使基本公共服务的覆盖范围从本地户籍居民扩大到非本地户籍的流动居民，服务的人口范围更大。而且人口的流动规律一般是流向公共服务水平高的区域，公共服务一体化能够满足居民提高公共服务水平的需求。

三、公共服务一体化是区域一体化的保障

公共服务一体化是对一体化区域内常住居民基本公共服务的均等化，不仅对本地户籍人口，也对本地非户籍常住人口实现该基本公共服务均等化。公共服务一体化是我国国内实施区域一体化的保障和必要条件，只有实施了公共服务一体化才能保证区域一体化的顺利实施。

公共服务一体化，主要是完善区域协调机制，实现基本公共服务的协作、共享和对接。对常住人口（包括户籍人口和流动人口）实现基本公共服务均等化，可以解决区域一体化的三个最基本问题：①劳动力迁移的保障问题。区域一体化要求生产要素能够自由迁移，其中包括劳动力及其家眷，如果实现了常住人口基本服务均等化，外来非户籍人口可以享受基本公共服务，就可以解除劳动力迁移的后顾之

忧，实现劳动力的自由迁移，为区域一体化的实施提供保障。②基本公共服务一体化可以解决地方政府财力差异导致的基本公共服务差异，达到区域之间基本公共服务的均等化，实现一体化区域公共服务的均等。③区域之间的公共服务的流转及流动人口基本公共服务的异地实现，需要建立区域协商机制，这种区域协商机制，也是区域一体化发展的重要机制。这种协商机制的建立和完善，是区域一体化顺利发展的关键。

四、公共服务一体化的内容和路径

呼包鄂榆的基本公共服务一体化是指：呼包鄂榆各地区基本形成大致一致的基本公共服务供给水平，并且实现流动人口在区域内异地能够享有基本公共服务，实现基本公共服务的顺利流转。

目前，呼包鄂榆境内公共服务的差距明显，主要是城市之间的差距和城乡之间的差距。城市之间首府呼和浩特集中了大部分优质公共服务资源，尤其在教育、卫生、文化、科技和体育等方面，优势更为突出。其次是包头市，公共服务能力低于呼和浩特市，但是也具有明显的优势。鄂尔多斯和榆林的公共服务质量和规模明显低于呼和浩特和包头市。城乡之间的差距中，呼包鄂榆中心城市的公共服务能力高于县城，县城的公共服务能力高于乡镇。由于公共服务的差别，呼包鄂榆区域之间人口迁移的方向主要是流向呼和浩特市和包头市，县（旗、区）内迁移方向主要是流向县城。尤其是教育质量的差距，成为决定人口迁移的主要公共服务因素。即使是经济发达的鄂尔多斯市，人口也是向呼和浩特和包头市迁移。

在基本公共服务差距明显的情况下，呼包鄂榆的公共服务一体化首先应当在各自区域内建立基本均等的公共服务，形成水平大致相等的基本公共服务体系，为公共服务一体化奠定基础。其次，通过区域政府协商，公共服务能够突破行政区限制，流动人口能够在异地享有基本公共服务，保障劳动力自由流动，减轻流动人口的生活负担，消除流动人口的后顾之忧，释放居民消费能力，促进区域一体化进程。

在公共服务一体化的内容上，应当采取逐步扩大公共服务项目的方法，稳步推动公共服务一体化。首先，要解决流动人口最基本公共服务的一体化问题，包括义务教育、医疗服务、社会救助和社会保障。由于基本公共服务限制，我国大量流动劳动力家庭无法在异地解决子女上学、就医、社会救助等问题，只能将妇女和儿童留守在农村，带来许多社会问题。因此，解决最基本的公共服务问题，从微观上能够稳定流动劳动力，解决流动人口家庭分居问题；从宏观上，能促进经济建设、人口集聚和城市化水平的提高。其次，在一体化协调机制或者是基本公共服务政策保障下，公共服务一体化的内容可扩展到养老保险、医疗保险、住房保障和就业服务等方面。提高公共服务一体化的广度和服务质量，促进自由流动劳动力的保障水平。最后，在国家的异地医保服务、异地救助和保障服务等政策推动下，公共服务一体化逐步扩展到全部基本公共服务项目，包括教育、卫生、文化、就业服务、社会保障、生态环境、公共基础设施、社会治安等，使呼包鄂榆地区形成比较全面的基本公共服务一体化区域。

公共服务一体化的实现主要包括全国性的制度安排和局部区域的制度安排。全国性的制度安排是通过国家法规或政策规定流动人口在异地接受公共服务的基本制度。局部区域的制度安排是通过地方政府之间的合作解决局部地区对流动人口提供公共服务的制度安排。我国目前还没有形成完整的、全国性的对流动人口提供公共服务的制度安排，因此局部区域的合作制度成为公共服务一体化的主要形式。

目前，我国公共服务的能力和水平在全国各地有较大差距，表现在教育、医疗、社会保障和社会救助等方面都存在着很大差距。例如，北京和上海的医疗在全国处于最高水平，而边疆地区和偏远地区的医疗水平在全国较为落后。教育水平和高考压力在全国的差别也很大，河南、河北、山东和四川等地，人口多，高等学校少，高考分数线高；而北京、上海等发达城市，高等学校多，招生名额多，高考分数线低；内蒙古、新疆、宁夏和西藏等少数民族地区分数线低。这种差别导致全国各地的重病病人集中到北京、上海看病；高考分数线高的地区考生违规到高考分数线低的地区参加高考，产生“高考移民”

现象。为了保护当地居民的公共服务利益，我国许多省份和城市都实施人口户籍迁入的限制政策，从而产生了地区之间人口迁移的封闭现象。如北京、上海、广州和深圳等地都实施了人口户籍迁入的限制政策，许多省会城市在人口迁入时也设置了许多条件和障碍，导致全国地区分割现象十分严重。北京、上海、广州、深圳等地的流动劳动人口虽然为城市付出了劳动，但是不能迁入城市之中，也不能享受当地公共服务，成为长期居住在城市的“流动人口”，而流动人口的家眷很大比例成为农村地区的留守人口。

全国性的公共服务一体化政策，应当体现公平性、可行性和阶段性的原则，对全国流动人口的公共服务做出合理的安排。尤其是在基本公共服务项目上，作为全国公共服务均等化制度框架内的一部分，对流动人口公共服务合理的政策安排，有助于“流动人口”的稳定，实现生产要素的优化配置和提高经济效益。全国性的公共服务一体化政策主要解决以下问题：

第一，从公平角度逐步实现流动人口基本公共服务机会的均等化。目前，我国居民享受的基本公共服务，如子女上学、医疗保险、养老保险、最低生活保障等，主要是针对户籍人口，而对非户籍人口，即流动人口，限制了其享受基本公共服务的权利。流动人口是城市中主要的体力劳动者，从公平角度，他们应当享有基本公共服务，尤其是子女教育、医疗保险、养老保险等。全国性公共服务一体化政策应当明确流动人口享有基本公共服务的权利和地方政府向流动人口提供公共服务的义务。

第二，全国性制度应当对个人医疗保险、养老保险、失业保险、最低生活保障、社会救助等制定异地服务的政策。目前，我国的医疗保险、养老保险、失业保险等实施的是户籍地属地政策，人口短期或者中期离开户籍地，如果没有户籍迁移，在异地不能享有医疗保险、失业保险、最低生活保障等公共服务。因此，全国性制度应当制定基本公共服务异地服务政策，保证基本公共服务与人口迁移的同步移动。

第三，根据阶段性原则，逐步建立全国基本平等的公共服务体系。目前我国地域分割的公共服务差别，并不是一种合理的、理想的制度安排。这种制度安排是历史原因形成的，在短期内还无法改变。但是这种不平等的制度造成的地区分割，会加大地区差异和地区之间的不均衡，导致经济要素集聚的“不经济”，加大了东部发达地区人口和经济集聚的压力，抑制我国中部、西部和东北地区的均衡发展。虽然在现阶段还不具备全国范围内实现平等公共服务的条件，但是通过制度安排，可以分阶段逐步实现地区之间、城乡之间相对平等的公共服务，最终形成全国相对平等的公共服务体系。

局部区域的制度安排主要是地区之间通过政府合作，形成两个或多个地区之间政府公共服务一体化的制度安排。与全国公共服务一体化的制度安排不同，地区之间公共服务一体化的制度安排，是在全国性制度的基础上，强调地区之间公共服务的一体化。主要内容是地区之间基本公共服务的均等、对接和流转。

第一，呼包鄂榆基本公共服务的均等化。呼包鄂榆公共服务一体化首先需要基本公共服务的均等化，在呼包鄂榆地区之间、城乡之间形成大致均等的基本公共服务，为公共服务一体化奠定基础。呼包鄂榆地区生产总值总量相当，经济水平相近，地区之间公共服务的政府投入相当。但是由于城市的地位和发展历史差异，呼包鄂榆公共服务的能力和水平有较大差距，由高到低排序是：呼和浩特市、包头市、鄂尔多斯市和榆林市。因此针对地区差异，要提高包鄂榆的公共服务能力。从城乡之间的差距看，呼包鄂榆基本公共服务差距悬殊，许多农村地区基本公共服务供给严重不足。例如，呼和浩特市境内的一些农村地区，小学教师不足，教育质量差，导致学生离开乡村，到县城或城市就读。这种现象在呼包鄂榆地区比较普遍，导致农村年轻人口向县城或城市迁移。因此，城乡之间基本公共服务水平的均等，是呼包鄂榆公共服务一体化的重要任务。

第二，在呼包鄂榆建立针对流动人口的公共服务制度。2014 年发布的新户籍制度要求逐步建立居住证制度，并以居住证制度为基础，实现基本公共服务的供给。呼包鄂榆在实施国家新户籍政策时，应当建立以居住证为依据、为流动人口提供基本公共服务的制度，实现户籍人口和非户籍人口基本公共服务的平等，形成公共服务一体化的制度基础。

第三，建立呼包鄂榆公共服务的流转制度。通过呼包鄂榆地方政府的协商，在国家有关政策的基础上，建立公共服务的流转制度，形成制度衔接、流转通畅、城乡一体、待遇互认的基本制度。对于呼包鄂榆城乡居民在呼包鄂榆境内的迁移，实行居民移动与基本公共服务流转同步。保证义务教育、医疗保险、养老保险、生活保障、社会救助、失业保障、住房保障、就业服务等公共服务在境内的协调供给，形成呼包鄂榆基本公共服务的一体化。

第四，与基本公共服务相配套，建立公共财政制度。基本公共服务的均等化和公共服务的一体化都要求各地政府提供公共服务开支。基本公共服务均等化，要求各地政府付出与人口数量相适应的公共开支。而公共服务一体化，还要求各地政府支付流动人口的公共开支。这就要求公共财政制度相应地进行改革。目前，我国各地的财政政策是一种以经济建设为主的全能型财政制度（常修泽，2007），基本公共服务支出薄弱。财政制度改革要根据公共服务均等化要求，增加基本公共服务开支，保障基本公共服务均等化的财政支出。需要加大中央财政转移支付力度，缩小东部、中部和西部公共财政支出的差距，保证我国大区之间公共财政的基本均衡。同时，在呼包鄂榆境内，推动城乡的协调发展，保证农村公共财政支出，实现农村地区基本公共服务与城市公共服务的均等。在公共服务一体化方面，各地还要建立向流动人口提供公共服务的财政支出制度，保证常住流动人口享有基本公共服务。

第三节　呼包鄂榆生态环境一体化

生态是指生物之间和生物与周围环境之间相互联系组成的整体，环境泛指地理环境，是围绕人类的自然现象总体，可分为自然环境、经济环境和社会文化环境。生态环境一般泛指人类周围的各种自然因素的总和。

良好的生态环境是指自然界各种生物之间保持良好的生存状态，

既包括各种生物良好的生长状态，又包括各种生物生长需要的各种自然要素的良好状态。通俗的含义是指保持植被和动物的持续、无害生长和水、土、空气的清洁。良好的生态环境可以保证自然界为人类提供优质的生物产品，同时形成人类良好的生活环境。因此保持良好的生态环境，不仅是生物生长的需要，也是人类生活的基本要求，是保证人民健康生活的基本要求，也是人类对生活环境的基本需求。这就要求人类在利用自然界的同时要保持生态环境的良性循环。

呼包鄂榆地处我国内陆地区的中温带半干旱气候区，降水量少，地表植被覆盖率低，生态环境脆弱，属于生态敏感区域。区域内存在许多生态问题和环境问题，区域生态环境的保护和恢复任务繁重。而生态环境的保护和恢复，不仅需要各地加强生态环境保护，更需要各地联手治理生态环境。因此生态环境保护和治理的一体化显得尤为重要。

呼包鄂榆生态环境一体化，其目的是在保障区域经济发展的同时，保持良好的生态与环境。因此生态环境一体化是呼包鄂榆区域一体化的重要内容之一，是呼包鄂榆区域一体化可持续发展的环境基础。

一、呼包鄂榆主要生态与环境问题分析

呼包鄂榆地区的主要环境问题是由于工业生产和城市生活带来的废气、废水和固体废弃物产生的环境问题，尤其是近年来重工业发展带来的空气污染、水污染问题日益严重。

（一）呼包鄂榆主要生态问题

呼包鄂榆主要生态问题是土地沙化、黄土高原水土流失和矿山生态破坏。

呼包鄂榆的土地沙化，主要是草原土地沙化和沙漠周围土地沙漠化，主要包括阴山北部草原、鄂尔多斯草原、库布齐沙漠周边土地沙化、毛乌素沙漠周边土地沙漠化。土地沙化的特征是草场退化，植被覆盖率降低，土壤中沙粒成分比重增加。沙漠边缘区沙漠化主要是由于土地利用不当，导致植被破坏，使沙漠范围扩大。

黄土高原水土流失主要是裸露黄土在降水冲刷作用下，土壤中有

机质被雨水冲走，土壤有机成分减少，同时在地形上形成沟壑纵横的起伏地貌。

矿山生态破坏主要是地表采空区、自然地形破坏、采矿废弃物和尾矿堆积造成的矿山生态问题。地表采空区是由于井式开采形成地下空洞。自然地形破坏主要是露天开采进行地表剥离造成的地表破坏。地表剥离物和尾矿堆积物形成巨大的废弃物堆积山，在风力作用下尘土飞扬。

呼包鄂榆主要生态问题的产生，既有自然因素，也有人为因素。草场沙化的产生，与降水少、气候干旱有关，但主要是草场过度放牧导致的草原植被覆盖率降低引起的。沙漠化与气候干旱有关，也与草场过度放牧导致地表植被破坏有关。黄土高原水土流失主要是由于过度开垦导致地表植被破坏，植物固定土壤的能力降低。而矿山生态破坏完全是由于人类不当开采，后期缺少恢复造成的。

（二）呼包鄂榆主要环境问题

呼包鄂榆的环境问题主要是产业结构重型化导致的环境污染问题。

根据王菲的研究，呼包鄂地区工业产业结构呈现为重工业产业比重不断提高、高污染、高耗能产业成为主导产业的特征，从而导致工业污染急剧增加[162]。

根据王菲论文中的污染排放强度曲线数值估算，呼包鄂三市污染物排放的变化是：

呼和浩特污染物排放情况：从 2004 年到 2010 年，万元工业产值废水排放量从 4.4 吨/万元提高到 7.5 吨/万元，排放总量从 720 万吨上升到 4178 万吨，增加了 5.8 倍；万元工业产值 SO_2 排放量从 0.005 吨/万元上升到 0.009 吨/万元，排放总量从 8185 吨上升到 50135 吨，增加了 6.13 倍；万元工业产值粉尘排放量从 0.0004 吨/万元上升到 0.0009 吨/万元，排放总量从 654.8 吨上升到 5013.45 吨，增加了 7.66 倍；万元工业产值固体废弃物排放量从 0.024 吨/万元上升到 0.051 吨/万元，排放总量从 3.93 万吨上升到 28.41 万吨，增加了 7.23 倍。

包头市污染物排放情况：从 2004 年到 2010 年，万元工业产值废水排放量从 3.8 吨/万元提高到 4.2 吨/万元，排放总量从 1037.29 万吨到 4992.88 万吨，增加了 4.81 倍；万元工业产值 SO_2 排放量从 0.004 吨/万元上升到 0.005 吨/万元，排放总量从 1.09 万吨上升到 5.94 万吨，增加了 5.44 倍；万元工业产值粉尘排放量从 0.0017 吨/万元下降到 0.0016 吨/万元，但是排放总量从 4640 吨上升到 19020 吨，增加了 4.10 倍；万元工业产值固体废弃物排放量从 0.6 吨/万元上升到 0.8 吨/万元，排放总量从 163.78 万吨上升到 951.02 万吨，增加了 5.81 倍。

鄂尔多斯污染物排放情况：从 2004 年到 2010 年，万元工业产值废水排放量从 8 吨/万元下降到 7 吨/万元，但是排放总量从 1250 万吨上升到 9737 万吨，增加了 7.79 倍；万元工业产值 SO_2 排放量从 0.01 吨/万元下降到 0.005 吨/万元，排放总量从 1.56 万吨上升到 6.96 万吨，增加了 4.45 倍；万元工业产值粉尘排放量从 0.0023 吨/万元下降到 0.0014 吨/万元，排放总量从 3593 吨上升到 1.95 万吨，增加了 5.42 倍；万元工业产值固体废弃物排放量从 1.19 吨/万元上升到 1.32 吨/万元，排放总量从 185.88 万吨上升到 1836.28 万吨，增加了 9.88 倍。

根据张金锁的研究[163]，从 1997 年到 2007 年，榆林市污染物排放数量的变化是：1997 年工业废气排放量为 106.07×10^8 立方米（标），2007 年达到 927.36×10^8 立方米（标），增加了 8.74 倍。1997 年废水排放量为 829.1 万吨，2004 年增加到 1083.71 万吨，2007 年增加到 3698 万吨，2007 年比 1997 年增加了 4.46 倍，呈现快速上升趋势。工业固体废物的排放量迅速增加，2007 年排放量达 1128.79 万吨。

随着工业产业的快速增长，呼包鄂榆地区污染物排放量也呈现快速增长的状态，对环境造成越来越大的压力。

从 2001 年到 2012 年，呼包鄂榆地区城市人口也呈现快速增长趋势。城市人口的增加，使城市生活垃圾和污染物排放量也呈现快速增加趋势。内蒙古环境状况公报显示，2001 年全区废水排放量 46701 万吨，其中生活污水排放量25741万吨，工业废水排放量20960万吨，分别占总量的55.1%和44.9%，生活污水排放量超过工业污水排放量①。2012年全区废水排放总量为10.24亿吨，其中工业废水排放量3.36亿吨，城镇生活污水排放量6.88亿吨，分别占排放总量的32.8%和67.2%。城市污水废水排放量超过工业污水排放量，而且两者的排放差距在不断扩大，说明城市废水排放是废水污染的主要因素之一②。区域环境治理不仅要对工业污染进行治理，更要对城市污染进行治理，才能取得良好的治理效果。

二、呼包鄂榆生态建设和环境治理进展与区域差异

呼包鄂榆地区的生态与环境问题，在新中国成立之初并不严重。但是随着经济和社会的发展，生态与环境问题逐渐显现，尤其是2000年沙尘暴的发生，使生态问题变得十分严重，对本地区和其他区域造成严重环境干扰。因此，生态保护与环境治理工作开始得到加强。在我国经济社会进入"新常态"后，生态保护与环境治理的要求日益严格，为适应新常态，呼包鄂榆需要进一步加大生态环境的建设和治理力度。

（一）呼包鄂榆地区的生态建设

呼包鄂榆地区的生态建设工程，主要包括三北防护林建设、风沙源治理、黄土区水土保持等。

三北防护林体系工程是指在中国西北、华北和东北地区建设的人工林业生态工程。为改善生态环境，中国政府从1978年开始把三北防护林体系工程列为国家经济建设的重要项目。工程规划期限为73年，分八期工程进行，目前正式启动第五期工程建设。

三北防护林工程建设范围主要是风沙危害和水土流失严重的西北、华北、东北地区，涉及我国北方13个省（自治区、直辖市），建设范围东起黑龙江省，西至新疆维吾尔自治区，总面积达407万平方千米，占国土面积的42%。

经过38年的建设，三北防护林体系工程治理区环境质量有了较

---

① http：//www.chinaenvironment.com/view/ViewNews.aspx？k=20050525160931585.

② http：//www.nmgepb.gov.cn/ywgl/hjtj/201310/t20131014_1434444.html.

大改善，生态效益和社会效益明显。

京津风沙源治理工程是为了防沙固土，减少京津地区沙尘天气而实施的“环京津风沙源治理工程”。该工程一期 2002 年启动，2012 年结束。沙源治理工程范围西到达茂旗，东至内蒙古的阿鲁科尔沁旗，南起山西的代县，北至内蒙古的东乌珠穆沁旗，涉及五省（区、市）的 75 个县（旗），总面积 45.8 万平方公里，沙化土地面积 10.12 万平方公里。工程采取以林草植被建设为主的综合治理措施。具体包括林业措施，即退耕还林、荒地造林、营造林、封山育林；农业措施包括人工种草、飞播牧草、围栏封育、基本草场建设、草种基地、禁牧、建暖棚等；水利措施包括水源工程、节水灌溉、小流域综合治理等。

京津风沙源治理二期工程从 2013—2022 年为期 10 年，总投资达 877.92 亿元。工程区范围扩大至 6 个省（区、市）的 138 个县（旗、市、区）。二期工程包含七大任务，即加强植被保护和建设、提高已有植被质量和覆盖率、重点区域沙化土地治理、防治局部区域流沙侵蚀、稳步推进易地搬迁、降低区域生态压力等。

黄土高原水土流失的生态治理已经持续几十年，先后实施了水土保持重点建设、三北防护林体系建设、退耕还林、黄土高原淤地坝建设、水土保持世界银行贷款项目等一系列生态建设工程，取得了瞩目的成就。但是黄土高原治理也存在综合配套不够、治理投入不足、科技水平不高、生态保护监管不到位等问题。为了加强黄土高原地区的综合治理，国家开始实施黄土高原地区综合治理工程（2010—2030 年）。该项工程建设期为 2010—2030 年，其中 2010—2015 年为近期，2016—2030 年为远期。

该工程治理区域包括黄土高原区、太行山、秦岭黄土覆盖区、渭河、汾河谷地区、毛乌素沙漠区、河套地区、宁夏沿黄地区等区域。主要建设内容包括：水土保持及土地整治，通过淤地坝建设、坡改梯、水窖和农田旱作节水设施建设，减少水土流失；森林植被的保护和建设采取封山育林、人工造林、飞播造林等措施，建设旱生灌草植被，提高植被覆盖率；草食畜牧业发展采取草场改良、人工种草、棚圈建设和贮草设施建设等措施，建设基本草场，配套牧业基础设施，发展畜牧业。

（二）呼包鄂榆地区主要的环境治理建设

呼包鄂榆的环境问题主要集中在城市和工业园区。2000 年以前，工业园区较少，环境问题主要集中在城市。2000 年以后，由于大量建设工业园区，工业园区的环境问题日益突出，与城市环境问题一起成为区域环境的主要污染源。

呼包鄂榆的城市环境问题，主要包括废气、废水和固体废弃物。2000 年以前主要是空气污染。在 20 世纪 90 年代，呼包鄂榆地区城市都实施了蓝天绿地工程，采取的主要措施是限制居民使用原煤，要求居民用蜂窝煤和液化气作为厨房燃料，空气质量的恶化得到控制。2003 年长庆—呼和浩特天然气管道通气后，居民大多数使用天然气作为厨房燃气，空气质量得到明显改善。2012 年长庆—呼和浩特天然气管道复线通气，城市中餐饮业和燃气锅炉逐步使用天然气代替原煤或液化气，工业企业也逐渐使用天然气，煤炭使用数量明显下降，空气质量进一步好转。据统计，2012 年空气质量优良天数，呼和浩特市城区为 348 天，包头市为 324 天，鄂尔多斯为 344 天，榆林市为 335 天，空气污染治理取得显著成绩。呼包鄂榆工业园区也对主要空气污染企业进行了环境整治，取得了一定的效果。

在污水处理上，主要通过建设污水处理厂，减少污水排放量。“十一五”期间呼包鄂地区的城市辖区和主要县城都建设了污水处理厂。“十二五”期间主要工业园区建设了污水处理厂。榆林市共建设了 15 个污水处理厂，每个县城一个，日处理污水 1 万~2 万吨。主要工业园区总的污水处理能力为 18. 75 万吨/日。尽管呼包鄂榆城镇和主要工业园区都建设了污水处理厂，但是污水处理能力仍远远低于城镇污水排放量。污水处理的压力仍长期存在。

固体废弃物的排放，主要是工业垃圾、城市生活垃圾和城市建筑垃圾。目前，呼包鄂榆主要城市都建设了生活垃圾处理厂，处理方式包括填埋、焚烧、分类回收利用和垃圾发电等方式。城市建筑垃圾主要是采用填埋方式。工业固体废弃物中部分回收利用，但是大多数以填埋方式处理。固体废弃物处理方式落后，处理能力不足。

（三）呼包鄂榆地区生态建设的区域差异

在生态建设上，由于各地区的区域面积不同、各地区国家生态建设工程量差异以及各地对生态建设重视程度存在差异，呼包鄂榆各地的生态建设投入程度有很大差异。本章以“生态指标”，即生态林面积衡量各地在生态建设上投入的差异。图 7-2 反映了“生态指标”（指标准化数值）的区域差异。

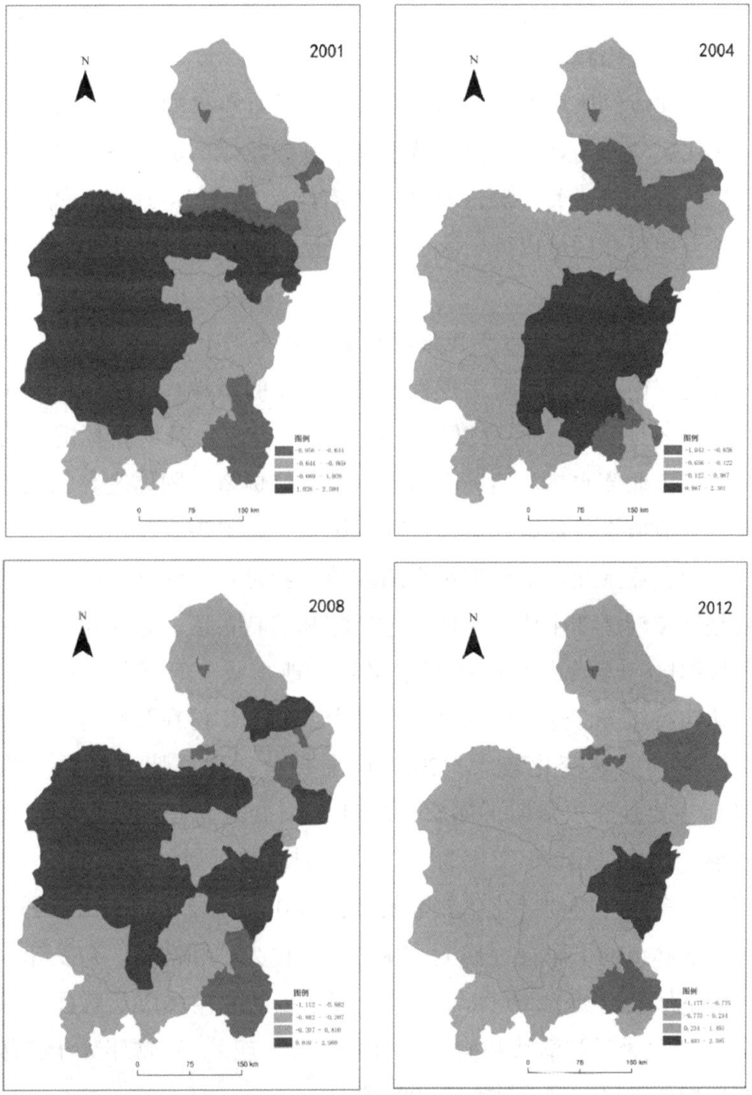

图 7-2　呼包鄂榆“生态建设”指标值的空间分布

呼包鄂榆生态建设的区域差异特点是：①生态建设的重点地区在草原、沙漠，四个年份中，一级区域和二级区域主要集中在鄂尔多斯全部、榆林市北部和西部（不包括南部六县）、包头市达茂旗草原区和呼和浩特武川草原区，这里主要是沙漠和草原的风沙源治理区；②榆林市北部、鄂尔多斯东部、呼和浩特南部主要是黄土流失治理区，在三个年份进入第一或第二等级。③土默特平原区和榆林南部六县生态治理投入低。④呼和浩特和包头市生态投入低，造林面积小，这与城市辖区面积小有直接关系。

生态建设的区域差异说明，呼包鄂榆近十年来的生态建设主要是呼包鄂榆风沙源治理，其次是黄土高原区和草原区的生态治理；主要农业生产区（土默特平原区）和榆林南部六县生态治理投入低；城市区的生态建设在区域内处于落后状态，这与城市辖区面积小、绿化面积小有关。

（四）呼包鄂榆地区环境治理的区域差异

呼包鄂榆各地的环境治理程度也有明显的差异。本书用“环境指标”衡量各地环境治理程度的差异。环境指标是三项指标的复合指标，包括工业废水排放达标率、烟尘排放达标率、固体废弃物处置利用率，其数值也是标准化数值，其区域差异如图 7-3 所示。

呼包鄂榆工业污染治理水平的区域差异是：①治理水平第一等级主要是城市辖区和主要产煤区，包括呼和浩特市区、包头市区、东胜区和榆阳区，煤炭产区包括准格尔旗、神木县、府谷县、伊金霍洛旗、达拉特旗等，这些区域至少有三个或四个年份在第一等级。②第二等级治理区域变化较大，2001 年主要是呼和浩特下属县（旗），2004 年主要是鄂尔多斯下属旗，2008 年又变化为呼和浩特和包头市下属县（旗），2012 年变化为鄂尔多斯和榆林下属的县（旗）。③第三等级和第四等级的变化也非常明显，2001 年主要是包头市、鄂尔多斯市和榆林市的下属县（旗）。2004 年变化为呼和浩特、包头市、榆林市的下属县（旗）。2008 年主要是鄂尔多斯和榆林市下属县（旗）。2012 年变化为呼和浩特和榆林市的下属县（旗）。④常年处于三级和四级区域的地区主要是榆林市南部六县。

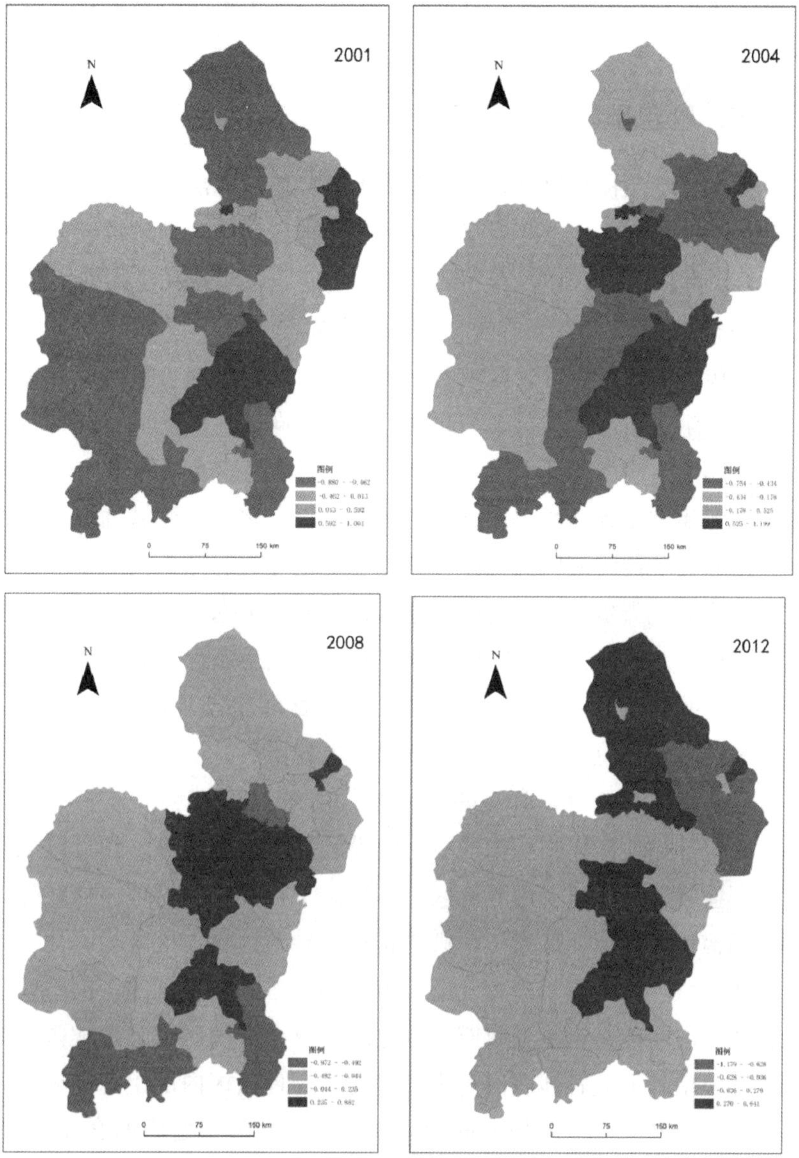

图 7-3　呼包鄂榆环境治理指标值的空间分布

这种分布说明工业污染治理水平的基本规律：城市区一直处于较高的污染处理水平，煤炭主产区也处于较高的污染处理水平。但是其他区域的污染处理水平并不稳定，处于变化状态。低污染处理水平的地区主要是榆林南部六县，这里的工业发展水平也相对较低，污染强度不大。

三、呼包鄂榆生态环境一体化的内容和路径

生态环境保护是保护和优化人类生存环境、解决现实环境问题的各种行动的总称。生态环境保护一体化是指区域内各地域单元之间相互联合，共同解决区域内存在的生态环境问题，实现共建共享。

（一）呼包鄂榆生态环境一体化的内容

呼包鄂榆地区在自然区域上分别属于内蒙古高原、黄河流域冲积平原、鄂尔多斯高原和黄土高原区，属于不同的自然区域。在自然环境上，属于干旱、半干旱地区，都处于我国生态建设的重点屏障区域。生态建设任务相似，部分生态建设工程重叠。在流域划分上，大多数区域处于黄河流域内，保护黄河水质是呼包鄂榆共同的任务。在产业结构上，鄂尔多斯和榆林产业结构相似，生态伤害和环境污染类型高度相似。因此，呼包鄂榆地区有必要实施生态保护和环境治理的一体化，共同建设良好的生态环境，促进区域生态环境的良性循环。呼包鄂榆生态环境一体化主要包括以下内容：

（1）建立生态环境管理的区域合作机制

呼包鄂榆地区面临相似的生态建设和环境治理任务。在行政区经济的利益驱动下，对于边界地区，各地出于投资竞争需要，往往降低环境门槛招商引资，加大了污染物排放，导致边界地区环境恶化。因此需要区域合作共同治理相互衔接地区的生态和环境问题。由于我国地方政府的职能是全能型政府，地方政府有全面的区域管理权限，在生态环境治理上，各地政府的主要责任是治理辖区内部生态和环境问题，而对于共同面对的环境问题，则需要建立区域之间的合作机制，这样既可以达到相互监督环境质量的目的，避免边界地区环境恶化，又可以共同治理，保证环境质量。

区域合作机制的建立主要包括以下内容：

第一，建立环境管理的合作机制。呼包鄂榆地方政府之间需要建立合作机制，共同解决相互衔接的环境问题。合作机制可以有多种形

式，包括生态环境治理合作机构、建立环境治理协商制度、建立环境治理沟通机制等，共同面对衔接区域的环境治理、协调环境监察行动、分享环境信息、解决跨界污染和边界地区水质衔接等环境问题，形成环境全方面治理机制，不留下环境治理的空白区域。

第二，建立环境监督的合作机制。在政府合作基础上，对于相互衔接地区的生态环境实施合作监督，共同监督、检查边界地区的生态变化和环境变化，处理日常和突发的生态环境事件，追究跨区域生态环境事件责任组织和责任人，保证跨区域生态环境的管理和治理，促进区域生态环境良性发展。

第三，建立生态环境惩戒合作机制。生态环境是公共产品，需要政府保护和维持。而企业经营遵循市场规律，在政府监管不力的情况下，为了降低成本，往往把生产中产生的污染不加处理排放到自然环境中，造成生态和环境的破坏。因此，政府需要对污染企业实施惩戒。在边界地区，会出现污染企业排污影响相邻的行政区，使相邻区域无法行使惩戒权利的问题。因此，在边界地区需要建立生态环境惩戒合作机制。对于破坏边界地区生态环境的污染企业，双方通过惩戒合作，制止污染企业的排污行为，并通过处罚减少环境破坏。

（2）建立生态环境建设的区域合作机制

我国的多个区域已经出现严重的环境污染和生态问题，其原因与行政分割、各自发展、重视经济发展、轻视生态环境保护有直接的关系。京津冀严重的雾霾污染，出现持续时间长、范围覆盖广的严重局面，与京津冀各自发展、对污染企业治理不力、污染源密集有直接的关系。单独依靠北京、天津的污染治理不能解决雾霾问题，只有三家联合，从产业结构调整入手，减少污染企业和污染物排放，才能从根本上解决雾霾问题。

呼包鄂榆地区的问题与京津冀不同，现在不存在严重的污染问题和生态问题。但是发达地区的经验表明，生态和环境一旦出现严重问题，就需要进行长时间的系统治理，付出昂贵的社会成本。因此，呼包鄂榆需要联合防治生态破坏和环境污染。

呼包鄂榆生态环境一体化，需要建立生态环境建设的区域合作机制。主要包括以下几个方面：

第一，共同完成已有的生态建设工程，维持生态的良性循环。呼包鄂榆境内已经持续多年的生态工程主要是三北防护林建设、京津风沙源治理工程、黄土高原综合治理工程等。呼包鄂榆地区在完成分区生态工程的同时，应当加强合作，共同建设边界地区的生态工程，提高生态建设工程的建设质量，保证生态环境的良性发展。

第二，携手解决新的生态问题。呼包鄂榆由于矿产资源开发，带来了新的生态问题，主要是矿山开采造成的地貌破坏、地表剥离物和尾矿堆积、采空区和塌陷区等产生的局部生态环境毁损问题。矿区生态破坏对地貌、土壤、大气、水资源都造成严重影响，造成局部生态恢复困难问题，形成难以利用的恶化环境。这种现象主要出现在包头市、鄂尔多斯和榆林市。

对于矿山生态的治理，各省市制定了矿山生态恢复保证金制度，保证矿山生态恢复的资金基础。2013 年，环保部公布了《矿山生态环境保护与恢复治理技术规范》，提出了矿山生态恢复的技术标准。但是许多矿区由于开采时间长，矿山恢复工作一直没有进行。

呼包鄂榆地区的矿区生态环境恢复工程量大、任务艰巨，需要当地政府根据矿区开采进度，督促、检查和管理矿区开采者，在矿山开采的不同阶段采用不同的恢复手段，尽量减轻开采阶段对矿区生态的不利影响，减少矿山生态环境持续恶化对周围环境的持续影响。对于资源枯竭的矿区，要督促矿区开采者恢复矿区生态，使矿区生态早日复原。

第三，通过产业结构的调整和城市污染防治，减少区域环境污染。区域环境的改善，需要产业一体化的配合。在产业结构调整方面，减少高污染企业的数量或者对高污染企业进行技术改造，减少污染物排放量。在产业布局方面，根据自然环境容量合理布局产业，使污染排放量在环境容量允许的范围之内，利用环境的稀释能力降低污染物对环境的破坏。在城市污染防治方面，一方面要改变城市能源结构，降低大气污染；另一方面需要加强城市污染物处理设施建设，建设污水处理厂、生活垃圾处理和利用厂、建筑垃圾填埋场等设施，提高中水回用、生活垃圾利用水平，减少城市污染物对环境的破坏。通过对工业污染和城市污染的治理，全面改善区域生态和环境质量。

第四，共同治理环境污染，保证区域环境质量。为了防止严重环境污染的出现，呼包鄂榆应当建立区域环境联防联控机制，联合控制污染物排放，保护区域环境质量。联合防控机制包括：制定区域严格、统一的污染物排放标准和处理方式。建立区域空气质量监测体系，加大对主要污染企业和城市空气排放的监测力度，控制大气污染物排放数量；建立水污染监测网络，构建水污染排放企业和城市污水排放的监测网络，严格禁止污染水源的集中排放；加强对边界地区水质的检测，形成水质控制的区域联防机制；发挥各市、县（旗）污水处理厂的治理功能，强化污水处理环节，减少污水排放的数量；构建区域环境保护的信息交换平台，实现环境保护信息交流的网络化，建立区域环境保护的合作交流机制，共同应对区域环境问题，保护区域环境质量。

（3）建立生态环境补偿机制

生态补偿机制是指在生态环境一体化过程中，占有环境利益的受益者向保护环境的无收益者进行利益补偿。环境破坏者付出成本，补偿环境损害的受害者利益。只有建立了利益补偿机制，才能在生态环境保护一体化中，统筹生态保护和利用分区，补偿生态保护敏感区域和生态责任区域的利益损失，平衡生态环境的建设、保护和利用的利益损益。

利益补偿机制主要有两种形式：第一，财政转移支付机制。转移支付形式是指上级政府或同级政府对于生态限制区和生态禁止区进行政府财政补偿，弥补因生态保护损失的政府财政。第二，排污权交易。排污权交易是指在区域排放总量控制的前提下，减少排放污染物的企业有了剩余的排污权，可以出售排污权获得经济收入。污染物排放量大，减排困难的企业购买其他企业的排污权，为多余的排放付出经济代价。排污权交易，对于努力改进工艺、减少污染物排放量的企业是一种鼓励，促使区域降低排放总量。而对于地区而言，能控制排放总量，就能保持环境的良性发展。

（二）呼包鄂榆生态环境一体化的路径

呼包鄂榆生态环境一体化的实现是一个多层次、多要素的系统问题，是涉及经济、人口、社会和城镇的综合问题。其中最主要的是平衡生态环境与经济发展、生态环境与城镇发展、生态环境与制度建设等关系。因此实现生态环境一体化不仅需要经济一体化的配合，还需要生态环境管理制度创新。主要包括以下几个方面。

（1）调整产业结构，降低产业污染

在呼包鄂榆地区的产业结构中，高消耗的重化工产业占较大比例。如煤化工、冶金等产业，这些产业带来了比较严重的空气污染、水污染和固体废弃物，是工业发展中的主要污染产业。为改善区域生态环境，在产业一体化中，应实施对产业结构的调整，推进产业升级，发展非资源产业，降低污染产业的比重，从污染源上控制污染物排放数量，遏制工业发展对生态环境的破坏。

在产业布局上，应加强区域合作和产业合作。统筹规划区域产业布局，根据生态建设的需要和主体功能区的划分，调整产业布局。工业主要集中在重点开发区，而生态脆弱区和生态敏感区应当坚持生态保护优先原则，发展绿色产业，如绿色食品生产和农业生态旅游业，通过产业的合理布局，促进生态环境建设与经济的协调发展，保持生态环境建设的可持续发展。

（2）提高城市污染物处理设施的处理能力，完善城市物质循环的“人工生态系统”

城市是典型的人工生态系统，每天有大量的资源进入城市，包括水资源、燃料、生活物资、建设物资、工业原料。同时又有大量的废弃物从城市中排出，如果废弃物不能得到有效处理，城市会变成区域的巨大污染源。因此需要提高城市污染物处理设施的处理能力，及时处理城市排出的废弃物，保持城市系统的环境更新能力。

城市污染物处理设施主要包括污水处理厂、生活垃圾处理厂、固体废弃物填埋场等。目前，呼包鄂榆的主要城镇和主要工业园区都建设了污水处理厂，但是污水处理厂处理能力低。县（旗）的污水处理厂处理能力仅为1万~2万吨，不能满足城市污水处理需求。以10万人城镇为例，按国家有关标准，每日的污水排放按每人每天 150 升用水量的 80%计算，每天生活污水排放量达到 1.5 万吨，如果加上其他用水，每日的污水量都在两万吨以上。因此县城污水处理能力略有不足，而大城市的污水处理则存在明显不足。提高污水处理能力，减少污水直接排放，可以有效地保护地下水资源。

城市生活垃圾处理厂目前有三种形式。第一种是填埋+焚烧的处理方式，这是最原始的处理方式，生活垃圾的渗出液对土地和地下水污染明显，焚烧的烟尘也污染周围环境。第二种是分类回收，对其中的可加工垃圾进行加工再次利用。第三种是生活垃圾发电，可以直接把生活垃圾转化为可利用能源。因此城市生活垃圾的处理，应当尽量采用第二种和第三种形式。而且后两种形式可以由民间资本承办，政府购买其处理能力，提高生活垃圾无害化处理能力。

城市固体废弃物垃圾，主要是建筑物垃圾和粉煤灰垃圾。这些垃圾的处理主要是填埋和露天压实堆积。建筑垃圾的填埋处理方式虽然无害，但是浪费了大量土地。粉煤灰的压实堆积容易造成粉尘污染。

城市污染物的排放，与城镇人口的数量有直接关系。在区域一体化过程中，应当合理确定城镇规模，引导城市人口在各级城镇集聚，合理控制大城市的规模，减少大城市的污染物排放数量。因此需要区域统筹，合理确定各级城镇规模，使城镇与生态建设同步发展。

（3）以边界地区的生态建设和环境治理为中心，建立生态环境一体化的协调机制

呼包鄂榆地区在相互的边界地区存在着共同建设生态和治理环境的需求。如在鄂尔多斯和榆林市的西部边界是毛乌素沙漠的边缘地带，只有双方共同推进三北防护林的建设和草场风沙源治理，才能持续推动毛乌素沙漠南缘生态环境的好转。呼包鄂都以黄河为边界，榆林市在黄河的下游。呼包鄂地区有义务保持黄河水质，减少黄河支流的污水排放，尤其是必须严格控制污染严重企业的污水排放。如呼和浩特的生物制药污水，不仅严重污染当地农田，也通过地下水和临时径流排入黄河，加重了黄河水质污染，影响黄河下游的水资源利用。

因此，呼包鄂榆地区应当以共同的生态和环境问题为中心，建立

区域生态与环境的协调机制，共同治理衔接地区的生态环境和保护黄河水质，进而实现生态环境的一体化发展。

（4）在区域一体化过程中，逐步实现生态环境的全面一体化

呼包鄂榆的区域一体化是逐渐深入的过程。随着国家逐步加大经济的市场调节力度，逐步减少行政审批，行政区经济现象会逐渐减弱。同时随着区域产业结构的调整和升级，区域经济合作程度也逐渐加深，区域经济一体化也会逐渐深入。伴随着经济发展和区域一体化的逐渐深入，生态环境一体化也会全面加强。

首先，各级政府对经济发展和生态环境关系的认识已经发生了明显的变化。在“新常态”要求下，对生态环境的保护日益严格，经济发展必须保证生态环境良性发展。因此，呼包鄂榆区域在发展经济的同时，也要保证生态环境的良好发展。不仅要实现经济一体化，促进经济结构升级和稳定发展，也要同时实现生态环境一体化，促进生态环境的良性发展。

其次，生态环境的价值日益受到重视。在经历了经济高速发展、生态环境恶化的过程之后，人们逐渐认识到生态环境的价值。在生态环境中，良好的植被、多样化的动物、干净的地表水和地下水、清洁的空气、明亮的阳光都成为珍贵的资源和稀缺物品，形成高价值产品，成为民众追求的生活环境目标。良好的生态环境也可以保护居民身体的健康，减少疾病的发生。保持良好的生态环境需要付出牺牲经济发展的代价。而牺牲生态环境发展经济，需要用公共财政治理环境，其代价巨大。因此，重视生态环境的价值，保护生态环境，成为“新常态”下的共识。

良好的生态环境也是经济发展的重要资源。良好的生态环境，可以保证绿色农业和现代农业的发展，生产绿色农产品和绿色畜产品，满足城镇居民对食品质量的需求。同时，良好的生态环境也为发展旅游业奠定了基础，成为城市居民度假旅游、观光旅游和休闲旅游的环境基础。

最后，将产业发展和生态环境建设相结合，实施全面生态环境一体化。

在呼包鄂榆区域一体化过程中，产业发展无疑是区域一体化的核心。通过产业的统筹规划，实施产业结构调整，合理布局工业产业，促进区域产业的升级发展和区域经济的持续发展。

呼包鄂榆生态环境建设也是区域一体化的重要目标，这是因为：第一，呼包鄂榆地区处于国家生态建设工程核心区内，是国家环境的绿色屏障区，生态建设具有战略意义。第二，呼包鄂榆的环境容量相对较大，但是高强度地排放污染物，也会导致区域环境的恶化，影响黄河下游区和下风向区的环境。第三，呼包鄂榆生态环境也具有重要的经济价值，不仅提供了良好的生活环境，也为绿色农业、农产品加工业和旅游业的发展奠定了发展基础。因此呼包鄂榆全面实施生态环境一体化是区域发展的必要手段。

第八章　呼包鄂榆发展预测和区域一体化的推动机制

第一节　呼包鄂榆区域发展的仿真预测

为了探讨呼包鄂榆地区未来发展的潜力和发展的对策，本节利用系统动力学对系统未来行为预测的优势，用 Vensim 软件的仿真模拟功能，建立呼包鄂榆区域社会经济资源环境发展的系统动力学模型，对呼包鄂榆区域发展进行系统结构分析和动态模拟，探讨不同发展对策下呼包鄂榆的发展演变趋势和发展规律。

一、呼包鄂榆仿真模型的构建与检验

（一）呼包鄂榆仿真模型的因素选择

区域发展是区域内人口、经济、资源和环境相互作用的综合系统的发展。在构建呼包鄂榆区域发展模型时，选择因素包括区域发展的主要变量，同时为了定量描述系统行为的变化，主要变量需要历史数据的支持，根据这两个原则，我们选择如下指标构建呼包鄂榆发展的模拟模型。

经济指标：生产总值、第一产业生产总值、第二产业生产总值、第三产业生产总值、人均生产总值。

人口指标：年末总人口、出生人口、死亡人口、城镇人口、乡村人口。

资源生产能力：煤炭产量、发电量、供水量。

资源消耗量：城市用电量、工业用电量、居民用电量、产业用水量、生活用水量、燃气消耗总量。

污染物排放量：城市污水排放量、垃圾清运量、工业固体废物产生量、工业废气排放量。

（二）呼包鄂榆仿真模型的因果关系分析

系统动力学的关键问题是建立各种变量之间的反馈关系。反馈分正反馈和负反馈两种。正反馈是指一个变量的变化会导致另外一个变量相同方向的变化。负反馈是指一个变量的变化会导致另外一个变量相反方向的变化。呼包鄂榆区域发展的因果关系及反馈机制见图8-1。

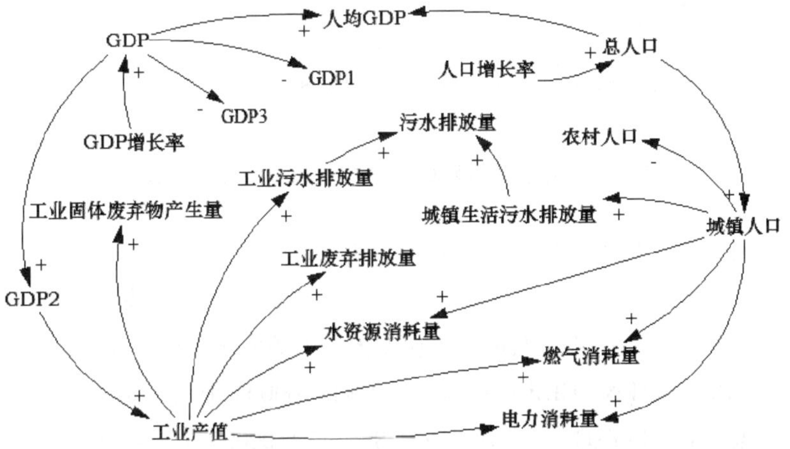

图 8-1　呼包鄂榆仿真模型主要因素的因果关系图

在上述因果关系中，主要的正反馈关系包括：工业产值的增加导致工业污染物的增加和资源消耗量的增加；GDP 的增长会导致人均 GDP 的增长；城镇人口的增长会导致资源消耗量的增加。主要的负反馈关系包括：GDP 的增加导致第一产业产值比重降低；城镇人口的增加导致农村人口的减少。

（三）呼包鄂榆模型流程图和变量关系方程的构建

根据因果关系图，建立呼包鄂榆系统动力学的模型流图。模型的模拟时间为 2001—2035 年，基准年为 2001 年，其中 2001—2012 年为模型历史验证年份，2012—2035 年为模拟预测年份，时间间隔为 1 年。以系统动力学软件 Vensim-PLE 为平台建立呼包鄂榆发展的系统模拟模型，模型流图如图 8-2 所示。

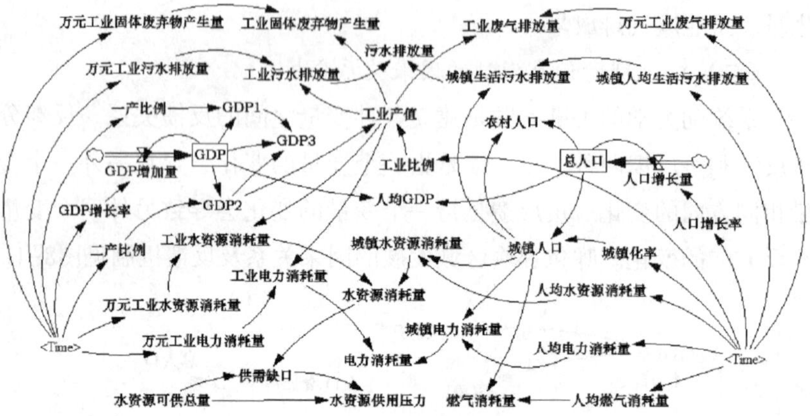

图 8-2　呼包鄂榆区域发展的系统动力学模型流图

呼包鄂榆发展模型中变量的类型和公式如下：

A：状态变量（Level Variable）：又称累积变量，反映物质量、信息量等对时间的积累，其值等于初始值加上该时间段的变化量。

GDP = INTEG（GDP 增加量，760. 84×10000）Units：万元

总人口 = INTEG（人口增长量，888. 21×10000）Units：人

B：速率变量（Rate Variable）：是描述状态变量变化速度的量，反映系统状态变量的变化速度的大小。

GDP 增加量 = GDP×GDP 增长率　Units：万元/年

人口增长量 = 总人口×人口增长率　Units：人/年

C：辅助变量（Auxiliary Variable）：是描述变化过程的中间变量。

GDP1 = GDP×一产比例　Units：万元

GDP2 = GDP×二产比例　Units：万元

GDP3 = GDP－GDP1－GDP2　Units：万元

GDP 增长率 = 0. 6 × 0. 01 × ［36. 662 － 1. 707 ×（Time － 2000）+

$0.0233\times(T-2000)^2]$　Units：Dmnl

一产比例 $=0.01\times[12.272-1.41\times(T-2000)+0.062\times(T-2000)^2-0.001\times(T-2000)^3]$　Units：Dmnl

万元工业固体废弃物产生量 $=3.937+0.146\times(T-2000)$　Units：吨/万元

万元工业废气排放量 $=0.0001\times10.14\times(T-2000)^{-0.354}$　Units：标立方米/万元

万元工业水资源消耗量 $=73.0827\times0.70002^{T-2000}$　Units：立方米/万元

万元工业污水排放量 $=2.71828^{1.827+2.39/(T-2000)}$　Units：吨/万元

万元工业电力消耗量 $=1184+370.4\times(T-2000)-31.36\times(T-2000)^2$　Units：千瓦时/万元

二产比例 $=0.01\times[49.889+0.556\times(T-2000)-0.008\times(T-2000)^2]$　Units：Dmnl

人口增长率 $=0.6\times0.01\times2.71828^{0.633-0.698/(T-2000)}$　Units：Dmnl

人均 GDP = GDP/总人口　Units：万元/人

人均水资源消耗量 $=16.258+9.614\times(T-2000)-2.238\times(T-2000)^2+0.134\times(T-2000)^3$　Units：立方米/（年×人）

人均燃气消耗量 $=12.1988\times(T-2000)^{1.2292}$　Units：立方米/（年×人）

人均电力消耗量 $=83.119\times(T-2000)^{0.967}$　Units：千瓦时/（人×年）

水资源供需缺口 = IF THEN ELSE（水资源可供总量-水资源消耗量>=0，0，水资源消耗量-水资源可供总量）　Units：立方米

农村人口 = 总人口-城镇人口　Units：人

城镇人口 = 总人口×城镇化率　Units：人

城镇人均生活污水排放量 $=22.797-1.709\times(T-2000)+0.122\times(T-2000)^2-0.001758\times(T-2000)^3$　Units：立方米/（人×年）

城镇化率 $=0.01\times[36.756-0.598\times(T-2000)+0.033\times(T-2000)^2+0.00037\times(T-2000)^3]$　Units：Dmnl

城镇生活污水排放量＝城镇人口×城镇人均生活污水排放量 Units：立方米

工业产值＝GDP2×工业比例 Units：万元

工业固体废弃物产生量＝万元工业固体废弃物产生量×工业产值 Units：吨

工业废气排放量＝万元工业废气排放量×工业产值 Units：标立方米

工业比例＝0.01×［81.75+0.884×（Time－2000）－0.015×(Time－2000)^2］ Units：Dmnl

工业污水排放量＝万元工业污水排放量×工业产值 Units：立方米

水资源供应压力＝供需缺口/水资源可供总量 Units：Dmnl

工业水资源消耗量＝万元工业水资源消耗量×工业产值 Units：立方米

城镇水资源消耗量＝人均水资源消耗量×城镇人口 Units：立方米

水资源消耗量＝工业水资源消耗量+城镇水资源消耗量 Units：立方米

工业电力消耗量＝万元工业电力消耗量×工业产值 Units：千瓦时

城镇电力消耗量＝人均电力消耗量×城镇人口 Units：千瓦时

电力消耗量＝工业电力消耗量+城镇电力消耗量 Units：千瓦时

污水排放量＝城镇生活污水排放量+工业污水排放量 Units：立方米

燃气消耗量＝人均燃气消耗量×城镇人口 Units：立方米

D：常量（Constant），不随时间变化而变化的量。

水资源可供总量＝51.01×1e+008 Units：立方米

（四）模型检验

呼包鄂榆发展模型建立后，为确保模型仿真结果和实际系统相符，需要对模型进行有效性检验。检验方法一般有直观检验、运行检验和历史检验。

（1）直观检验和运行检验

直观检验和运行检验是指对模型的结构进行分析，检验模型中变量之间的关系与实际系统的相符程度，经检验模型中变量之间的关系与实际相符即为有效。

运行检验是指模型在 Vensim 中运行时检验其单位和模型是否正确。呼包鄂榆发展模型经“Units Check”和“Check Model”得到“Units are A. O. K.”“Model is OK.”，即模型的运行检验通过。

（2）历史检验

历史检验主要是利用模型模拟数据与历史值相比较，检验模型仿真结果同历史数据的符合程度，根据符合程度判断模型的可信度。检验方法是选取主要变量进行模拟运行，将模拟结果与历史数据进行比较。本书选取 GDP、总人口和工业用水量进行历史验证，将 2001—2012 年的模拟值和历史值进行对比，对比结果如表 8-1、表 8-2 所示，模拟值和历史值误差多数小于 10%，说明模型具有较高的可信度，可用于模拟实际系统。

表 8-1　GDP 验证

年份	历史值（万元）	模拟值（万元）	相对误差（%）
2001	7608400	7608400.5	0.00%
2002	10173200	10269690	0.95%
2003	13390500	13693728	2.26%
2004	17021400	18041582	5.99%
2005	26348100	23491366	-10.84%
2006	33026300	30235620	-8.45%
2007	43230200	38477488	-10.99%
2008	58521300	48425728	-17.25%
2009	72761000	60288672	-17.14%
2010	87264100	74267384	-14.89%
2011	106934500	90548280	-15.32%
2012	119945600	109295664	-8.88%

表 8-2 总人口验证

年份	历史值（人）	仿真值（人）	相对误差（%）
2001	8788000	8882100	1.07%
2002	8854500	8965331	1.25%
2003	8927300	9084429	1.76%
2004	9786600	9219998	-5.79%
2005	9888800	9365831	-5.29%
2006	9981300	9519232	-4.63%
2007	10150700	9678815	-4.65%
2008	10326800	9843793	-4.68%
2009	10497100	10013687	-4.61%
2010	11124200	10188197	-8.41%
2011	11311000	10367131	-8.34%
2012	11430100	10550366	-7.70%

二、呼包鄂榆仿真方案的编制和模拟结果分析

（一）仿真方案的编制

仿真方案的编制，主要是确定状态变量的变化速度，一般根据发展速度的高低，确定高中低三种方案。仿真模型会根据状态变量的变化速率，模拟其他变量的变化过程，从而得到高、中、低方案的仿真模拟结果。

呼包鄂榆仿真模型的状态变量是 GDP 和总人口。2001—2012 年，呼包鄂榆的 GDP 年平均增长率为 27.75%，总人口的年平均增长率为 2.16%。2001—2012 年 GDP 和总人口的变化率如表 8-3 所示。

表 8-3 呼包鄂榆 2001—2012 年 GDP 和总人口及其增长率

年份	GDP（亿元）	增长率（%）	总人口（万人）	增长率（%）
2001	760.84	15.23	878.80	-1.06

续表

年份	GDP（亿元）	增长率（%）	总人口（万人）	增长率（%）
2002	1017.32	33.71	885.45	0.76
2003	1339.05	31.63	892.73	0.82
2004	1702.14	27.12	978.66	9.63
2005	2634.81	54.79	988.88	1.04
2006	3302.63	25.35	998.13	0.94
2007	4323.02	30.9	1015.07	1.7
2008	5852.13	35.37	1032.68	1.73
2009	7276.1	24.33	1049.71	1.65
2010	8726.41	19.93	1112.42	5.97
2011	10693.45	22.54	1131.10	1.68
2012	11994.56	12.17	1143.01	1.05
年平均增长率		27.76		2.16

呼包鄂榆地区的经济增长率明显高于我国的GDP平均增长率。但是从2012年开始，呼包鄂榆的经济增长率也开始明显回落。我国的GDP增长速度2012年为7.8%，2013年GDP增长率为7.7%，也处于回落状态。为此，在编制仿真方案时，参考我国的经济增长率，确定未来年份的经济增长率。根据我国的经济形势和呼包鄂榆的区域特点，设置高、中、低三种模拟方案。

高发展方案以现有经济增长模式为基础，经济增长率逐步降低，2013—2035年年平均增长率为9.71%，人口增长率也逐步降低，2013—2035年平均增长率为1.81%。

中发展方案以高发展方案为参考，2013—2035年GDP的年平均增长率为高发展方案的75%，即7.28%，随着时间推移逐渐降低。2013—2035年的人口增长率为高发展方案的75%，即1.36%，随着时间推移逐渐降低。

低发展方案也是以高发展方案为参考，2013—2035年GDP的平均增长率为高发展方案的 60%，即 5.83%，随时间推移逐步降低。2013—2035 年的人口增长率为高发展方案的 60%，即 1.09%，随着时间推移逐渐降低。

三种发展方案中各主要年份 GDP 和总人口增长率如表 8-4 所示。

表 8-4　仿真方案中各主要年份 GDP 和总人口的增长率

年份	GDP 增长率（%）			总人口增长率（%）		
	高发展	中发展	低发展	高发展	中发展	低发展
2013	16.80	12.60	10.08	2.20	1.65	1.32
2015	14.48	10.86	8.69	2.11	1.58	1.27
2020	10.72	8.04	6.43	1.91	1.43	1.15
2025	8.49	6.37	5.09	1.76	1.32	1.06
2030	7.02	5.27	4.21	1.62	1.22	0.97
2035	5.98	4.49	3.59	1.51	1.13	0.91

2. 仿真模拟的结果

根据仿真方案，用 Vensim-PLE 软件进行仿真模拟。模拟结果如图 8-3 和表 8-5 所示。

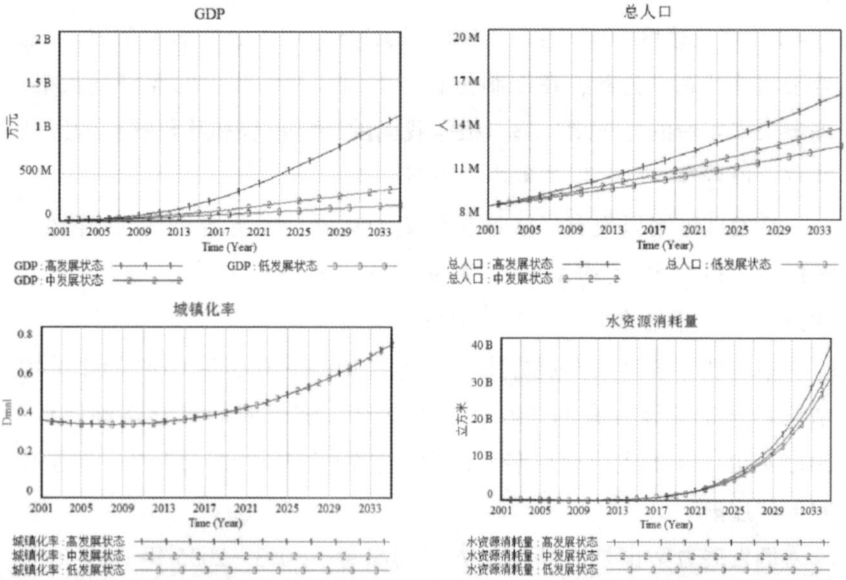

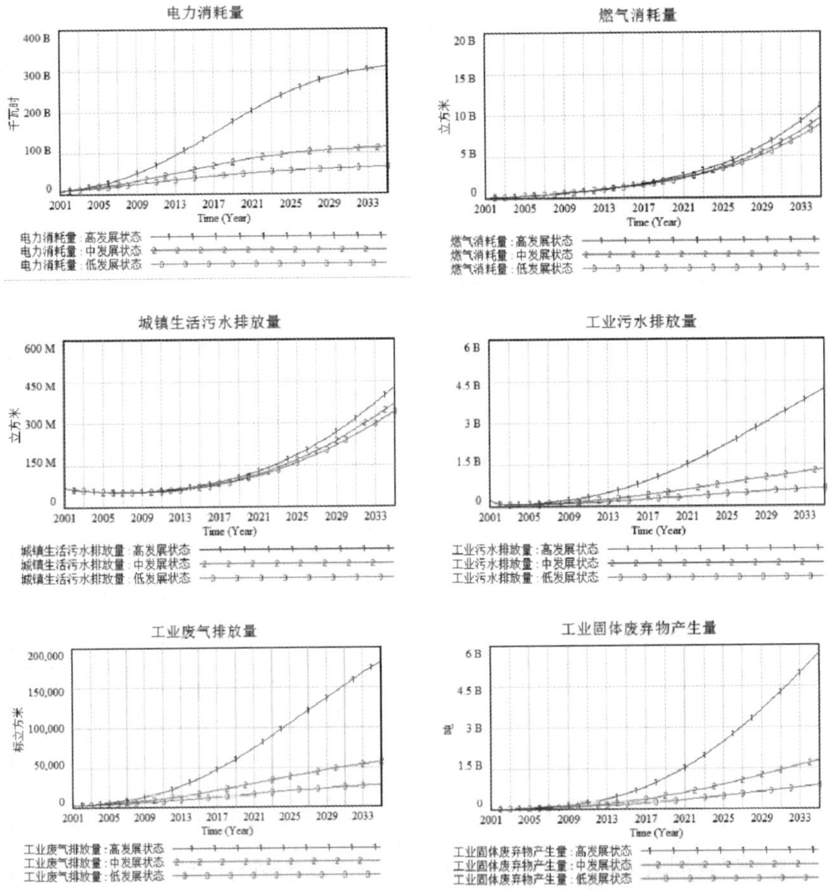

图 8-3　系统动力学模型主要变量仿真模拟结果

表 8-5　仿真模拟主要变量在主要年份的模拟值

方案	主要变量	单位	2015	2020	2025	2030	2035
高发展方案模拟结果	GDP	万元	1. 82E+08	3. 56E+08	5. 84E+08	8. 43E+08	1. 13E+09
	总人口	人	11125296	12167445	13318474	14586164	15980383
	城镇人口	人	4056255	4983299	6421136	8533780	11524212
	水消耗量	立方米	4. 75E+08	1. 93E+09	6. 11E+09	1. 63E+10	3. 87E+10
	电力消耗量	千瓦时	1. 19E+11	1. 9E+11	2. 51E+11	2. 9E+11	3. 1E+11
	燃气消耗量	立方米	1. 38E+09	2. 42E+09	4. 1E+09	6. 81E+09	1. 11E+10
	城市污水	立方米	75765776	1. 16E+08	1. 85E+08	2. 89E+08	4. 27E+08

续表

方案	主要变量	单位	2015	2020	2025	2030	2035
	工业污水	立方米	6.84E+08	1.35E+09	2.22E+09	3.19E+09	4.21E+09
	工业废气	标立方米	36488.2	67495.64	105314.6	144280.1	182012.2
	工业废弃物	吨	5.75E+08	1.32E+09	2.46E+09	3.94E+09	5.72E+09
中发展方案模拟结果	GDP	万元	87819248	1.47E+08	2.14E+08	2.82E+08	3.51E+08
	总人口	人	10519921	11252356	12043456	12895353	13811328
	城镇人口	人	3835537	4608515	5806421	7544555	9960004
	水消耗量	立方米	4.34E+08	1.78E+09	5.53E+09	1.44E+10	3.34E+10
	电消耗量	千瓦时	5.99E+10	8.22E+10	9.83E+10	1.07E+11	1.13E+11
	燃气用量	立方米	1.31E+09	2.23E+09	3.7E+09	6.02E+09	9.61E+09
	城市污水	立方米	71643032	1.08E+08	1.68E+08	2.55E+08	3.69E+08
	工业污水	立方米	3.31E+08	5.55E+08	8.12E+08	1.07E+09	1.31E+09
	工业废气	标立方米	17654.49	27829.33	38534.8	48291.98	56767.61
	工业废弃物	吨	2.78E+08	5.43E+08	9.01E+08	1.32E+09	1.78E+09
低发展方案模拟结果	GDP	万元	55715816	84362848	1.14E+08	1.43E+08	1.7E+08
	总人口	人	10171509	10734988	11335474	11973407	12650048
	城镇人口	人	3708507	4396622	5465087	7005161	9122549
	水消耗量	立方米	4.15E+08	1.7E+09	5.2E+09	1.34E+10	3.06E+10
	电力消耗量	千瓦时	3.95E+10	4.99E+10	5.69E+10	6.15E+10	6.59E+10
	燃气消耗量	立方米	1.26E+09	2.13E+09	3.49E+09	5.59E+09	8.8E+09
	城市污水	立方米	69270272	1.03E+08	1.58E+08	2.37E+08	3.38E+08
	工业污水	立方米	2.1E+08	3.19E+08	4.34E+08	5.41E+08	6.36E+08
	工业废气	标立方米	11200.67	15999.5	20593.46	24445.36	27530.26
	工业废弃物	吨	1.77E+08	3.12E+08	4.82E+08	6.68E+08	8.65E+08

（三）仿真模拟的结果分析

（1）高发展方案的模拟结果分析

高发展方案的模拟结果（表 8-6）表明：2020 年与 2010 年相比，经济总量增加 4.08 倍，人口增加 1.09 倍，城镇人口增加 1.36 倍。水资源消耗量增加 6.21 倍，电力消耗量增加 2.22 倍，燃气消耗量增加

2.98倍。工业污水增加5.57倍，工业废气增加4.16倍，工业固体废弃物增加17.70倍，超过了经济增长倍数。2030年与2020年相比，经济增长放缓，各项指标的增长倍数低于前一个10年。但是水资源消耗量达到163亿立方米，超出呼包鄂榆水资源总量的一倍以上。高发展方案模拟结果表明，在经济快速增长的情况下，资源消耗和环境压力明显增加。其中水资源缺口巨大，无法满足经济和社会发展需要。

表8-6　高发展方案中主要变量的增长倍数

主要变量	单位	2010	2020	10年增长倍数	2030	10年增长倍数
GDP	万元	8.73E+07	3.56E+08	4.08	8.43E+08	2.37
总人口	人	1.11E+07	1.22E+07	1.09	1.46E+07	1.20
城镇人口	人	3.67E+06	4.98E+06	1.36	8.53E+06	1.71
水消耗量	立方米	3.11E+08	1.93E+09	6.21	1.63E+10	8.43
电力消耗量	千瓦时	8.55E+10	1.90E+11	2.22	2.90E+11	1.53
燃气消耗量	立方米	8.12E+08	2.42E+09	2.98	6.81E+09	2.82
城市污水	立方米	2.44E+08	1.16E+08	0.48	2.89E+08	2.48
工业污水	立方米	2.42E+08	1.35E+09	5.57	3.19E+09	2.37
工业废气	亿标立方米	1.62E+04	6.75E+04	4.16	1.44E+05	2.14
工业废弃物	吨	7.45E+07	1.32E+09	17.70	3.94E+09	2.99

（2）中发展方案的模拟结果分析

中发展方案的运行结果（表8-7）表明：2020年与2010年相比，经济总量、总人口和城镇人口增加都低于高发展方案。资源消耗也低于高发展方案，但是水资源消耗量和燃气消耗量与高发展方案相比降低不明显。污染物排放量虽然比高发展方案有所降低，但是仍高于经济发展的倍数。2030年与2020年相比，经济总量、总人口和城镇人口增长高于前一个10年。资源消耗量也高于前一个10年，其中水资源消耗量倍数仍然很高。工业污染物排放量中工业污水和工业固体废弃物排放量明显降低，但是工业废气排放量高于前一个10年。主要资源消耗量（水和燃气）和污染物排放量（工业污水和固体废弃物）增长仍高于经济增长率。

表 8-7　中发展方案中主要变量的增长倍数

主要变量	单位	2010	2020	10年增长倍数	2030	10年增长倍数
GDP	万元	8.73E+07	1.47E+08	1.68	2.82E+08	1.92
总人口	人	1.11E+07	1.13E+07	1.01	1.29E+07	1.15
城镇人口	人	3.67E+06	4.61E+06	1.26	7.54E+06	1.64
水消耗量	立方米	3.11E+08	1.78E+09	5.73	1.44E+10	8.09
电力消耗量	千瓦时	8.55E+10	8.22E+10	0.96	1.07E+11	1.31
燃气消耗量	立方米	8.12E+08	2.23E+09	2.75	6.02E+09	2.69
城市污水	立方米	2.44E+08	1.08E+08	0.44	2.55E+08	2.37
工业污水	立方米	2.42E+08	5.55E+08	2.30	1.07E+09	1.92
工业废气	标立方米	1.62E+04	2.78E+04	1.72	4.83E+04	1.74
工业废弃物	吨	7.45E+07	5.43E+08	7.30	1.32E+09	2.43

（3）低发展方案的模拟结果分析

低发展方案的模拟结果（表8-8）表明：2020年与2010年相比，经济总量、总人口都低于2010年的经济总量和总人口数量，城镇人口增加了20%。水资源和燃气资源消耗量依然增加明显。城市污水排放量和工业废气排放量降低，工业固体废弃物和工业污水排放量增加明显。2030年和2020年相比，经济总量、总人口和城镇人口都有增加，相应的资源消耗量和污染物排放量也都有明显增加。低发展方案表明，即使经济保持低速增长，资源消耗和污染物排放也没有明显降低，资源和环境压力仍然十分明显。

表 8-8　低发展方案中主要变量的增长倍数

主要变量	单位	2010	2020	10 年增长倍数	2030	10 年增长倍数
GDP	万元	8.73E+07	8.44E+07	0.97	1.43E+08	1.69
总人口	人	1.11E+07	1.07E+07	0.97	1.20E+07	1.12
城镇人口	人	3.67E+06	4.40E+06	1.20	7.01E+06	1.59
水消耗量	立方米	3.11E+08	1.70E+09	5.46	1.34E+10	7.88
电力消耗量	千瓦时	8.55E+10	4.99E+10	0.58	6.15E+10	1.23
燃气消耗量	立方米	8.12E+08	2.13E+09	2.63	5.59E+09	2.62
城市污水	立方米	2.44E+08	1.03E+08	0.42	2.37E+08	2.31
工业污水	立方米	2.42E+08	3.19E+08	1.32	5.41E+08	1.69
工业废气	标立方米	1.62E+04	1.60E+04	0.99	2.44E+04	1.53
工业废弃物	吨	7.45E+07	3.12E+08	4.20	6.68E+08	2.14

（4）发展方案的比较与选择

从三种方案的运行结果看，高发展方案具有高速发展、高消耗和高污染的特点。低发展方案经济增长缓慢，但是资源消耗和污染仍十分严重。中发展方案的特点是经济发展速度适中，资源消耗明显低于高发展方案，略高于低发展方案，污染物排放量明显低于高发展方案，略高于低发展方案（表 8-9）。

从我国经济发展的过程看，高发展方案造成的资源压力和环境压力巨大，不利于经济的可持续发展和经济结构的调整，造成产能过剩、污染严重。从 2013 年我国经济进入结构调整期，经济增长速度明显放缓。全国经济放缓必然导致呼包鄂榆的经济增速放缓，因此呼包鄂榆不宜采用高发展方案。

而低发展方案的经济发展速度过慢（2025 年为 5.09%，2035 年为 3.59%），与高发展方案相比，水资源和燃气消耗量降低并不明显，水消耗 2025 年降低 15%，2035 年降低 21%；燃气消耗 2025 年降低 15%，2035 年降低 21%。污染物排放中城市污水排放降低不明显，但是废水、废气和固体废弃物排放降低明显。但在这种方案中，低速经济发展会造成就业困难、人民生活水平下降，资源消耗量依然较大，也是一种不可采用的发展方案。

表 8-9　高、中、低方案中主要变量的比较

主要变量	单位	2015	2020	2025	2030	2035
GDP	高	1.00	1.00	1.00	1.00	1.00
	中	0.48	0.41	0.37	0.33	0.31
	低	0.31	0.24	0.20	0.17	0.15
总人口	高	1.00	1.00	1.00	1.00	1.00
	中	0.95	0.92	0.90	0.88	0.86
	低	0.91	0.88	0.85	0.82	0.79
城镇人口	高	1.00	1.00	1.00	1.00	1.00
	中	0.95	0.92	0.90	0.88	0.86
	低	0.91	0.88	0.85	0.82	0.79
水消耗量	高	1.00	1.00	1.00	1.00	1.00
	中	0.91	0.92	0.91	0.88	0.86
	低	0.87	0.88	0.85	0.82	0.79
电力消耗量	高	1.00	1.00	1.00	1.00	1.00
	中	0.50	0.43	0.39	0.37	0.36
	低	0.33	0.26	0.23	0.21	0.21
燃气消耗量	高	1.00	1.00	1.00	1.00	1.00
	中	0.95	0.92	0.90	0.88	0.87
	低	0.91	0.88	0.85	0.82	0.79
城市污水	高	1.00	1.00	1.00	1.00	1.00
	中	0.95	0.93	0.91	0.88	0.86
	低	0.91	0.89	0.85	0.82	0.79
工业污水	高	1.00	1.00	1.00	1.00	1.00
	中	0.48	0.41	0.37	0.34	0.31
	低	0.31	0.24	0.20	0.17	0.15

续表

主要变量	单位	2015	2020	2025	2030	2035
工业废气	高	1.00	1.00	1.00	1.00	1.00
	中	0.48	0.41	0.37	0.33	0.31
	低	0.31	0.24	0.20	0.17	0.15
工业废弃物	高	1.00	1.00	1.00	1.00	1.00
	中	0.48	0.41	0.37	0.34	0.31
	低	0.31	0.24	0.20	0.17	0.15

中发展方案的经济增长速度适中。资源消耗量中水资源和燃气消耗量都有所降低，水资源消耗量2025年降低9%，2035年降低14%；燃气消耗量2025年降低10%，2035年降低13%；电力消耗2025年降低61%，2035年降低64%，降低得非常明显。污染物排放中，城市污水排放2025年降低9%，2035年降低14%；工业污水、工业废气和固体废弃物排放降低明显，三者降低比例相同，都是2025年降低63%，2035年降低69%，对环境的压力明显减轻。中发展方案既能保持经济的适度增长，又能降低资源消耗和环境压力，因此，中发展方案是一种可行的发展方案。

从呼包鄂榆仿真模拟预测中可以看出，在高中低三种发展方案中，呼包鄂榆都能保持增长状态。说明呼包鄂榆具有良好的发展潜力，是我国西北地区重要的发展极点区域，对西北地区发展具有带动作用。同时，在保持中等发展速度的状态下，呼包鄂榆地区能够保持资源环境的协调发展。

第二节 呼包鄂榆区域一体化的推动机制

我国国内区域一体化的目的，主要是为了解决由于行政区经济导致的社会经济空间分离、相互阻隔的状态，降低行政分隔导致的区域交流阻力和交流成本，把分隔的行政区经济变成统一的经济区经济，并带动区域经济、社会与环境的协调与持续发展。因此，区域一体化是减弱地方政府对经济的干预、减少行政边界对经济交流阻碍的手段。

呼包鄂榆的区域一体化，目前还仅仅是一个规划目标（全国主体功能区的规划目标），并没有进入实质的区域一体化酝酿和实施阶段。其中，呼包鄂地区的一体化进程，从 2004 年开始，主要是“自上而下”型的推动。内蒙古自治区政府采取了协调和规划等手段，推动呼包鄂区域一体化发展。但是由于呼包鄂地方政府之间并没有形成有效的合作机制，呼包鄂区域一体化进程十分缓慢。

同样，我国三大经济中心长三角、珠三角和环渤海，经济发达，区域一体化内在需求强烈，较早开始区域一体化的摸索和实践。按照邹卫星的观点，三大区域的一体化过程分别经历了实践探索、稳步发展的阶段之后，从 2003 年和 2004 年分别进入快速发展阶段。但是他认为，三大区域都没有实现一体化[84]，仍然处于摸索过程之中。这充分说明国内区域一体化过程的复杂性。

从国际和国内经验来看，区域一体化过程首先要通过政府之间的合作，奠定区域一体化制度基础，才能开始区域一体化的进程，因此，政府合作机制是区域一体化的首要推动力。在区域一体化过程中，需要减少地方政府对于经济发展的干预，发挥市场机制对于经济一体化的推动作用，促进经济一体化的发展。

一、行政区经济对于呼包鄂榆区域一体化的影响

行政区经济是指由于行政区划而产生的经济分割现象，具有行政区对区域经济的刚性约束力。刘君德认为，行政区经济是我国区域经济由纵向运行系统向横向运行系统转变过程中出现的一种过渡性区域经济。他认为行政区经济的典型特征是：企业竞争中渗透着地方政府的经济行为，生产要素的跨行政区流动受阻，行政区经济呈稳态结构，行政中心与经济中心的高度一致性，行政区边界经济衰竭等[164]。

刘小康认为，行政区经济的典型表现是区域经济一体化与行政区划的冲突，跨行政区的经济区内行政区与行政区之间区域经济分割现

象，强调行政区经济对区域一体化的阻碍作用[165]。

由于行政区经济具有以行政边界为界限的特征，行政区内形成独自的经济结构和发展模式，行政区之间的经济交流受到行政区经济的强烈限制，对于区域一体化发展构成明显障碍。

行政区经济对呼包鄂榆区域一体化的影响，主要表现在以下几个方面：

（1）行政区经济形成呼包鄂榆各自独立的工业体系

由于行政区经济是以行政区为单元，以地方政府为主导的经济发展模式，各地政府从各自的条件出发，制定行政区经济发展对策，从而形成各自独立的工业体系。呼包鄂榆各地的行政区经济表现为各自独立的工业体系。呼和浩特自然资源不足，经济发展呈现多样化特征，形成电力、化工业、乳业、电子产业等产业类型；包头市依托于钢铁和稀土资源，形成金属冶炼、机械制造、稀土产业、电力产业等产业体系；鄂尔多斯依靠煤炭和天然气，形成煤炭、天然气开采业、煤炭化工业、电力产业；榆林市依托煤炭、石油和天然气，形成资源采掘业、电力产业、煤炭化工、石油化工和天然气化工等产业。这种各自独立的经济结构是行政区经济的典型表现。

（2）行政区经济限制了呼包鄂榆之间的经济联系

由于行政区经济只注重行政区内经济的发展，缺少区域经济合作，限制了呼包鄂榆之间的经济联系。在呼包鄂榆产业结构中，缺少跨区域的工业产业和长链条的关联产业，导致呼包鄂榆之间的经济联系明显不足。产业延伸、产业错位发展的局面难以形成。

（3）行政区经济导致区域经济的分散发展

呼包鄂榆行政区经济不仅表现在市级行政区经济上，也表现在县（旗、区）一级行政区经济上。县级行政区对区域经济的分割，导致区域经济呈现分散化发展状态。呼包鄂榆境内每个县都至少有一个工业园区，使呼包鄂榆整个区域表现为大分散、小集中的特点。分散经济的发展方向与区域一体化集聚经济发展方向相背离。

（4）行政区经济形成呼包鄂榆区域经济的多层次分割

区域经济发展在一体化发展方向上，应当形成经济区内统一的经济格局。但是由于市、县两级行政主体的经济竞争，使呼包鄂榆的经济被分割为两个层次的行政区经济，区域分割更为复杂，导致区域之间产业同构、重复建设；基础设施投资分散，服务效率低。严重制约了区域经济的规模化、专业化发展，不利于整个区域竞争力的提高。

行政区经济对经济活动的分割和阻碍，使行政区经济成为区域一体化的主要障碍。实施区域一体化需要消除行政区经济对经济活动的影响，使经济活动遵循市场规律，在经济区内自由活动。而消除行政区经济的影响，主要是通过减少地方政府对经济活动的参与和干预来实现。

二、国际和国内区域一体化的经验借鉴

国家内部的区域一体化，在国际上和我国内部都有实践案例。在这些案例中，推动区域一体化采用了不同的方法，对于呼包鄂榆地区区域一体化有一定的借鉴意义。

（一）国际和国内区域一体化的案例分析

（1）东京都市圈区域一体化

东京大都市圈是指东京及其周边 100 公里范围内 20 个城市组成的环状大都市圈。东京都市圈是日本的政治、经济、文化、教育、科技、金融、信息和交通中心，集中了全国 31.6 %（2000 年）的人口，占内生产总值的 1/3 强，其制造业和服务业占全国的比重达到 64.6 % 和 78.9 %（1997 年）[166]。

由于人口和经济过度集中，东京城市范围不断扩张，城市问题也不断显现。主要的城市问题包括城市范围扩大，通勤距离不断增加，交通成本加大；城市人口过度集中，导致地价上升，增加了生活和经营成本；城市噪声、尾气污染和垃圾堆放等环境问题。

为了缓解东京城市扩张带来的压力，日本对东京都市圈进行了区域规划和分工。1985 年，日本国土厅大都市圈整备局对东京进行了改造规划，把东京的“一极”结构改变为多极、多圈层的区域结构；从东京都市圈中分出多个自立性区域，每个区域中包括多个核心和次核心城市；规划对每个都市圈内每个城市进行了职能分工，缓解东京的

城市压力。经过多年发展，东京都市圈区域职能分工体系基本形成，各核心城市分担了不同的职能，形成分工合作的格局，共同构成区域整体优势。

（2）大温哥华都会区区域一体化

大温哥华都会区由 21 个地方自治市组成，面积约 2820 平方公里，总人口约 210 万人（2006 年）。21 市之间签订《城市宪章》组成城市联盟，设立了两个具有管理权限的区域级组织，即大温哥华管理委员会和大温哥华地区交通总署。

大温哥华都会区委员会成立于 1967 年，委员会成员由 21 个市选出的代表组成。委员会下设农业、工业、环境与能源等 16 个专业委员会[167]。

大温哥华都会区委员会具有立法权，能够制定区域内共同的法案，以法律形式保障区域内各城市享有相应的权利和应尽的义务，如“大温哥华地区供水法案”和“大温哥华地区污水和排水法案”。同时制定收费制度，保证了公共基础设施持续运行的经费需要。

对于区域规划和建设项目，大温哥华地区有详细的讨论、评估和决定过程，充分征求各个城市委员会、公众和专家的意见。区域性规划制定后，需要经过各个城市的讨论、公众研讨会以及区域咨询委员会的评估，最后由大温哥华管理委员会批准。根据规划确定发展区域重点以及进行项目布点，并做出资金安排。

大温哥华区域一体化的组织结构和运作机制充分保障了区域内各个城市的权利和义务，保证各城市对区域一体化的平等参与，形成具有普遍约束力的政策和方案，形成区域性基础设施服务的有效供给，促进了大温哥华地区的一体化建设。

（3）京津冀区域一体化

京津冀经济一体化的提出和政府合作有较长的发展过程。1982 年，《北京城市建设总体规划方案》提出“首都圈”概念，包括内圈 5 个城市（北京、天津、唐山、廊坊和秦皇岛）；外圈 4 个城市（承德、张家口、保定和沧州）。1996 年，《北京市经济发展战略研究报告》提出“2+7”模式“首都经济圈”的概念，即以京津为核心，包括河北省的唐山、秦皇岛、承德、张家口、保定、廊坊和沧州 7 个市。2003 年达成“廊坊共识”，首次提出京津冀一体化合作战略。2004 年，《京津冀都市圈区域规划》进入编制调研阶段，但是这一规划并未达成最后共识。随后的 10 年，京津冀一体化没有实质性推进。

2013 年，三地关系实现较大突破。当年 3 月京津合作协议签订；5 月河北省分别与天津和北京签署了合作框架协议。这三份协议的签订包含了大量翔实、具体的内容。

2014 年，“京津冀一体化”战略被写进李克强总理政府工作报告中，上升为国家战略。同年 8 月，成立国务院京津冀协同发展领导小组及相应办公室，组长由政治局常委、国务院副总理张高丽担任，成为我国级别最高的一体化发展领导小组，并开始着手解决困扰京津冀的环境问题、产业布局和产业结构调整和北京城市功能疏散问题。

（4）长三角区域一体化

长三角的区域合作采用的是多层次的合作模式，形成省、市和职能部门三个层次的合作机制。

第一个层次是副省（市）长级别的沪苏浙经济合作与发展座谈会，开始于 2001 年，一年一次。2009 年安徽成为座谈会成员，形成“3+1”的合作局面。

第二个层次是长三角经济协调会。成立于 1996 年，由 1992 年的长江三角洲 15 个城市协作办主任联席会议制度发展而来。在 2004 年 11 月的第五次会议上，联络处改为协调会办公室，设在上海市人民政府合作交流办公室，负责协调会日常工作，协调会的市长会议由两年一次改为一年一次。现有 30 个成员城市，涵盖了沪苏浙皖区域的主要城市。

第三个层次是长三角各城市政府职能部门之间的专业协调会，是各城市的分管部门的协调机制，负责合作项目的协调和具体落实。

（5）珠三角区域一体化

2009 年年初，《珠江三角洲地区改革发展规划纲要》颁布实施，珠三角地区的一体化在省政府组织下，开始加速发展。在“珠三角”内“广佛肇”“深莞惠”和“珠中江”三个经济圈分别建立了“市际合作领导小组、市长联席会议、联席会议办公室和专责小组”的组织协调机制。2010 年，成立了由省有关部门牵头、各市政府的专项工作小组，负责一体化实施具体工作；并在省政府和各市政府设立“纲要办”协调一体化项目的落实。

（二）经验借鉴和启示

（1）区域分工与合作是区域一体化的必要基础

区域一体化的发展水平取决于区域内城市分工与合作程度，尤其是区域合作的程度。各个城市的发展定位，不能局限于各自的发展基础，还要考虑在整个区域内的地位和分工。

东京都区域内分工和合作，把东京的部分功能分离到区域内其他城市，既减轻了东京的城市压力，也带动了周边地区的发展；同时以东京为中心，形成区域合作的局面，从而促进了区域的整体发展，提升了区域的整体优势。

长三角区域一体化的发展，也得益于区域的分工和合作。上海作为长三角中心城市，把低端的制造业分散到周围地区，强化上海市的服务职能和高端制造业功能，扩大了上海的服务空间，促进了上海的发展。长三角内其他城市以上海为中心，主动在产业、市场上与上海接轨，实施错位发展、共赢发展的战略。城市的分工与合作，使长三角区域一体化发展走在我国区域发展的前列。

就呼包鄂榆区域一体化而言，区域之间的竞争明显而合作不足。呼和浩特市是首府城市，是服务业中心，但是经济总量低于包头市和鄂尔多斯市，城市的经济影响力不足。包头市是重工业城市，城市经济总量、人口规模都超过呼和浩特，制造业超过其他三个城市，经济影响力强。鄂尔多斯是能源城市，经济总量排在第一位。榆林市也是能源城市，城市影响力不及呼包鄂三市。由于竞争多于合作，区域之间虽然已有分工基础，但是区域合作进展缓慢。因此呼包鄂榆区域一体化的发展，需要在分工基础上加强区域合作。

（2）产业体系是区域一体化发展的经济动力

在区域一体化过程中，产业分工与合作是区域一体化的发展动力。在国外的一体化案例中，东京都市区形成以东京为中心、其他城市发展配套产业的模式，形成区域相互联系的产业体系。我国长三角地区，以上海的先进制造业和高端服务业为核心，周围地区形成配套的制造业和服务业，形成长三角错位发展的产业体系，促进了长三角区域的稳步发展。

产业体系的发展是形成产业集群的条件。如东京都市圈形成钢铁、造船、机器制造、化工、电子、皮革、电机、纤维、石油、出版印刷和精密仪器等产业集群，形成具有世界竞争力的主导产业。产业集群的形成，有助于区域之间形成经济协作关系；而构筑区域一体化的经济关系是区域一体化的经济动力。

（3）区域协调机构是区域一体化的组织保证

实施区域一体化，需要建立和完善区域协调机构，协调区域内各地的发展。温哥华都市区委员会是大温哥华地区的区域协调机构，具有确定区域政策的立法权，能够通过立法决定区域之间权利和义务的关系，保证区域内公共基础设施的实施和运行。长三角区域通过省、市两级政府定期的区域协调会，确定区域合作的方向、内容，并由具体的专业委员会组织实施。这种多级协调机制，能够确定一定时期内的区域合作重点，而且能够保证区域合作具体事务的解决。

（4）平等协商保证区域一体化的公平机制

在区域一体化合作机制中，平等协商是区域各方长久合作的基础，也是保证区域发展兼顾各方利益的公平机制。

大温哥华都市区委员会的成员由 21 个城市委员会选出，每个城市的投票权按人口计算，但是不超过 5 票。这样在制定区域发展立法时，可以照顾到多数人口和每个地区，达到公平的目的。

长三角的区域协调机制分为两个层次。省级协调机制由省政府主要领导参加，负责制定区域合作的方向和框架。各市政府协调机制由市政府主要领导参加，负责制定具体的合作协议。这种合作模式，也是一种平等协商的模式。

（5）政府机制是区域一体化的主要推动机制

国外和国内的经验都表明，政府机制是区域一体化的主要推进机制。东京都市圈的发展，是由日本国土大都市圈整备局规划的，对都市圈内的城市进行了职能分工。大温哥华都市区委员会的委员，也是由各个城市政府任命的，委员会的决定，需要经过各个城市委员会的讨论通过才能执行。

长三角地区的协商，由省级政府和市级政府两级政府参与协商。政府协商成为长三角区域一体化政策的主要制定者。珠三角区域一体化的协商是由省政府领导，珠三角内三个经济圈分别设立城市领导联席会的形式，协调区域合作，也是由政府推动和实施区域一体化。京津冀的一体化长期停滞不前，区域合作、产业协调和环境问题日益突出，严重影响了首都经济圈的经济发展和环境质量，为此京津冀一体化采取了中央高层直接参与的政府干预模式。

由于区域一体化涉及的区域政策、规划编制、公共服务、社会秩序等公共事务都是政府职能，在区域一体化过程中，城市之间的政策协调和利益协调，只有政府能够代表地方进行区域协调，因此政府合作是区域一体化的主要推动机制。

在区域一体化中，市场机制也是推动一体化的另一个重要机制。在东京都市圈和大温哥华都会区，经济一体化主要由市场机制主导，企业是经济一体化的主体。我国的区域经济一体化过程中，由于地方政府通过税收、土地优惠、奖励和扶持等政策，对经济进行干预，市场机制不能完全发挥调节区域经济的功能。但是区域经济一体化的核心仍然是发挥市场机制的调节作用，因此，在区域一体化中应当保证市场机制的作用，减少政府对经济活动的干预。

三、呼包鄂榆区域一体化的地方政府合作模式

呼包鄂榆实施区域一体化，主要目的是减少地方政府对于经济的干预，促使经济活动的自由流动。减少地方政府的经济干预，从国家层面，需要修改国家宪法和地方政府组织法，改变地方政府的职能，把全能型政府转变为公共服务型政府。由于涉及国家行政管理体制的变化，这种改变是一个漫长的制度变化过程，需要长时间的探索和实践，不可能短期内完成。从地方政府层面看，通过地方政府之间合作，减少对经济活动的干预，促使一体化区域内经济活动的自由流

动，在短时间内是可以实现的。因此通过地方政府合作推动区域一体化的发展，是一个可行的路线。

呼包鄂榆是一个跨省的区域，实施区域一体化，可以借鉴长三角和京津冀区域一体化的成功经验，采用中央政府指导、地方政府合作的区域一体化模式。

（一）中央指导，地方政府合作的区域一体化模式

呼包鄂榆的区域一体化，首先需要成立区域一体化的协调机构。参照京津冀一体化和长三角一体化的模式，协调机构由国家发改委西部开发司、省级政府和地方政府组成。国家发改委西部开发司派员参与工作指导和协调，省级政府由内蒙古自治区和陕西省政府领导参加，地方政府由呼包鄂榆的市级领导参加。具体合作工作的推进由各地级市相关政府职能部门成立专业协调会负责，负责合作工作实施细节和工作开展。

这种模式可以有效地解决中央、省（区）和地级市多层次沟通的问题，能够确定区域合作方向和内容，便于具体工作的推进和实施，构成区域一体化组织机构的推动力量。

（二）呼包鄂榆区域一体化应当采用分阶段逐渐发展的策略

呼包鄂榆地区的一体化仅仅是《全国主体功能区规划》中提出的一个发展方向，目前还没有开展任何具体的工作，如何实施、怎样开展还没有清晰的路线。在这种情况下，应当实施分阶段逐渐发展的策略。首先在内蒙古自治区内实施呼包鄂的区域一体化，延续呼包鄂一体化已经取得的一些进展。呼包鄂的区域协调或者区域一体化已经经历了较长的推动过程。从 2004 年到 2009 年，内蒙古自治区政府连续 6 年召开呼包鄂经济协调会，研究和协调呼包鄂的经济发展。2009 年以后又分别编制了《呼包鄂城市群规划（2010—2020）》和《内蒙古以呼包鄂为核心沿黄河沿交通干线经济带重点产业发展规划（2010—2020）》，以规划的形式指导呼包鄂分工与协调发展，促进呼包鄂的一体化发展。呼包鄂一体化已经形成观念共识和一定的交流机制，有上级政府推动和区域规划指导，积累了一定的经验。在内蒙古自治区内的呼包鄂实施区域一体化，涉及的地方政府和上级政府比较单一，难度相对较小，而且呼包鄂的区域一体化进展和成绩具有示范性和说服

力。在呼包鄂的区域一体化取得进展之后，再吸收榆林市加入区域一体化。这样，以呼包鄂的一体化为基础，推动呼包鄂榆区域一体化，可以减少区域协商和沟通的难度。

（三）建立区域一体化的利益平衡机制

区域利益包括地方政府的公共利益（财政收入）、地方政府工作业绩利益（考核利益）、居民工作机会的就业利益和生活水平的收入利益。在区域一体化过程中，地方政府是行政区利益的全权代表者，必然以行政区利益为核心，参与一体化的利益博弈，争取行政区利益的最大化。区域一体化会导致区域利益的重新分配，因此区域一体化过程也是参与各方的利益博弈过程，如果能够实现利益共赢，各方才有意愿参与并推动一体化发展。因此利益补偿平衡是区域政府合作的关键。

在一体化的不同阶段，可以采取不同的利益平衡机制。在一体化的初期，合作内容一般仅限于双方都受益的项目，如旅游业，合作本身就是双方利益共赢的过程，不存在利益平衡的问题，因此一体化早期的合作应当偏重于双方受益的项目，由此带动双方或多方加深合作意向。随着一体化程度的加深，产业结构调整、产业布局改变和产业分工加深会产生不同区域的利益变化，有的区域利益增加，有的区域利益损失。推进生态环境一体化时，对于生态敏感区经济发展的限制，也会带来区域利益损失。在这个阶段需要实施利益平衡机制，对一体化过程中利益损失区域实施利益补偿。

利益平衡机制要求一体化的受益方向一体化的损失方进行利益补偿。地方政府之间可以协商确定利益平衡的形式、内容。利益平衡方式可以通过横向转移支付、公共服务设施建设、生态环境建设等多种形式进行补偿；一体化区域也可以通过设立一体化公共基金，扶持地方产业发展和进行就业安置，补偿一体化损失方。只有建立合理有效的区域利益平衡机制，才能保证政府间合作的顺利进行。

四、呼包鄂榆区域一体化的地方政府推动

在我国，国家体制赋予地方政府具有全面管理行政区的权限和发

展地方经济的义务。地方政府掌握着行政区几乎所有资源，包括自然资源、经济资源、人力资源和财政资源，同时对行政区的大多数事务都有监督和管理的权限，包括土地、环境、交通、安全、税收和公共服务等等，是行政区内的最高管理者。由于企业经营在土地、资源、环境、交通、安全、税收、劳动保障等诸多环节受到政府权力的多方位管理，政府机制对企业经营有直接的影响，同时企业的经营必须符合市场规律，才能在市场竞争中生存与发展，市场机制对经济发展也有直接的影响。政府机制和市场机制是决定区域一体化发展的两个主要因素。区域一体化过程，是减弱地方政府对经济的干预，强化或者放大市场对经济的调节作用的过程，是对地方政府职能的一次“改革”，目的是提高所有参与者的利益，因此地方政府应当主动推动区域一体化的发展。

地方政府对于区域一体化的推动作用主要表现在以下几个方面：

（1）地方政府协商合作是区域一体化实施的制度基础

区域一体化的过程是减少地方政府对经济的干预、限制地方政府经济责任和经济权力、促进经济的市场化发展的过程，因此区域一体化是对地方政府的管理权限的限制。在我国的管理体制中，对地方政府权力的限制，可以通过国家对地方政府权力的重新法定，也可以依靠政府自身的权利约束。而区域一体化是通过地方政府之间的合作，相互承诺、相互监督，逐步放松政府对经济的干预，实施区域经济的一体化的，因此，实施地方政府合作，通过建立协商和合作机制，形成区域一体化的制度，能够限定和约束地方政府对经济的干预，促进经济的市场化发展，为区域一体化的实施和发展奠定制度基础。

（2）地方政府对于建立统一市场的推动作用

区域一体化的核心是建立区域市场一体化，这就要求减弱或者消除各地政府对于市场行为的各种经济干预，尤其是各地政府为了地方发展采取的各项优惠政策。例如，在呼包鄂榆地区，呼和浩特和包头市更适于发展先进制造业，但是在资源换投资的政策刺激下，许多汽车产业和装备制造业投资到鄂尔多斯，工厂建成后产量又明显不足，说明优惠政策的差异导致投资行为偏离市场规则。因此建立统一市场，需要各地减少对经济活动的干预，建立统一的市场，充分发挥市场对投资和经营的主导作用。

（3）地方政府合作对于基础设施一体化的推动作用

地方政府对于行政区基础设施建设有主导权和决定权，而地方政府合作有助于基础设施的一体化建设。基础设施的特点之一是区域之间的联系性，如交通建设不仅要解决行政区内部的交通，也要解决行政区之间的交通联系，这样才能有效地促进区域与外界的物质与人员交流。实施基础设施的一体化，普遍提高区域基础设施的服务水平，有利于各地发展，也是各地政府乐于接受和推动的。因此，地方政府对于基础设施一体化有推动动力。

（4）地方政府通过公共服务均等化，推动区域一体化

公共服务一体化的基础是公共服务的均等化，而均等化公共服务的供给主要由地方政府负责。从国家规划和地方政府业绩考核看，地方政府有推动公共服务均等化的任务，也是地方政府业务考核的基本内容，因此地方政府有义务和动力推动基本公共服务一体化。地方政府通过实施公共服务均等化，保证区域内常住居民（包括户籍人口和非户籍人口）的公共服务供给，就能够促进劳动力的正常流动，从而在劳动力要素上促进区域一体化的发展。

（5）通过政府合作统一发展政策，促进区域一体化

在区域发展中，为了实现行政区利益的最大化，地方政府往往制定一些地区政策，竞争或者限制地区之间的交流，从而形成区域政策的差异，导致地区分割，阻止区域一体化的发展。例如，各地的投资竞争政策，通过出让利益吸引投资，形成竞争投资局面，从而使投资偏离市场平等的规则。再比如各地为了减少人口迁移带来的公共福利压力，对人口迁入设置了诸多障碍，如购房、就业、学历等，从而形成人口流动的障碍。实施区域一体化，就需要各地统一政策，减少区域交流障碍，形成相对统一的区域一体化政策，如产业政策、人口政策、投资政策、教育政策、就业制度、医疗制度和社会保障制度等等，从而实现区域融合，推动区域一体化的顺利发展。

五、呼包鄂榆区域一体化的市场机制推动

呼包鄂榆区域一体化的核心是经济一体化，包括产业结构和产业布局一体化。在经济一体化过程中，虽然政府的指导和管理是必要的，但是经济活动的进行必须遵循市场规律，才能保证经济的持续发展和规模壮大。我国市场经济体制正在逐渐完善，但是由于地方政府对于经济活动的干预十分突出，尤其是地方政府制定的地方政策，导致行政区之间经济政策的差异，造成行政区之间的经济分隔，市场机制的发挥受到各种干扰。实施区域一体化的目的，就是在一体化区域内充分发挥市场的调节机制，促进经济发展，调整产业结构，推动产业的创新发展。

市场是指所有产权发生转移和交换的关系，市场交易遵循自愿原则、公平原则、平等原则等，市场规则主要有价格机制、供求机制、竞争机制和风险机制。市场经济具有发展性、公平性、竞争性、创新性等特点，能够推动生产能力的提高、生产规模和市场规模的扩大，对于区域一体化的发展具有推动作用；市场机制有利于产业的优胜劣汰，促进产业结构的调整；市场机制能够推动产业的创新发展，有利于转变经济增长模式。因此，发挥市场机制的作用，对于呼包鄂榆区域一体化的发展，具有重要的意义。但是市场机制的发挥，需要政治制度的保障、法律体系的保护和统一经济政策的支持，因此地方政府协调经济政策对于发挥市场机制具有重要作用。

发挥市场机制对区域一体化的推动作用，需要采取以下措施：

（1）减少对市场的干预，建立统一的市场制度和环境，保证市场机制作用的发挥

区域一体化需要建立统一的市场，形成市场机制主导的经济一体化，而统一的市场的建立需要地方政府减少对经济的干预，这就要求统一地方政府的经济政策。呼包鄂榆地区两级政府为了各自行政区的发展，制定了不同的优惠政策和奖励政策，这些政策的效果影响了企业投资的成本和效益，从而影响了市场机制的调节作用。例如，鄂尔多斯依靠煤炭资源，提出资源换投资的政策，吸引了许多企业到鄂尔多斯投资，其中一些企业的投资选址并不合理，不符合市场规律。如汽车制造

业在鄂尔多斯选址，由于鄂尔多斯缺少技术储备，远离消费中心，导致企业建成投产后，一直处于产量较低的运行状态，而投资企业得到配置的煤炭资源后，通过产权交换，获取了巨额的经济利润。再如呼包鄂榆地区在吸引投资时，采取了不同的环境政策，其中主要中心城市采取了较为严格的环境政策，限制污染较大的企业进入中心城市及其周围地区，而其他县（旗）的环境政策相对宽松，对污染企业的投资限制比较少，甚至保护一些严重污染的企业排污，环境政策的差异加剧了区域环境的污染，增加了环境治理的公共成本。因此，发挥市场机制的调节作用，各地政府就需要统一经济政策，形成区域内相对一致的经济政策。

（2）通过市场机制调节生产要素的流动

市场机制在价格的指导下，调节供给与需求，通过生产与消费的相互适应，形成供应与需求的相对平衡，从而达到调节产业结构和生产要素的作用。从 2002 年到 2012 年，我国经济的高速发展带动了煤炭需求的旺盛，煤炭价格快速上涨，引发了呼包鄂榆急速扩大煤炭生产能力，需求刺激了供给，大量资金和劳动力流向煤炭行业，使煤炭行业成为区域的主导产业。但是从 2013 年开始，我国经济受世界经济疲软的影响，出口降低，国内生产开始进入中速增长期，能源需求降低，煤炭需求也随之降低；受能源替代战略影响，我国在居民生活和工业生产中，开始大量使用天然气代替煤炭，也减少了煤炭的需求；我国煤炭价格高，在低价进口煤炭的竞争下，国内煤炭销售一路走低，生产越多亏损越大，从而导致煤炭产业进入萧条，大量企业停产待工。在市场机制作用下，我国煤炭行业进入萧条期和调整期，市场需求与供给的强制平衡，干预了煤炭产业的发展。煤炭产业的停滞，促进了其他产业的发展，区域产业结构开始发生改变，生产要素也开始转向其他产业。因此，在区域一体化中，应当依据供求规则，调整产业结构，并引导生产要素的流动，形成合理的产业结构。

（3）通过市场竞争机制调整产业结构

市场的竞争机制体现为优胜劣汰，先进产业或生产方式淘汰落后产业或落后的生产方式。呼包鄂榆区域一体化应当增强市场竞争，通过竞争实现产业结构的调整和产业的集聚。呼和浩特在改革开放初期以毛纺织、电视、钢铁、机床附件等产业为主。进入 20 世纪 90 年代，由于外部市场竞争、资源的缺乏、技术落后，主导产业逐渐衰落，取而代之的是乳业、石油化工、电力等新兴产业。包头市过去以钢铁冶炼、铝冶炼、军工等产业为主，在金属冶炼产业基础上发展出装备制造业等现代产业，在稀土开采基础上发展出稀土材料产业。鄂尔多斯过去的主导产业主要是毛纺业和煤炭开采业，随着煤炭需求快速增长，煤炭产业也快速发展，采煤业也从过去的落后采煤方式转变为现代化的开采方式，煤炭开采成为主导产业。因此市场竞争机制，通过产业的优胜劣汰，调整了产业结构。

呼包鄂榆区域一体化应当利用市场的竞争性调整产业结构。对于缺乏市场竞争力的产业应当及时淘汰，发展具有竞争力的新兴产业和高附加值产业，促进产业结构的调整。

（4）以市场的创新机制促进经济增长向创新增长转变

呼包鄂榆地区过去 10 多年的快速增长，主要是高投入、高消耗式的，由此带来高产出、高污染。在我国经济进入新常态下，要求经济增长方式从要素投入向创新投入转变，以创新带动发展。市场机制具有创新性的特点，通过创新保持产品的市场竞争力和区域竞争力。从 2013 年以后，呼包鄂榆地区由于煤炭产业不景气，经济发展受到严重影响，需要转变增长方式保持区域经济增长。呼包鄂榆地区处于产业转型、结构调整的关键时期，应当充分利用市场的创新性，以创新促进经济增长。创新发展主要通过三个方面带动区域发展：①引导和鼓励企业技术创新，以新技术改造传统产业，提高产品的技术含量，提高生产效率和降低生产成本。②吸引创新型产业投资，发展创新型产业。如云计算产业、新材料产业、节能环保、生物产业、新能源、高端装备制造业等产业，以新兴产业带动产业的创新发展。③发展新技术产业，通过新技术的引进和企业的研发，发展新技术产业。如引进知识密集型产业，如创意产业、软件产业、动漫产业等等，带动经济发展和产业创新。

第九章　结论和展望

一、主要结论

1. 呼包鄂榆已经具备区域一体化发展的基本条件，如人力资源、经济基础、交通设施、城镇体系等；国家级规划中指明了呼包鄂榆区域一体化的目标和发展的总体框架，因此，呼包鄂榆区域一体化是可行的。

2. 呼包鄂榆区域发展水平表现为多中心、多圈层、依次递减的空间格局，发展中心为主要城市和煤炭主产区。呼包鄂榆区域联系强度表现为“P”字形联系格局，由主要城市和煤炭主产区的联系线组成，“P”形联系线之外的城镇与主要城镇联系微弱。呼包鄂榆的空间一体化明确了区域增长极点、节点城镇、面状区域的功能定位，提出空间一体化的结构是六个增长极点、三横三纵发展轴、五个面状区域，通过点轴传递和网络格局，带动全面发展。

3. 工业产业结构相似系数说明鄂尔多斯和榆林之间产业结构相似度高，其余地区之间相似度低；工业产品变异系数说明地区之间产业结构明显不同；产业的区位商说明呼包鄂榆的主导产业有明显差异。在产业分布上，地级市之间已经初步形成区域分工，但是在县级层次上产业是分布分散的。产业结构一体化，主要通过产业的延伸发展、产业升级、多元化发展、集群发展和错位发展，形成区域之间的产业合作。产业空间一体化，要在产业区域分工基础上，加强产业集中和产业集聚，促进产业集群的发展。

4. 呼包鄂榆支撑系统的一体化，包括基础设施的一体化、公共服务的一体化和生态环境的一体化。基础设施一体化主要要完善交通设施的对外通道和内部联系，水资源利用要转变用水方式、提高用水效率。公共服务一体化要在完善基本公共服务均等化基础上，强化公共服务的流转与衔接，保障流动人口的公共服务。生态环境的一体化要加强生态环境保护的区域合作，在实施国家生态工程的同时，解决区域新的生态问题，加强对工业和城市环境污染的治理，降低污染物排放。

5. 模拟分析表明，呼包鄂榆地区适宜采用中等发展速度，在保持区域发展的同时，减少资源消耗和降低环境压力。在区域一体化的推动机制上，关键是建立地方政府多层次的合作模式，为区域一体化提供制度保障；通过地方政府合作和市场机制的共同推动，促进呼包鄂榆区域一体化的发展。

二、研究展望

1. 呼包鄂榆区域一体化涉及多种因素之间的作用，如果能采用数学模型定量研究，就能够避免定性研究的主观性，阐明区域一体化的普遍性规律。因此，在今后呼包鄂榆一体化的研究中，应逐步增加定量研究方法的使用，增加研究的科学性。

2. 呼包鄂榆区域一体化的内容，不仅包括经济、空间、基础设施、公共服务和生态环境等主要方面，还包括市场一体化、要素一体化、制度一体化等方面的内容。后续研究将扩大研究范围，使研究内容更加全面。

参考文献

[1] Magnus Henrekson, Johan Torstensson b, 1, c, Rasha Torstensson. Growth effects of European integration [J]. European Economic Review , 1997, 41 (12): 1537-1557

[2] Stefano Manzocchi, Gianmarcro I. P. Ottaviano. Outsiders in economic integration, the case of a transition economy. Economics of-Transiton. Volume, 2001, 9 (1): 229-249.

[3] Kristof Dascher a, Alexander Haupt. The political economy of regional integration projects at borders where poor and rich meet: The role of cross-border shopping and community sorting [J]. Journal of Urban Economics, 2011, 69 (11): 148-164.

[4] Mariassunta Giannetti. The effects of integration on regional disparities: Convergence, divergence or both? [J]. European Economic Review, 2002, 46 (3): 539-567.

[5] Mario Arturo, Ruiz Estrada. The Global Dimension of the Regional Integration Model (GDRI-Model) [J]. Modern Economy, 2013, 64 (4): 346-369.

[6] L. Alan Wintersa, Won Chang. Regional integration and import prices: an empirical investigation [J]. Journal of International Economics, 2000, 51 (3) : 363-377.

[7] Pradumna B. Rana. Economic integration and synchronization of business cycles in East Asia [J]. Journal of Asian Economics , 2007, 18 (12): 711-725.

[8] Eduardo A. Haddada, Edson P. Dominguesb, Fernando S. Perobelli. Regional effects of economic integration: the case of Brazil [J]. Journal of Policy Modeling, 2002, 24 (7): 453-482.

[9] Alvaro Cuervo-Cazurra, C. Annique Unb. Regional economic integration and R&D investment [J]. Research Policy, 2007, 36 (10): 227-246.

[10] Antonio Minniti, Carmelo Pierpaolo Parello. Trade integration and regional disparity in a model of scale - invariant growth [J]. Regional Science and Urban Economics, 2011, 41 (1): 20-31.

[11] Young-Han Kim. The optimal path of regional economic integration between asymmetric countries in the North East Asia [J]. Journal of Policy Modeling, 2005, 27 (6): 673-687.

[12] Laura Resmini, Economic integration, industry location and frontier economies in transition countries [J]. Economic Systems, 2003, 27 (3): 205-221.

[13] Rodney D. Ludemaa, Ian Wootonb. Economic geography and the fiscal effects of regional integration [J]. Journal of International Economics, 2000, 52 (2): 331-357.

[14] Fredrik Gallo, Resisting economic integration when industry location is uncertain [J]. European Economic Review, 2010, 54 (2): 467-482.

[15] Young-Han Kim, Impacts of regional economic integration on industrial relocation through FDI in East Asia [J]. Journal of Policy Modeling, 2007, 29 (2): 165-180.

[16] Shuming Bao, Gene Hsin Chang, Jeffrey D. Sachs, Wing Thye Woo, Geographic factors and China' s regional development under market reforms1978-1998 [J]. China Economic Review, 2002, 13 (2): 89-111.

[17] Xinpeng Xua, J. P. Voonb. Regional integration in China: a statistical model [J]. Economics Letters, 2003, 79 (1): 35-42.

[18] Giuseppe Arbia, Michele Battisti, Gianfranco Di Vaio. Institutions and geography: Empirical test of spatial growth models for European regions [J]. Economic Modelling, 2010, 27 (1): 12-21.

[19] Avrum J. Shriar, Regional integration or disintegration? Recent road improvements in Pete' n, Guatemala: A review of preliminary economic, agricultural, and environmental impacts [J]. Geoforum, 2006, 37 (1): 104-116.

[20] Wim Naudé, Geography, transport and Africa' s proximity gap [J]. Journal of Transport Geography, 2009, 17 (1): 1-9.

[21] Maggie X. Chen. Regional economic integration and geographic concentration of Multinational firms [J]. European Economic Review, 2009, 53 (3): 355-375.

[22] 易梦虹. 战后国际经济一体化的兴起及其影响 [J]. 世界经济, 1981, 41 (09): 1-10.

[23] 周建平. 试论地区经济一体化 [J]. 世界经济, 1988, 48 (10): 19-24

[24] 甘士杰. 地区经济一体化与集团化 [J]. 世界经济研究, 1991, 10 (6): 25-30, 57.

[25] 罗肇鸿. 世界经济一体化的若干思考 [J]. 世界经济, 1993, 53 (6): 1-8.

[26] 何宪开. 国际经贸合作与世界经济一体化 [J]. 国际经济合作, 1994, 10 (11): 38-39.

[27] 张永安, 杨逢珉. 经济一体化: 概念与实践的探讨 [J]. 欧洲研究, 1995, 12 (5): 60-63.

[28] 戴念龄. 关于国际经济一体化理论的几个问题 [J]. 世界经济研究, 1999, 18 (4): 4-7

[29] 田青. 国际经济一体化理论研究与经验实证 [D]. 杭州: 浙江大学, 2004.

[30] 陈廷根. 区域经济一体化发展的动因探究 [J]. 经济师, 2006, 21 (6): 65-66.

[31] 孟庆民. 区域经济一体化的概念与机制 [J]. 开发研究，2001，17 (2)：47-49.

[32] 胡军. 华南区域经济一体化的特殊性 [J]. 特区与港澳经济，1994，11 (2)：63-66.

[33] 朱金海. 论长江三角洲区域经济一体化 [J]. 社会科学，1995，17 (2)：11-15.

[34] 倪新防. 中国区域经济一体化问题 [J]. 开放导报，1996，5 (9)：17-19.

[35] 姬广坡. 论经济一体化的逻辑构成 [J]. 财贸经济，1999，20 (9)：51-54.

[36] 牛桂敏. 京津经济一体化的障碍与对策 [J]. 环渤海经济瞭望，1999，13 (6)：25-27.

[37] 庞效民. 区域一体化的理论概念及其发展 [J]. 地理科学进展，1997，16 (2)：39-47.

[38] Chen Xiangming. The evolution of free economic zonesandthe recent development of cross - national growth zones [J]. International Journal of Urban and Regional Research，1995. 19 (4)：593-621.

[39] 王珏，陈雯. 全球化视角的区域主义与区域一体化理论阐释 [J]. 地理科学进展，2013，32 (7)：1082-1091

[40] 王德忠，吴琳，吴晓曦. 区域经济一体化理论的缘起、发展与缺陷 [J]. 商业研究，2009，52 (2)：18-21.

[41] 刘志彪. 以市场机制推动长三角一体化 [J]. 中国改革，2004，19 (5)：32-34.

[42] 吴迪. 区域市场一体化与区域经济一体化 [J]. 当代经济，2011，17 (18)：104-105.

[43] 胡晓东. 主角与配角：市场与政府在区域一体化中的角色 [J]. 中共云南省委党校学报，2010，11 (3)：131-134.

[44] 陈计旺. 论实现我国区域经济一体化的共同市场建设 [J]. 中国流通经济，2004，18 (4)：25-28.

[45] 李金龙，王宝元. 地方政府管理体制：区域经济一体化发展的重

要制度瓶颈 [J]. 财经理论与实践, 2007, 28 (1): 120-123.
[46] 安筱鹏, 冉晓丹. 地方政府职能的演变与区域经济一体化 [J]. 上海财经大学学报, 2003, 5 (6): 48-53.
[47] 沈荣华. 区域经济一体化与我国地方政府改革的动力机制 [J]. 现代经济探讨, 2004, 23 (11): 33-38.
[48] 王明安, 沈其新. 基于区域经济一体化的府际政治协同研究 [J]. 理论月刊, 2013, 25 (12): 133-136.
[49] 胡晓东, 盛海波. 市场与政府在区域一体化中的角色研究 [J]. 浙江科技学院学报, 2010, 22 (1): 36-40, 54.
[50] 汪后继, 汪伟全, 胡伟. 长三角区域经济一体化的演进规律研究 [J]. 浙江大学学报 (人文社会科学版), 2011, 41 (11): 104-112.
[51] 陈建军. 长三角区域经济合作模式的选择 [J]. 南通大学学报 (社会科学版), 2005, 21 (6): 42-46.
[52] 孙久文, 邓慧慧, 叶振宇. 京津冀区域经济一体化及其合作途径探讨 [J]. 首都经贸大学学报, 2008, 10 (2): 55-60.
[53] 李瑞林, 骆华松. 区域经济一体化: 内涵、效应与实现途径 [J]. 经济问题探索, 2007, 28 (1): 52-57.
[54] 刘晶晶. 推进长三角区域经济一体化的路径选择 [J]. 商业时代, 2011, 30 (11): 135-136.
[55] 毛汉英. 武汉城市圈经济一体化的途径与对策 [J]. 学习与实践, 2005, 22 (10): 15-19.
[56] 唐勇. 一体化市场制度与区域经济一体化 [J]. 财贸研究, 2005, 26 (6): 1-4, 39.
[57] 王晓娟. 长江三角洲地区产业一体化的内涵、主体与途径 [J]. 南通大学学报, 2009, 25 (4): 26-30.
[58] 林耿, 许学强. 大珠三角区域经济一体化研究 [J]. 经济地理, 2005, 25 (5): 677-681, 701.
[59] 王洪庆, 朱荣林. 长江三角洲经济一体化的实现途径新探 [J]. 经济纵横, 2004, 20 (7): 18-27.

[60] 赵媛，诸嘉. 区域经济一体化的动力机制及组织类型 [J]. 世界地理研究，2007，16（3）：1-7.
[61] 王瑛. 区域经济一体化发展的驱动机制分析 [J]. 企业经济，2005，16（4）：144-145.
[62] 陈剩勇，马斌. 区域间政府合作区域经济一体化的路径选择 [J]. 政治学研究，2004，20（1）：24-34.
[63] 张利华，徐晓新. 区域一体化协调机制比较研究 [J]. 中国软科学，2010，25（5）：81-87.
[64] 王雯霏. 论长三角一体化进程中区域政府合作机制的构建 [J]. 安徽科技学院学报，2006，20（5）：81-85.
[65] 朱向红. 构建长三角区际协调发展创新机制 [J]. 东岳论丛，2010，31（3）：61-64.
[66] 朱家良. 长江三角洲经济一体化的主要持点和协调机制 [J]. 决策咨询通讯，2004，61（3）：38-41.
[67] 沈晗耀. 勾勒区域经济一体化机制 [J]. 上海经济，2007，24（12）：64-65.
[68] 张道刚. 长三角力量 [J]. 决策咨询，2003，11（1）：8-15.
[69] 李江、李素萍. 区域经济一体化中的地方政府间竞争—基于不完全信息博弈模型分析 [J]. 城市发展研究，2009，16（8）：97-105.
[70] 周予鼎. 我国区域经济一体化建设的若干思考 [J]. 开发研究，2004，20（5）：20-21，19.
[71] 马斌. 长三角一体化与区域政府合作机制的构建 [J]. 经济前沿，2004，21（10）：15-18.
[72] 唐勇. 长三角地方政府合作模式与机制 [J]. 中共浙江省委党校学报，2007，23（2）：35-39.
[73] 曹宏苓. 长三角经济一体化的现状、困惑与制度机制的创新—对国际区域经济一体化经验的借鉴 [J]. 南京社会科学，2008，19（5）：25-30.
[74] 刘志彪. 区域一体化发展的再思考—兼论促进长三角地区一体

化发展的政策与手段［J］. 南京师大学报（社会科学版），2014，60（6）：037-046.

［75］王志锋. 区域经济一体化中的治理机制创新［J］. 天津社会科学，2006，（3）：67-70.

［76］谢晓尧. 区域一体化的制度基石［J］. 学术研究，2009，（8）：5-7.

［77］安筱鹏. 利益主体多元化背景下的区域经济一体化［J］. 人文地理，2003，18（5）：61-64.

［78］安虎森，李瑞林. 区域经济一体化效应和实现途径［J］. 湖南社会科学，2007，20（5）：95-102.

［79］魏后凯，高春亮. 新时期区域协调发展的内涵和机制［J］. 福建论坛·人文社会科学版，2011，31（10）：147-152.

［80］张宏权，邹娜，信雪爽. 区域经济一体化利益分配问题探讨［J］. 商业时代，2011，30（24）：123-124.

［81］汪伟全. 区域一体化、地方利益冲突与利益协调［J］. 当代财经，2011，32（3）：87-93.

［82］王建平. 整体性治理、利益协调实现区域经济一体化［J］. 现代经济探讨，2011，30（12）：39-42.

［83］陈波. 地方利益、区域经济一体化合作与福祉［J］. 社会科学，2008，30（1）：46-53.

［84］邹卫星，周立群. 区域经济一体化进程剖析：长三角、珠三角与环渤海［J］. 改革，2010，23（10）：86-93.

［85］陈建军. 长三角区域经济一体化的历史进程与动力结构［J］. 学术月刊，2008，40（8）：79-85.

［86］周立群，夏良科. 区域经济一体化的测度与比较：来自京津冀、长三角和珠三角的证据［J］. 江海学刊，2010，53（4）：81-87.

［87］娄文龙. 京津冀、长三角和珠三角区域经济一体化的测量与比较［J］. 统计与决策，2014，398（2）：90-92.

［88］孙久文，丁鸿君. 京津冀区域经济一体化进程研究［J］. 经济与管理研究，2012，33（7）：52-58.

[89] 杨凤华，王国华. 长江三角洲区域市场一体化水平测度与进程分析［J］. 经济与金融，2012，24（1）：32-38.
[90] 陈红霞，李国平. 1985—2007 年京津冀区域市场一体化水平测度与过程分析［J］. 地理研究，2009，28（6）：1476-1483.
[91] 吕典玮，张琦. 京津地区区域一体化程度分析［J］. 中国人口资源与环境，2010，20（3）：162-167.
[92] 侯赟慧，刘志彪，岳中刚. 长三角区域经济一体化进程的社会网络分析［J］. 中国软科学，2009，24（12）：90-101.
[93] 千慧雄. 长三角区域经济一体化测度［J］. 财贸研究，2010，31（5）：24-31.
[94] 陆大道. 京津冀城市群功能定位及协同发展［J］. 地理科学进展，2015，34（3）：265-270.
[95] 杨开忠. 论京畿地区区域合作［J］. 领导之友，2007，31（1）：4-5，25.
[96] 宁越敏. 长江三角洲经济一体化研究［J］. 世界地理研究，1998，7（2）：56-61.
[97] 祝尔娟. 京津冀一体化中的产业升级与整合［J］. 经济地理，2009，29（6）：881-885.
[98] 戴学珍，蒙吉军. 京津空间一体化研究［J］. 经济地理，2000，20（6）：56-60.
[99] 周国红，楼锡锦. 长三角区域经济一体化的基本态势与战略思考——基于宁波市 532 家企业的问卷调查与分析［J］. 经济地理，2007，27（1）：74-77.
[100] 陈雯，王珏. 长江三角洲空间一体化发展格局的初步测度［J］. 地理科学，2013，33（8）：902-907.
[101] 王兴化，季任钧. 充分发挥市场机制作用提高环渤海地区经济合作发展水平［J］. 港口经济，2004，5（5）：40-41.
[102] 唐树伶，李劲松. 京津唐经济区与长三角、珠三角的比较研究［J］. 全国商情，2008，23（1）：18-19.
[103] 陈耀. 京津冀经济圈与长三角、珠三角比较分析［J］. 前线，

2005，48（11）：42-44.
［104］陈维，游德才. 珠三角、长三角和京津冀区域经济发展阶段及制约因素的比较分析［J］. 珠江经济，2007，19（6）：8-19.
［105］颜烨，卢芳华. 长三角、珠三角与京津冀的发展比较与思考［J］. 北京行政学院学报，2014，16（5）：73-78.
［106］刘涛. 行政区经济—长株潭经济一体化的瓶颈［J］. 经济地理，2005，25（5）：682-685.
［107］谢守红，宁越敏. 都市区：长株潭一体化的必由之路［J］. 经济地理，2005，25（6）：834-837.
［108］杨敬宇，聂华林. 兰州—西宁区域经济一体化试验区建设［J］. 地域研究与开发，2010，29（4）：27-31.
［109］陈德宁，何一鸣，沈玉芳. CEPA 框架下“大珠三角”区域经济格局演变的动力模式研究［J］. 经济地理，2009，29（3）：377-383.
［110］刘力，白渭淋. 区域经济一体化与行政区经济的空间效应研究——基于“泛珠三角”区域合作与广东“双转移”的政策协同效应［J］. 经济地理，2010，30（11）：1773-1776.
［111］栾维新，王海英. 论我国沿海地区的海陆经济一体化［J］. 地理科学，1998，18（4）：342-346.
［112］郎宇，黎鹏. 论港口与腹地经济一体化的几个理论问题［J］. 经济地理，2005，25（6）：767-774.
［113］王任祥，赵亚鹏，傅海威. 区域经济一体化背景下港口联盟建设的模式研究——以浙江省为例经济地理，2010，30（3）：420-425.
［114］张秋亮，白永平，黄永斌. 呼包鄂榆经济区县域经济的时空变化［J］. 经济地理，2012，32（8）：14-19.
［115］余凤鸣，张阳生，周杜辉，杜忠潮. 基于 ESDA-GIS 的省际边缘区经济空间分异——以呼包鄂榆经济区为例［J］. 地理科学进展，2012，31（8）：997-1004.
［116］张秋亮，白永平，李建豹，赵秀清. 呼包鄂榆综合城市化水平

的时空变化及差异［J］. 城市问题，2013，32（2）：37-43.
［117］陈博文，白永平，吴常艳. 基于“时空接近”的区域经济差异、格局和潜力研究——以呼包鄂榆经济区为例［J］. 经济地理，2013，33（1）：27-34.
［118］刘嘉丽. 资源基础型城市群可持续发展研究—以呼包鄂榆城市群为例［J］. 现代装饰（理论），2013，29（7）：228.
［119］海山. 蒙中经济区区位条件及其开发对策研究［J］. 经济地理，2000，20（5）：30-33.
［120］何金玲，李孝. 构建呼包鄂地区为内蒙古经济增长极的对策研究［J］. 前沿，2004，26（11）：：56-64
［121］李斌. 增强融合度构筑发展极——呼包鄂三市经济实现跨越式发展的战略选择［J］. 北方经济，2005，13（6）：8-9
［122］邹俊伟. 内蒙古经济增长极的选择和培育［D］. 呼和浩特：内蒙古师范大学，2007.
［123］杨军. 关于呼包鄂经济圈的发展研究［D］. 北京：中国农业大学，2007.
［124］何辛锐、于俊秋. 内蒙古呼包鄂地区经济发展问题实证分析［J］. 经济论坛，2009，23（10）：63-66.
［125］郇文艳. 呼包鄂城市群空间结构及其演化机制［D］. 呼和浩特：内蒙古师范大学，2009.
［126］王云风. 呼包鄂地区联合与协作发展问题研究［J］. 阴山学刊，2007，20（4）：103-106
［127］段连敖. 呼包鄂一体化机制建议［J］. 北方经济，2013，11（5）：10-11.
［128］张沛、吴潇、徐境. 区域一体化发展思路及推进策略研究-以内蒙呼包鄂为例［J］. 发展研究，2010，17（2）：8-15.
［129］任亚平. 加快推动呼包鄂区域一体化进程［J］. 实践，2009，52（6）：4-6.
［130］贾怡媛，王连英. 科学决策的典范——呼包鄂“金三角”系列报道之一［N］. 内蒙古日报，2009-04-2（02、04）.

[131] 方创琳，毛汉英. 区域发展规划指标体系建立方法探讨 [J]. 地理学报，1999，54 (9)：410-419.

[132] 毛汉英. 山东省可持续发展指标体系初步研究 [J]. 地理学报，1996，15 (4)：16-23.

[133] 关伟，刘勇凤. 辽宁沿海经济带经济与环境协调发展度的时空演变 [J]. 地理研究，2012，31 (11)：2044-2054.

[134] 哈斯巴根，李同昇，周朝，周杜辉. 基于空间功能的区域整体发展综合评价 [J]. 经济地理，2011，31 (3)：360-365，378.

[135] 孟德友，李小建，陆玉麒，樊新生. 长江三角洲地区城市经济发展水平空间格局演变 [J]. 经济地理，2014，34 (2)：50-57.

[136] 朱孔来，刘善凤. 山东省东西部地区差距衡量指标体系及测算分析 [J]. 地理学与国土研究，2000，16 (3)：87-91.

[137] 伯特尔·俄林 (瑞典). 区际贸易与国际贸易 [M]. 逯宇铎，译. 北京：华夏出版社，2008，78.

[138] 亚当·斯密. 国民财富的性质和原因的研究 [M]. 郭大力，王亚南，译. 北京：商务出版社，1979：554，556，16.

[139] 李嘉图. 政治经济学及赋税原理 [M]. 郭大力，王亚南，译. 北京：商务印书馆出版，1962，93.

[140] Posner，M. International Trade and Technical Change [C]. London，Oxford Economic Papers，XIII，1961.

[141] 马克思. 资本论 (第 1 卷) [M]. 北京：人民出版社，2004：542.

[142] 马克思，恩格斯. 马克思恩格斯选集 (第 1 卷) [M]. 北京：人民出版社，1995：68.

[143] Ullman E L. American Commodity Flow [M]. Seattle：University of Washington Press，1957：60-73.

[144] Haggett P. Locational analysis in human geography [M]. London：Edward Arnold Ltd，1965：33-40.

[145] 迈克尔·波特 (美). 国家竞争优势 [M]. 李明轩，邱如美，译. 北京：中信出版社，2007，8-10.

[146] T. Hagerstrand. Innovation diffusion as a space process [M]. Chicago: U. P, 1953.

[147] Darwent D. F. Growth poles and growth centres in regional planning: a review [J]. Environment and Planning, 1969 (1): 5-31

[148] Richardson H. W. The Economics of Urban Size [M]. Lexington: Lexington Books, 1973.

[149] 迈克尔·波特（美）. 国家竞争优势 [M]. 李明轩，邱如美，译. 北京：中信出版社，2007，8-10.

[150] 乔尔·布利克，戴维·厄恩思特著. 协作型竞争 [M]. 林燕，译. 北京：中国大百科全书出版社，1998.

[151]（美）内勒巴夫，布兰登勃格著，合作竞争 [M]. 王煜昆，王煜全，译. 合肥：安徽人民出版社，2013.

[152] 朱文晖. 走向竞合—珠三角与长三角经济发展比较 [M]. 北京：清华大学出版社，2003. 73-77.

[153] Viner · J. The Customs Union Issue [M]. New York: Carnegie Endowment for International Peace, 1950: 9.

[154] Meade · E. Trade and Welfare [M]. London, 0xford University Press. 1955: 203.

[155] 罗布森. 国际一体化经济学 [M]. 戴炳然，译. 上海：上海译文出版社，2001：221.

[156] Deniau · J · F. The Common Market: Its Structure and Purpose [M]. New York: Frederick A Praeger, 1960: 134.

[157] Balassa. The Theory of Economic Integration [M]. London: Alien and Unwin, 1962: 176.

[158] 小岛清. 对外贸易论 [M]. 周宝廉，译. 天津：南开大学出版社，1987：345-351.

[159] 高海东. 鄂尔多斯市水资源可持续开发利用研究 [J]. 勘察科学技术，2004，22（2）：21-25.

[160] 韩俊丽. 包头市水资源可持续利用研究 [J]，阴山学刊，

1999, 15 (2): 25-29, 32.

[161] 崔彩周. 产业错位发展的合作机制及其利益补偿: 自珠三角分析 [J]. 改革, 2012, 27 (7): 63-72.

[162] 安体富, 任强. 公共服务均等化: 理论、问题与对策 [J]. 财贸经济, 2007, 28 (8): 48-53.

[163] 王菲, 董锁成, 毛琦梁, 黄永斌, 李俊. 宁蒙沿黄地带产业结构的环境污染特征演变分析 [J]. 资源科学 2014, 36 (3): 620-631.

[164] 张金锁, 柳梦琦, 赵京, 王喜莲. 榆林市工业 GDP 与环境污染相关性的实证分析 [J]. 西安科技大学学报, 2009, 29 (3): 287-292.

[165] 刘君德. 中国转型期"行政区经济"现象透视 [J]. 经济地理, 2006, 26 (6): 897-901.

[166] 刘小康. "行政区经济"概念再探讨 [J]. 中国行政管理, 2010, 22 (3): 42-47.

[167] 卢明华, 李国平, 孙铁山. 东京大都市圈内各核心城市的职能分工及启示研究 [J]. 地理科学, 2003, 23 (2): 150-156.

[168] 张利华, 徐晓新. 区域一体化协调机制比较研究 [J]. 中国软科学, 2010, 25 (5): 81-87.

后　记

本书在作者的博士学位论文基础上修改而成。论文研究的主题是我国西北呼包鄂榆区域一体化的问题，探讨了呼包鄂榆实现区域一体化的条件，区域一体化的内容和途径，研究呼包鄂榆区域经济、社会和环境统筹、协调发展的问题。为了与同行学者交流研究所得，将论文予以出版供同行学者批阅，衷心希望得到同行学者的批评指正。

在西北师范大学地理与环境学院学习期间，地环学院老师认真钻研的科学精神和兢兢业业的敬业精神，给了我启发和教育，让我敬佩和仰慕，也给了我学习的动力，使我的学业知识和研究能力有了明显的进步。非常感谢母校西北师范大学，感谢地理与环境学院老师给予的帮助。

特别要感谢的是我的导师白永平教授。感谢白永平教授给了我一次学习提高的机会。感谢导师对我生活的关心、学业上的教导和论文工作的指导。从论文选题、构思、研究方法、修改过程，到最终定稿，白老师都给予认真指导和帮助，付出了巨大的心血。白老师深厚的学养，认真、严谨、一丝不苟的治学态度，对待学生的耐心细致，都给我留下深刻的记忆，是我终生学习的榜样。

感谢西北师大石培基教授、张志斌教授、张勃教授、李并成教授、赵雪雁教授，中科院张志强教授、徐中民教授等老师，在论文开题报告评审中给予的宝贵意见和在课程学习期间给予的指导和帮助。衷心感谢预答辩委员会各位老师的指导和帮助。衷心感谢答辩委员会各位老师的指导和帮助。

感谢同届同学王海飞、王思远、周俊菊和陈新专在上学期间的帮助和鼓励。感谢同门师妹白燕、师玮的帮助。感谢同师门的研究生师弟、师妹们给予的帮助和支持。

感谢我的家人给予的鼓励和支持。感谢妻子和女儿在我攻读博士学位期间给予的支持和鼓励，感谢我的妻子肖越，在我学习期间独自承担着照顾家庭的重任，帮助搜集资料，使我能够安心地完成学业。

本书的完成，仅仅是对呼包鄂榆区域一体化初步研究的成果，其中还有许多问题需要进一步研究。本书仅仅起到抛砖引玉的作用，作者期待有更多的研究推动这一研究主题的深入。

张秋亮

2016 年 9 月 10 日于呼和浩特